Theorie der Lebenspraxis

Detlef Garz · Uwe Raven

Theorie der Lebenspraxis

Einführung in das Werk
Ulrich Oevermanns

Detlef Garz
Johannes Gutenberg-Universität Mainz
Deutschland

Uwe Raven
Johannes Gutenberg-Universität Mainz
Deutschland

ISBN 978-3-658-07307-7   ISBN 978-3-658-07308-4 (eBook)
DOI 10.1007/978-3-658-07308-4

Die Deutsche Nationalbibliothek verzeichnet diese Publikation in der Deutschen Nationalbibliografie; detaillierte bibliografische Daten sind im Internet über http://dnb.d-nb.de abrufbar.

Springer VS
© Springer Fachmedien Wiesbaden 2015
Das Werk einschließlich aller seiner Teile ist urheberrechtlich geschützt. Jede Verwertung, die nicht ausdrücklich vom Urheberrechtsgesetz zugelassen ist, bedarf der vorherigen Zustimmung des Verlags. Das gilt insbesondere für Vervielfältigungen, Bearbeitungen, Übersetzungen, Mikroverfilmungen und die Einspeicherung und Verarbeitung in elektronischen Systemen.
Die Wiedergabe von Gebrauchsnamen, Handelsnamen, Warenbezeichnungen usw. in diesem Werk berechtigt auch ohne besondere Kennzeichnung nicht zu der Annahme, dass solche Namen im Sinne der Warenzeichen- und Markenschutz-Gesetzgebung als frei zu betrachten wären und daher von jedermann benutzt werden dürften.
Der Verlag, die Autoren und die Herausgeber gehen davon aus, dass die Angaben und Informationen in diesem Werk zum Zeitpunkt der Veröffentlichung vollständig und korrekt sind. Weder der Verlag noch die Autoren oder die Herausgeber übernehmen, ausdrücklich oder implizit, Gewähr für den Inhalt des Werkes, etwaige Fehler oder Äußerungen.

Lektorat: Stefanie Laux, Daniel Hawig

Gedruckt auf säurefreiem und chlorfrei gebleichtem Papier

Springer Fachmedien Wiesbaden ist Teil der Fachverlagsgruppe Springer Science+Business Media
(www.springer.com)

Inhalt

1 Einleitung 11
 1.1 Zur Person 14
 1.2 Zum Inhalt der Kapitel 20

2 Lebenspraxis – Krise und Routine 25
 2.1 Lebenspraxis 26
 2.2 Krise und Routine 36
 2.3 Krisentypen und ihre lebenspraktische Bedeutung 40
 2.4 Die Konstruktion des Subjekts der Lebenspraxis 47
 2.5 Erzeugungs- und Auswahlparameter 55

3 Sozialisation, Sozialisatorische Praxis, Familie 61
 3.1 Sozialisation: Bildungsprozess des Subjekts, eine Praxis
     in der Neues entsteht 62
 3.2 Der Prozess der sozialisatorischen Interaktion 66
 3.3 Die Struktureigenschaften der sozialisatorischen Interaktion 69
 3.4 Auf dem Weg zur Autonomie: Die Bewältigung der
     vier zentralen ontogenetischen Ablösungskrisen 71
   3.4.1 Die Schwangerschaft und die Geburt als erste
         Ablösungskrise 74
   3.4.2 Die Mutter-Kind-Symbiose als zweite Ablösungskrise 75
   3.4.3 Die Sozialform der ödipalen Triade als dritte
         Ablösungskrise 78
     3.4.3.1 Die Strukturlogik und Dynamik der ödipalen
             Triade 79
     3.4.3.2 Die Latenzphase 84
   3.4.4 Die Adoleszenz als vierte Ablösungskrise (Ablösung
         von der Herkunftsfamilie) 86

4 Bewährung: Historische Generation und Religion ... 91
4.1 Die Bewährung des autonomen Subjekts ... 91
4.2 Generation als historisches Konzept ... 94
4.3 Religion als Antwort auf die Fragen nach der Identität, der Herkunft und der Zukunft des Menschen ... 100

5 Professionalisierung ... 107
5.1 Von der klassischen zur revidierten Theorie professionalisierten Handelns ... 108
5.2 Funktionsbereiche professionalisierter Praxis ... 111
5.3 Von der gestörten zur wiederhergestellten Autonomie der Lebenspraxis ... 114
5.4 Das Arbeitsbündnis als ‚Ort' professionalisierter Praxis ... 121
5.5 Professionelle Expertise durch ‚Doppelte Professionalisierung' ... 131

6 Zur Methode: Die Objektive Hermeneutik ... 137
6.1 Zum methodischen Vorgehen ... 141
  6.1.1 Die Erhebung der Daten ... 141
  6.1.2 Die Analyse der Daten ... 143
6.2 Ein Beispiel objektiv-hermeneutischer Analyse ... 147
6.3 Generalisierbarkeit der Ergebnisse ... 151
6.4 Professionelles Fallverstehen ... 154

7 Glossar ... 163

Literatur ... 173

Ulrich Oevermann (2013)

Foto: © Klaus Kraimer

Abbildungen und Exkurse

Abbildungen

Abb. 2.1   Konstitution autonomer Lebenspraxis in Entscheidungskrisen ... 29
Abb. 2.2   ‚Einheit der Handlung' (zugleich ein Modell der Logik der Sequenzanalyse) 31
Abb. 2.3   Ebenen des Sinnbegriffs 33
Abb. 2.4   Strukturbeschreibung einer Handlung als dreigliedrige Sequenz (zugleich ein Modell der Dynamik der Lebenspraxis) 35
Abb. 2.5   Krisentypen und ihre Bedeutung für die Lebenspraxis 41
Abb. 2.6   Ebenen des Subjektmodells 55
Abb. 2.7   Erzeugungs- und Auswahlparameter (Handlungskompetenz) 56
Abb. 3.1   Drei-Generationen-Modell der Heptade 83
Abb. 5.1   Funktionsbereich (Focus), Adressat (Klient) und Form professionalisierter Praxis 114
Abb. 5.2   Widersprüchliche Einheit von Spezifität und Diffusität im psychoanalytischen Therapie-Setting 127
Abb. 5.3   ‚Als-ob-Spiel' der Beziehungspraxis im Arbeitsbündnis 129
Abb. 5.4   Doppelte Professionalisierung 132
Abb. 6.1   Einsatzstellen der Objektiven Hermeneutik 154
Abb. 6.2   Modi des Fallverstehens 156
Abb. 6.3   Modell professionalisierter Praxis (Professionelle Expertise) 161

Exkurse

Exkurs 1: Ein Beispiel aus den Familienbeobachtungen des Projekts
,Elternhaus und Schule' 18
Exkurs 2: Über die Erfahrungswissenschaften von der sinnstrukturierten
Welt im Allgemeinen und die Lebenspraxis als objektive
Sinnstruktur im Besonderen 32
Exkurs 3: Zur Unterscheidung von Wissen, Überzeugung und Glauben
als (sich entwickelnden) Formationen des menschlichen
Bewusstseins 45
Exkurs 4: Gemeinschaft und Gesellschaft 73
Exkurs 5: Begriff der Generation als Abfolge bzw. familiäre
Abstammung 82

Historischer Exkurs I 96
Historischer Exkurs II 108

Einleitung 1

„*Ornithologen sind schon ziemlich komische Vögel.*"
Ulrich Oevermann

Dieses Buch richtet sich an Studierende der Sozial-, Erziehungs- und Kulturwissenschaften in den ersten Semestern.[1] Vorgestellt werden – nach einer kurzen biographischen Skizze – jene Bereiche, die zentral für das Denken und damit für das Werk Ulrich Oevermanns sind, wobei wir zum besseren Verständnis immer wieder auf Beispiele und Fälle aus der Forschungspraxis zurückgreifen.

Die Arbeiten Ulrichs Oevermanns gelten nicht nur Studierenden aus verschiedenen Gründen als schwierig. Was wohl stimmt. Zunächst ist es nicht einfach, die an vielen, zum Teil versteckten Stellen veröffentlichten Arbeiten zu finden; schließlich ist auch manches nicht veröffentlicht, sondern nur als sogenannte graue Literatur auf dem Markt – oder eben nicht.[2] Schwerer wiegt, dass die in den verstreuten Veröffentlichungen niedergelegten bzw. entwickelten Gedanken nicht immer ‚einfache Kost' darstellen; wobei es eher nicht die Fremdworte oder Fachbegriffe sind, die das Lesen und Verstehen erschweren. Vielmehr ist es die komplexe Art zu Denken und dies entsprechend in sprachlicher Form auszudrücken, die den Nachvollzug des Dargelegten und damit dessen Verständnis erschweren.[3] Das

---

1 Im Interesse einer besseren Lesbarkeit haben wir überwiegend die kürzere männliche Schreibweise verwendet. – Wir danken Frau Hanna Piepenbring sehr für die Unterstützung bei der Fertigstellung des Buches.
2 Für eine (annähernd) vollständige Übersicht über die Publikationen Ulrich Oevermanns vgl. http://www.agoh.de/bibliographie/literaturdatenbank/ulrich-oevermann.html.
3 Letzteres wird dem Leser sicherlich schon an einigen der zitierten Originaltexte deutlich, die insbesondere für Studienanfänger die besagte ‚nicht leichte Kost' werden dürften. Von den Autoren einmal beiläufig darauf angesprochen, erläuterte Ulrich Oevermann seine besondere Art des Schreibens mit seiner Verbundenheit mit der Sprache des 19. Jahrhunderts, also der begrifflich präzisen Sprache einer Zeit, die eine Hochzeit der

heißt, obwohl die Arbeiten in sich zusammenhängend aufgebaut sind und das gewählte Thema systematisch entfalten, ist der Einstieg in die Thematik für die Studierenden in den Anfangssemestern häufig, sagen wir es direkt, ‚mühsam'. Und wenn auch Mühen und sich Bemühen Teil eines jeden Studiums sind, ist es ebenso angebracht, Hinweise und Wegweiser bereit zu stellen, die helfen, das unbekannte Terrain zu erschließen. Genau das ist die Absicht dieses kleinen Bandes. In ihm sollen die wesentlichen Themen und Konzepte, also jene, die für das Verständnis der Arbeiten Ulrich Oevermanns unverzichtbar sind, entwickelt und erläutert werden. Vorweg: Wir wissen, dass einiges, ja, dass vieles fehlt, das man auch hätte hinzunehmen können. So vernachlässigen wir vor allem die ästhetischen bzw. kunstsoziologischen sowie die kriminalistischen Aspekte des Werkes, und wir gehen nur knapp auf die *Konzeption des Wissens* und damit verbunden der *Wissenschaft als Profession* ein – und anderes mehr.

Ausgangspunkt für den roten Faden, der sich durch die darzustellenden Themen und Konzepte zieht, ist der von Norbert Elias geprägte Begriff des ‚Menschenwissenschaftlers', mit dem dieser den Menschen als Ganzes zum empirischen Forschungsinteresse des Soziologen bestimmt hat. In diesem Sinne ist u.E. auch Ulrich Oevermann ein Menschenwissenschaftler. Auch sein empirisches Forschungsinteresse gilt der menschlichen Lebensform als Ganzes. Dies wird deutlich am Spektrum der im Folgenden zu behandelnden Fragestellungen: ‚Was unterscheidet die menschliche Lebensform von den Lebensformen anderer Spezies'? oder ‚Welche spezifischen Strukturen bestimmen einen Menschen als autonom handlungsfähige Person'? Diese Fragestellungen werden in Kapitel 2 dieses Bandes aufgegriffen und anhand der Konzepte ‚Lebenspraxis', ‚Krise' und ‚Routine' erläutert. Von dort führt der rote Faden weiter zur Frage nach den Voraussetzungen und Bedingungen sowie der Entwicklung bzw. Bildung einer solchen Person. Kapitel 3 stellt deshalb zentrale

---

Entfaltung modernen wissenschaftlichen Denkens darstellt. Das folgende kleine Beispiel zeigt seinen besonderen – wenngleich unkorrumpierbaren Willen zur Genauigkeit zum Ausdruck bringenden – Umgang mit dem ‚Werkzeug' Sprache: Er gebraucht konsequent das Wort ‚ante̲zipieren' an Stelle von ‚anti̲zipieren', weil das Gemeinte, etwas vorwegnehmen bzw. vorziehen, eben durch die aus dem Lateinischen abgeleitete Silbe ‚ante' (= vor) bestimmt wird und nicht von der Silbe ‚anti' (= gegen). In seinen Texten spricht er deshalb beispielsweise von „der Antezipation von Gefahren und Risiken" (Oevermann 2004, S. 166) oder einer „nicht antezipierbare(n) Bedeutungsstruktur" (Oevermann 2008, S. 14). In diesem Zusammenhang ist auch seine konstante Weigerung zu nennen, der seit geraumer Zeit geltenden Rechtschreibreform Folge zu leisten. So verwendet er beispielsweise nach wie vor den Buchstaben ‚ß' (Verdruß) an den Stellen, an denen nun die Schreibweise ‚ss' (Verdruss) gefordert wird. Den von den Reformern bezweckten ‚Vereinfachungen' der deutschen Schriftsprache steht er insgesamt sehr kritisch gegenüber.

Überlegungen der von Oevermann eingeforderten ‚soziologischen Sozialisationstheorie' dar, in deren Mittelpunkt er die allmähliche Ablösung von der Familie rückt. Ist diese Ablösung vollzogen, der junge Mensch also autonom handlungsfähig geworden, stellen sich weitergehende Fragen nach einem ‚gelungenen Leben' und der Bewährung in spezifischen Bereichen des Erwachsenenlebens. Kapitel 4 skizziert hierzu die wesentlichen Überlegungen Oevermanns anhand der Konzepte ‚Bewährung', ‚Generation' und ‚Religion'.

Den roten Faden weiterverfolgend, steht in Kapitel 5 erneut der Mensch, nun als eine in ihre Lebenspraxis verstrickte Person, im Mittelpunkt. Dabei geht es um die Problematik des möglichen Scheiterns bei der Bewältigung der lebenspraktischen Aufgaben- und Problemstellungen. Hier spielen u. a. Fragen eine Rolle, wie: ‚Was ist der Grund für die Überforderung der Person? Wann und wie muss Hilfe geleistet werden? Wer ist dazu, unter welchen Voraussetzungen, in der Lage?'

Letztendlich führen diese Fragen nach der Art und dem Umfang der Hilfe durch Dritte zum Problem des ‚richtigen' Verstehens der Überforderung der Person. Der rote Faden ist damit gewissermaßen zur ‚Metafrage' gelangt: ‚Mit welcher Methode können Erkenntnisse gewonnen werden, die helfen, die zuvor in den Kapiteln angesprochenen Fragen zu beantworten?' Mit dieser letzten Fragestellung ist der rote Faden der dargestellten Auswahl von Themen und Konzepten – wenn man so will – an seinen Ausgangspunkt zurückgekehrt. Denn Oevermanns soziologisches Interesse am Menschen als Ganzes setzte vor fast fünf Jahrzehnten an der grundlegenden Frage an, welchen wie gearteten Beitrag die Familie an der Herausbildung einer autonomen Person überhaupt zu leisten vermag. Da er und seine Mitarbeiter sich außer Stande sahen, mit herkömmlichen empirischen Forschungsmethoden dieser komplexen Materie gerecht zu werden, führte dies zur Entwicklung einer in jeder Beziehung neuen Methode, der *Objektiven Hermeneutik*.

Beim Schreiben der sechs Kapitel haben wir uns – in ‚guter interpretativer Manier' – oft beim ‚Kampf um das richtige Wort bzw. die richtige Lesart' heftig gestritten. Wir hoffen, dass das Ergebnis die Sache voran gebracht hat und dass wir eine Einführung vorlegen können, die hilft, die wichtigen Überlegungen Ulrich Oevermanns einem breiteren Publikum bekannt zu machen. Dass das alles schließlich nur als Einladung dazu dienen kann, sich mit dem Werk selbst vertraut zu machen[4], liegt, um an dieser Stelle einmal eine Redewendung Ulrich Oevermanns zu verwenden, ‚auf der flachen Hand'.

---

4   Aus diesem Grund lassen wir im Glossar Ulrich Oevermann häufig zu Wort kommen.

1.1 Zur Person

Um die Person Ulrich Oevermann und, mehr noch, die Verbindung zwischen Person und Werk kurz vorzustellen, werden wir im Folgenden einige biographische Eckpunkte und Entwicklungen skizzieren.[5]

Ulrich Oevermann wurde am 28. Februar 1940 in Heilbronn geboren.[6] Seine Mutter, die aus einem kleinen Dorf in der Nähe von Bielefeld stammt, war, kriegsbedingt, von 1940 bis Ende 1943 in der unmittelbaren Umgebung, im Ort Weinsberg, untergebracht. Das Milieu, das seine Mutter prägte, beschreibt er wie folgt. Sie „kam aus einem fidelen Haus, wo es richtig lebenspraktisch herging. Das war eine Gastwirtschaft, Lebensmittelhandlung und Kaffeerösterei".

Sein Vater, ein promovierter Biologe und begeisterter Segelflieger, hatte sich sofort zu Beginn des Krieges im September 1939 freiwillig zur Luftwaffe gemeldet. Er stürzte im Februar 1942 mit seiner Maschine ab, so dass Ulrich Oevermann seinen Vater nie kennenlernen konnte.

Nachdem die Mutter wieder in ihre Heimatregion zurückgegangen war, heiratete sie 1947 noch einmal, diesmal ‚auf einen Bauernhof' in Gehlenbeck, in der Nähe von Lübbecke im Nordosten Nordrhein-Westfalens. Da das Gymnasium weit entfernt lag und von Gehlenbeck aus nur schlecht zu erreichen war, ist Ulrich Oevermann ab dem zehnten Lebensjahr bei seinem Großvater, dem Vater seines gefallenen Vaters, aufgewachsen. Dieser war, so Ulrich Oevermann, ein „Gegentyp zu mir. Also außerordentlich ordentlich. Wie aus dem Ei gepellt immer, mit Mittelscheitel,

---

5   Die wörtlichen Zitate stammen aus mehreren Interviews mit Ulrich Oevermann, die im Rahmen der Study Group ‚Rekonstruktive Sozialforschung' am *Hanse Wissenschaftskolleg. Institute for Advanced Study* erhoben wurden. Große Teile dieser Interviews werden im Frühjahr 2015, zusammen mit einem ausführlichen Interview mit Fritz Schütze, in einem Band im Budrich-Verlag erscheinen (vgl. Garz/Kraimer/Riemann 2015).

6   Legt man seine eigene Einteilung zugrunde, gehört er damit jener ‚schweigenden Generation' an, die sich zwar energisch am Aufbau der Bundesrepublik beteiligte, aber dies eher im Stillen tat. Somit unterscheidet sich diese ‚Sandwich-Generation' deutlich von der vorherigen, die Oevermann als die ‚Nie-wieder'-Generation bezeichnet: Ihr gehören jene, etwa zwischen 1927 und 1932 geborenen Personen an, die (zum Teil bis heute) das Diskussionsklima in der Bundesrepublik bestimmten. Zentral natürlich sein akademischer Lehrer Jürgen Habermas, aber auch Ralf Dahrendorf oder Günter Grass. Auf die ‚schweigende Generation' folgen nach dieser Einteilung wiederum die zwischen 1945 und 1955 Geborenen, die sogenannten 68er (vgl. hierzu die Diskussion von Ulrich Oevermann mit Daniel Cohn-Bendit, einem ‚Anführer' der Studentenbewegung, zum Thema „Mai 1968: 40 Jahre danach – und nun?" unter https://archive.org/details/Mai1968 [erstellt von Manuel Franzmann]). Vgl. dazu auch den Abschnitt zur Generation in Kapitel 4.

1.1 Zur Person

und er war Konrektor der Grundschule dort und Organist, und er musste immer noch zu den Beerdigungen hin, als Vorsinger."

Die Kindheit und Jugend stellten für ihn insgesamt eine harte Zeit dar, da er in die auf einem Bauernhof täglich anfallenden Arbeiten voll einbezogen wurde. In den Ferien galt dies in gesteigertem Maße: „Kühe hüten usw.; das war nicht so angenehm".

Sein Ausgleich und zugleich seine große, bis heute andauernde Leidenschaft, die ihn auf dem Gebiet der Ornithologie zu einem Spezialisten werden ließen, waren Naturbeobachtungen, speziell das Beobachten von Vögeln, vorzugsweise im benachbarten Moor. Dieses Vor-Ort sein, die in situ Forschung, sollte später auch prägend für sein wissenschaftliches Arbeiten werden.

Daneben war er, als er etwas älter wurde, Mitglied im Kirchenchor, im Kantorei-Orchester, im Kammerorchester, im Jugendchor sowie im Posaunenchor; schließlich auch bei der Jugendorganisation der SPD, den Jungsozialisten, so dass er fast jeden Abend unterwegs war.

In der Schule gab es keine fachlichen Probleme, obwohl er jene Fächer, in denen Vokabeln gelernt werden mussten, vernachlässigte. Als wesentlich problematischer erwies sich, dass er ein sehr aufsässiger Schüler war, der bei den Lehrern des Öfteren so heftig aneckte, dass immer wieder einmal der Verweis von der Schule drohte. Die Erfahrungen in der Jugendzeit zusammenfassend hält Oevermann fest. „Die Schule hat mich intellektuell nicht besonders angeregt. Muss ich leider sagen. Eigentlich waren das mehr die Ornithologie und auch die Musik".

Dennoch, 1960 legte er sein Abitur am Wittekind-Gymnasium in Lübbecke ab und ging unmittelbar darauf mit dem Gefühl, die Gegend verlassen zu müssen, zum Studium an die Universität Freiburg. Hier belegte er, von 1960 bis 1961, die Fächer Geschichte, Romanistik, Philosophie und Soziologie. Das ursprünglich erwogene Studium der Biologie nahm er nicht auf, da ihm davon im Hinblick auf die (vermeintlich) schlechten Berufschancen abgeraten wurde. Da er keine finanzielle Unterstützung von zuhause erhielt, musste er während seines gesamten Studiums zusätzlich arbeiten.

In Freiburg habe ich mein Geld verdient bei der Paketpost, Nachtschicht, und als Nachtportier in einem Hotel Garni. (…) Ich schlief direkt an der Pforte und musste dann als Nachtportier zur Verfügung stehen. Und morgens hatte ich für die Heizung zu sorgen, nachts auch, dann morgens die Bettwäsche mangeln, waschen und so weiter für drei Stunden, dann hatte ich frei.

1961 wechselte er an die Ludwig Maximilian Universität München, sein Hauptfach war nun die Soziologie (bei Prof. Emerich Francis und seinem Assistenten M. Rainer Lepsius) mit den weiteren Fächern Psychologie, Philosophie und Mathematik.

Neben dem Studium arbeitete er jetzt bei der DSG, also der ‚Deutschen Speisewagengesellschaft', als Schlafwagenschaffner und, ganz zu Beginn des Studiums, „als ‚Reinholer' mit Uniform in einem Nachtlokal".[7]

Als Rainer Lepsius, ein Experte für das Werk Max Webers, 1963 einen Ruf an die Wirtschaftshochschule in Mannheim erhielt, folgte Oevermann ihm und studierte dort sowie an der Universität Heidelberg die Fächer Soziologie und Philosophie.

Hier wurde auch Jürgen Habermas, der als außerordentlicher Professor an der Heidelberger Universität lehrte, auf ihn aufmerksam. Als Habermas 1964 nach Frankfurt auf den Lehrstuhl für Philosophie und Soziologie berufen wurde, ging Oevermann mit ihm, zunächst als wissenschaftlicher, dann als promovierter Assistent – neben Claus Offe, Oskar Negt und Albrecht Wellmer. Sein Arbeitsbereich umfasste das Gebiet der Sozialisations- sowie der empirischen Sozialforschung. Wichtige Autoren wurden für ihn im Rahmen der Diskussion zur schichtspezifischen Sprachentwicklung der englische Soziologe Basil Bernstein, mit dem er auch befreundet war, sowie der US-Amerikaner Noam Chomsky, der die für Oevermann sehr wichtig werdende Unterscheidung zwischen Sprachkompetenz und -performanz in die Linguistik eingeführt hatte.

In den Jahren 1967 und 1968 war Oevermann Mitglied der seinerzeit einflussreichen Kommission ‚Begabung und Lernen' im Deutschen Bildungsrat unter der Leitung des Göttinger Erziehungswissenschaftlers Heinrich Roth; in diesem Zusammenhang veröffentlichte er seinen wichtigen Aufsatz über *Schichtenspezifische Formen des Sprachverhaltens und ihr Einfluß auf die kognitiven Prozesse.*

1968, nach seiner im Februar erfolgten Promotion mit einer Arbeit zu *Sprache und soziale Herkunft. Ein Beitrag zur Analyse schichtenspezifischer Sozialisationsprozesse und ihrer Bedeutung für den Schulerfolg* (Oevermann 1972), wurde er zunächst Mitarbeiter, dann Leiter des Forschungsprojekts ‚Elternhaus und Schule', das er zusammen mit Lother Krappman und Kurt Kreppner am kurz zuvor gegründeten Max-Planck-Institut für Bildungsforschung in Berlin in den Jahren von 1968 bis 1977 durchführte.

Das sehr anspruchsvolle Ziel des Projektes bestand darin, herauszufinden, was den Erfolg oder Misserfolg in der Schule herbeiführt bzw. bestimmt. Dazu sollten Daten, beginnend auf der gesellschaftlichen Ebene (Makrostruktur), „bis hin zu den am feinsten verästelten Dimensionen von kognitiver, motivationaler bzw. affektiver Entwicklung" untersucht werden; also die Verbindung von sozialer Herkunft und

---

7   Auf eine Rückfrage hin erläuterte er. „Das ist kein Rotlichtviertel. Das ist in der Innenstadt, das war etwas vornehmer. Ich kriegte zum Beispiel fast jeden Abend von Erich Kästner zwei bis fünf Mark Trinkgeld, der kam so zwischen eins und zwei, trank seine paar Whiskys und ging dann um vier nach Hause, (ein) ganz kleiner, außerordentlich freundlicher Mann".

1.1 Zur Person

„der Tiefenstruktur der Persönlichkeit des Kindes". Die Kinder sollten zu Beginn der Untersuchung zwischen vier und sechs Jahre alt sein.

Es ging dementsprechend darum, die Prozesse der Sozialisation dort anzuschauen, wo sie real stattfinden – und zwar „nicht nach vorgefassten Kategorien und Variablen", sondern ergebnisoffen. Es musste für die empirische Forschung einen Ort geben, an dem man sie untersuchen kann. Und für diese in situ-Untersuchungen, so Ulrich Oevermann, „gibt es nur zwei Orte: die Schule und die Familie. (...) Und da die Familie vorgeschaltet ist, haben wir uns dafür entschieden, die Familie zu nehmen; also das Vorderglied von Elternhaus und Schule". Und im Rückblick fügt er noch hinzu, „mich hat (...) schon damals hauptsächlich (...) die Eigenlogik der innerfamilialen Kommunikationsstruktur interessiert".[8]

Da vor allem die in den Familien durchgeführten Beobachtungen sehr zeitaufwendig waren, war das Projekt auf deren Kooperationsbereitschaft angewiesen, so dass sich die Frage stellte, wie diese motiviert werden konnten, sich längerfristig auf eine Zusammenarbeit einzulassen. Dieser Schwierigkeit konnte dadurch begegnet werden, dass Familien ausgewählt wurden, die sich aufgrund eines Problems schon bei einer Erziehungsberatungsstelle angemeldet und somit ein Interesse an einer guten, umfangreichen Unterstützung hatten[9]. Die Forschenden selbst haben die Familien zu Beginn „während fünf Sitzungen (im Elternhaus) beobachtet".[10]

Im Anschluss an diese Erhebungen stellte sich die Kardinalfrage:

> Wie wertet man jetzt die Sachen aus? Jetzt hatten wir diese unglaubliche Menge von verschrifteten Tonbandaufnahmen, wie werten wir die jetzt aus? Und das war ein irrsinnig komplizierter und langer Prozess. Ich habe dann gemerkt, dass die Instrumente, die dafür zur Verfügung standen, nicht hinreichten. Wir haben da lange herumprobiert. Das war ein dramatischer Prozess mit vielen Streitereien.

---

8   In einer frühen Untersuchung wird das interpretative Vorgehen beschrieben als „die Strategie einer qualitativ-hermeneutischen Rekonstruktion des innerfamilialen Interaktionssystems auf der Materialgrundlage intensiver Fallstudien, in denen per Beobachtung die verschiedenen Einflußfaktoren gewissermaßen ungetrennt in ihrem dynamischen Zusammenwirken erfaßt werden" (Oevermann et al. 1976a, S. 171, Fn. 5).

9   Zu den Maßnahmen gehörten, einerseits, die Diagnose und evtl. Behandlung der Kinder durch Kindertherapeuten; andererseits wurden Eltern sehr ausführlich von Psychoanalytikern interviewt („zwei Analytiker jeweils mit beiden Paaren"); falls erforderlich konnten die Eltern dann an einer Paartherapie („zehn Stunden, wenn es nötig war auch mehr") teilnehmen.

10 Schaut man sich die Veröffentlichungen aus dieser Zeit an, so wird deutlich, dass bis etwa 1976 quantitativ geforscht wurde, danach finden sich fast ausschließlich interpretative Studien.

Für Oevermann bestand die Antwort auf diese Problemstellung darin, ein neues, auf die komplexen Vorgaben aus den Familienbeobachtungen ausgerichtetes Verfahren zu entwickeln. Ein Verfahren, das heute unter dem Begriff der *Objektiven Hermeneutik* bekannt ist und sich als Analyseverfahren versteht, das auf jegliche Ausprägungen ‚einer sozialen Praxis' (vgl. Kapitel 2 zur Lebenspraxis und Kapitel 6 zur Methode) Anwendung finden kann. Mit dieser Abkehr von der quantitativen Forschungstradition ist der Wendepunkt in den Arbeiten von Ulrich Oevermann benannt.

Der folgende Exkurs 1[11] soll die in diesem Zusammenhang entwickelte Vorgehensweise noch einmal anhand eines kleinen, vermeintlich unscheinbaren Beispiels, das aus den Familienbeobachtungen des Projekts ‚Elternhaus und Schule' stammt, verdeutlichen (vgl. Oevermann et al. 1976b, S. 381ff.).

Exkurs 1: Ein Beispiel aus den Familienbeobachtungen des Projekts ‚Elternhaus und Schule'

Der protokollierte Dialog (Das Kind I ist ein 4 ½ jähriger Junge):

K[ind] I: (ruft aus dem Kinderzimmer zur Mutter, die in der Küche spült, wo auch die Beobachter sitzen) Da in der Küche ein Loch hin?
M[utter]: Ja, in der Küche möcht' ich auch 'n Loch haben, ich zeig dir mal wo, ich muß da noch was aufhängen, weiß'de.
K[ind] I: und in das Kinderzimmer?
M[utter]: Ne, da brauch'mer jetzt keins mehr. Hier muß'de 'n bißchen leise bohren, im Schongang (wegen der Tonbandaufnahme) ja?
K[ind] I: (inzwischen in der Küche): Wo? Zeig mir mal.
M[utter]: Ja, ich würde sagen, hier woll'n wer noch ein hin haben, hier haste schon mal angefangen, da bohr'n wer noch mal weiter. Hier kommt dann da'n Dübel rein, ne?
K[ind] I: 'n Dübel?
M[utter]: Ja.
K[ind] I: 'nn (tut so, als ob er verstanden hätte).
M[utter]: Da woll'n wer jetzt 'n Handfeger und 'n Fegeblech hinhängen.

---

11 Auch in anderen Kapiteln des Buches wird auf das Stilmittel des Exkurses zurückgegriffen werden, wenn es um die knappe Illustration von Sachverhalten geht, die für den Fortgang der Argumentation des Buches wichtig sind, deren breitere Darstellung aber den Rahmen dieses Bandes sprengen würden.

Wir wollen dieses Beispiel nicht ausführlich interpretieren (vgl. dazu Oevermann et al. 1976b, S. 382-384), sondern vielmehr an dieser Stelle lediglich auf zwei Aspekte aufmerksam machen. Zunächst, auf der Seite der Erhebung und Auswertung von Daten, macht das Beispiel deutlich, auf welche Ausgangsmaterialien sich die Theorie bezieht bzw. auf welcher Grundlage sie (‚bottom up') errichtet wird. Es sind ‚vor Ort', d. h. in situ gewonnene Ausschnitte der Lebenspraxis, in diesem Fall also einer Familie, die den Anlass zu einer Theoriebildung geben. Vergegenwärtigt man sich darüber hinaus den Inhalt der Interaktion, also dasjenige, das sich objektiv, das heißt unabhängig von den Absichten der Beteiligten, zeigt, wird deutlich, dass die Mutter ihren Sohn in diesem Beispiel so behandelt, ‚als ob' er schon mehr versteht, als er mit seinen 4 ½ Jahren tatsächlich verstehen kann. Sie nimmt seine Äußerungen quasi auf einer ‚Erwachsenen-Ebene' ernst und gibt ihm damit die Chance, in dieser Situation zu wachsen. Obwohl ihr Sohn den Vorgang aufgrund seiner noch nicht vollständig entwickelten kognitiven Fähigkeiten nicht verstehen kann, bietet ihm die Mutter aufgrund ‚ihrer stellvertretenden Deutung' der Situation, die Möglichkeit, die tatsächlich bestehende Generationsschranke spielerisch zu überwinden. Die Mutter hat, „durch die Klugheit ihres Handelns" (ebd., S. 383), ihrem Sohn eine – sicher so nicht geplante – Lernchance eröffnet bzw., nach den Überlegungen von Ulrich Oevermann, ein ‚nicht intendiertes Lernparadigma eingerichtet', so dass ihr „Sohn (...) gleichzeitig (lernt), wie man als Vater und Ehemann angemessen handelt" (ebd., S. 382). Verallgemeinert man diese Auffassung, führt dies zu Ergebnissen, die in Kapitel 3.2 ausführlicher erläutert werden. „Ganz allgemein unterstellen Eltern dem Handeln ihrer Kinder ein Mehr an Intention und subjektiv gemeinten Sinn, als von den Kindern tatsächlich realisiert wird" (ebd., S. 383).

Exkurs Ende

Eine Reihe von Berufungen, die Oevermann in seiner ‚Berliner Zeit' auf Professuren an verschiedene Universitäten erhielt, lehnte er ab. Erst 1977 nahm er den Ruf auf eine C4-Professur für Soziologie an die Universität Frankfurt am Main, an der er seit 1972 Honorarprofessor war, an. Am dortigen Fachbereich Gesellschaftswissenschaften forschte und lehrte er Soziologie mit dem Schwerpunkt Sozialpsychologie bis zu seiner Emeritierung im Jahr 2008. Als Gastprofessor war er u. a. in Bern, Wien und Paris tätig. Über das Werk, das er in dieser Zeit und auch noch nach seiner Emeritierung bis heute geschaffen hat, soll im Folgenden gesprochen werden.

Nach diesen einführenden Bemerkungen zur Person und zum wissenschaftlichen Werdegang Ulrich Oevermanns folgt nun eine knappe Vorschau auf die einzelnen Kapitel unseres Bandes. Noch eine Anmerkung zuvor: Der hier unternommene

Versuch, der Person und dem ebenso vielschichtigen, wie umfangreichen Werk Ulrich Oevermanns in sechs Kapiteln annähernd gerecht werden zu wollen, ist ohne Zweifel gewagt. Darüber hinaus – da sind sich die Autoren einig – wird er selbst diesen Versuch sehr wahrscheinlich als überflüssig erachten. Der Grund hierfür ist nicht etwa Weltfremdheit oder gar Gleichgültigkeit gegenüber Studierenden. Es ist vielmehr seine wissenschaftlich-professionelle Grundhaltung, Studierende schon als gleichberechtigte Mitglieder der ‚Zunft der wissenschaftlich Interessierten' zu betrachten. Er sieht die Studierenden nicht als ‚Zöglinge', denen etwas beizubringen ist, sondern als Eleven der Wissenschaft, mit denen man gemeinsam an einer Sache arbeitet. Unbenommen dieser sicherlich nicht gänzlich unberechtigten Bedenken und Einwendungen halten wir an unserem Versuch fest.

1.2 Zum Inhalt der Kapitel

Im Anschluss an die im vorhergehenden Abschnitt gegebenen knappen biographischen Einblicke zur Person Oevermanns und der kurzen Vorschau auf die weiteren Inhalte des Bandes, setzt sich daran anschließend Kapitel 2 mit den Begriffen und Konzepten ‚Lebenspraxis', ‚Krise' und ‚Routine' auseinander. Es wird u. a. den Fragen nachgegangen, was die Lebensweise einer tierischen Spezies von humaner Lebenspraxis unterscheidet und was eine Lebenspraxis überhaupt ist. Ein Kerngedanke des Unterabschnitts 2.1 lautet: Lebenspraxis als Lebenspraxis entsteht im Treffen von problematischen Entscheidungen. Weil der Mensch als einziges Lebewesen aus Handlungsalternativen wählen kann, ist er gezwungen, sich ständig zu entscheiden. Problematische Entscheidungssituationen sind solche, die uns vor Alternativen stellen, für die wir keine ‚gängigen' Lösungen (Routinen) parat haben. Solche Situationen sind ‚echte' Krisen. Unterabschnitt 2.2 thematisiert den Begriff Krise durch einen, in seinem normalen Ablauf gestörten Sachverhalt. Das Störende ist das Fremde, das es zu bestimmen gilt. Routine, der Gegenbegriff zur Krise, entsteht bei der Bewältigung der Störung. Es ist das entstandene neue Wissen, das sich in der Bewältigung der Krise zeigt. Es ist das nunmehr Bekannte, was bestimmt wurde. Die verschiedenen Formen von Störungen werden dann in Abschnitt 2.3 als Krisentypen beschrieben und in ihrer lebenspraktischen Bedeutung erläutert. Sodann wird der Frage nachgegangen, welche Voraussetzungen ein Mensch mitbringen muss, um Krisen, die ja seine Lebenspraxis überhaupt erst ausmachen, eigenständig (autonom) bewältigen zu können. Es geht also um die Frage, wie der Mensch (prototypisch) strukturiert ist, damit er (als strukturierte

Einheit) überhaupt handeln kann.[12] In Abschnitt 2.4 wird die Konstruktion des Subjekts der Lebenspraxis also – wie Oevermann sagt – das ‚Was' entwickelt, das zunächst bekannt sein muss, damit die Frage nach dem ‚Wie', also die Frage nach der Sozialisation des Subjekts (siehe Kapitel 3), allererst beantwortet werden kann. Aus der Konstruktion des Subjekts ergibt sich auch die Antwort auf die Frage, wie der konkrete Mensch seine Lebenspraxis vollzieht, wie er sein Handeln gestaltet. Abschnitt 2.5 geht auf das hierfür notwendige Zusammenspiel von Erzeugungs- und Auswahlparameter ein. Als Erzeugungsparameter gelten jene universellen Regelstrukturen (Sprache, Kognition, Moral), die das Handeln grundsätzlich ermöglichen. Auswahlparameter sind jene historisch variierenden Strukturen (Deutungsmuster, Habitusformationen, Motive), mit denen das Subjekt seine unverwechselbaren Auswahlen aus alternativen Möglichkeiten trifft.

In Kapitel 3 steht die Frage im Mittelpunkt, wie das zuvor als abstraktes Strukturmodell eingeführte Subjekt im Prozess der Sozialisation mit Leben erfüllt wird. In Unterabschnitt 3.1 wird zunächst herausgearbeitet, dass Sozialisation – gleichzusetzen mit dem Bildungsprozess des Subjekts – als eine Praxis zu sehen ist, in der Neues entsteht. Mit der Befruchtung der Eizelle entsteht, biologisch betrachtet, neues Leben. Es beginnt sodann ein lange andauernder, vor allem im sozialen Raum der Familie ablaufender Entwicklungsprozess der Person, der dadurch gekennzeichnet ist, dass immer wieder stattfindende Transformationsprozesse Neues hervorbringen. Eine entscheidende Rolle spielt hierbei die in Abschnitt 3.2 dargestellte sozialisatorische Interaktion, deren spezielle Struktureigenschaften in Abschnitt 3.3 behandelt werden. Nach dieser generellen Erläuterung von Struktur und Dynamik des sozialisatorischen Prozesses wird dann in Abschnitt 3.4 der Weg vom Neugeborenen zur autonomen Person als Abfolge einer Bewältigung von vier zentralen ontogenetischen Ablösungskrisen beschrieben.

Auf seinem Weg zur Autonomie durchläuft jeder Mensch ein immer gleiches Wechselspiel von Entwicklung in einem geschützten Milieu und krisenhafter Ablösung aus diesem:

So folgt nach wohlbehüteter Schwangerschaft die Geburt als erste Ablösungskrise. Die frühe Lebensphase außerhalb des Mutterleibes ist dann geprägt von der Mutter-Kind-Symbiose und deren Ablösungskrise. Es folgt der Eintritt des Kleinkindes in eine neue Sozialform, die von drei Positionen (Vater-Mutter-Kind)

---

12 Der Mensch als Prototyp, also der Inbegriff dessen, was unsere Spezies ausmacht, wird in den Sozial-, Kultur- und Geisteswissenschaften mit den Begriffen Person und Subjekt bezeichnet. Mit Person oder Subjekt wiederum ist der ganze Mensch gemeint, bzw. das, was Oevermann als strukturierte Einheit von körperlichen, psychischen und sozialen Komponenten (somato-psycho-soziale Einheit, vgl. Kapitel 2) auf den Begriff bringt.

bestimmt ist. Diese Sozialform der ‚ödipalen Triade' ist gekennzeichnet durch eine besondere Schubkraft für die weitere Entwicklung des Kindes (Strukturlogik und Dynamik der ödipalen Triade). Nach der krisenhaften Ablösung von dieser triadischen Struktur tritt das Kind in die sog. Latenzphase ein. Einschulung und eigenständig geknüpfte Freundschaften (peer-group-Beziehungen) werden nun zunehmend zum Motor der Persönlichkeitsentwicklung. Am Ende der Latenzphase tritt der nunmehr jugendliche Mensch (im günstigen Fall) in das sog. Moratorium der Adoleszenz ein, in dem erste eigenständige Lebensentwürfe erprobt werden. Schlussendlich mündet dieser Erprobungsprozess in der Ablösung von der Herkunftsfamilie durch die Bewältigung der Adoleszenzkrise.

Kapitel 4 stellt das Problem der Bewährung des Jugendlichen im Übergang zum erwachsenen, autonom werdenden Menschen dar: Zugleich mit der (Undankbarkeit zum Ausdruck bringenden) Abkehr von der Herkunftsfamilie muss der Jugendliche sein Leben bewältigen. Dazu muss er sich in drei wichtigen Bereichen bewähren: Er muss Leistungen in einem Beruf erbringen, er muss eine Position zu Partnerschaft, Familie und Nachkommenschaft entwickeln und er muss, last but not least, sich im Rahmen des Gemeinwohls engagieren. Abschnitt 4.1 zeigt, wie dem Jugendlichen bei der Ablösung von den Eltern, die schon durch das Mitwirken in ‚peer groups' vorbereitet wurde, die ‚Mitgliedschaft' in einem Generationsverbund, also einer Gruppe in etwa Gleichaltriger, die gemeinsam auf zentrale, zeitgenössische Probleme reagieren, helfen kann. In Abschnitt 4.2 wird das angesprochene Problem der Bewährung noch einmal aufgegriffen. Dieses bildet, als Entwicklungs-Aufgabe gesehen, ebenfalls eine Dynamik aus, die die Entwicklung hin zum Erwachsensein vorantreibt. Angesichts der Endlichkeit des Lebens stellen sich in diesem Zusammenhang notwendigerweise die Fragen: ‚Woher komme ich? Wohin gehe ich?' Sowie: ‚Wer bin ich?'. Antworten hierauf wurden lange Zeit von den Kirchen, also ‚kirchenreligiös', vorgegeben. Aber auch nach dem möglichen ‚Verblassen' der ‚klassischen' Religionen müssen diese Fragen eine, nun weltliche Antwort finden. Eine Antwort, die Oevermann allerdings ebenfalls als religiös bezeichnet, da sie sich für jeden Menschen notwendigerweise in Angesicht der Endlichkeit des Lebens stellt.

Kapitel 5 thematisiert den Oevermannschen Ansatz einer neuen Professionstheorie. Wie in Abschnitt 5.1 beschrieben wird, kritisiert er die klassischen Professionstheorien und entwickelt aus dieser Kritik seine ‚revidierte' Professionalisierungstheorie, die das Handeln und nicht die gesellschaftliche Stellung von speziellen Berufen in den Mittelpunkt stellt. Professionalisierte Berufe handeln stellvertretend und bewältigen so die Krisen hilfebedürftiger Menschen. Dass Eltern zunächst die Probleme und Krisen ihrer Kinder stellvertretend – wie Oevermann sagt, ‚natur-

1.2 Zum Inhalt der Kapitel

wüchsig' – bewältigen, ist einleuchtend. Auf dem weiteren Weg der Kinder zur Autonomie wird dies jedoch mit deren Eintritt in die Schule problematisch. Hier wird die Hilfe von Experten, eben speziell dafür ausgebildeten Lehrkräften notwendig, die gewissermaßen stellvertretend für die Eltern das Bildungsproblem der Kinder bewältigen. Gegenstände dieser stellvertretenden Krisenbewältigung sind dabei sowohl die ‚Lernkrise' des einzelnen Kindes, als auch die ‚Erziehungskrise' der überforderten Eltern. Stellvertretende Krisenbewältigung durch professionelle Expertise ist aber auch angezeigt, wenn Menschen generell mit Problemstellungen konfrontiert werden, die sie mit ‚Bordmitteln' selbst nicht mehr bewältigen können. In Abschnitt 5.2 werden die Bereiche stellvertretender Krisenbewältigung, also die Handlungsfelder professionalisierter Experten dargestellt und in Abschnitt 5.3 geht es um die Charakterisierung der Voraussetzungen und Besonderheiten, die einen professionalisierten Helfer in die Lage versetzen, seine Leistungen zu erbringen. Diese Leistungserbringung erfordert wiederum einen besonderen Rahmen, den Oevermann als ‚Arbeitsbündnis' bezeichnet. Diese besondere, für stellvertretende Krisenbewältigung unabdingbare Beziehungsstruktur, ist Gegenstand des Abschnittes 5.4. Zum Abschluss des Kapitels wird in Abschnitt 5.5 dann der Frage nachgegangen, wie jene Qualifikationen vermittelt werden können, die professionalisiertes Handeln, also die stellvertretende Bewältigung von Krisen hilfebedürftiger Personen, überhaupt erst ermöglichen.

Das abschließende sechste Kapitel greift die methodische Frage auf, ‚wie man in der Forschung systematisch einen Weg entlang geht'; d.h. wie gute Forschung möglich ist. Insofern stellt es, einerseits, einen Blick darauf bereit, wie die in den vorgehenden Kapiteln dargestellten Ergebnisse empirisch, also forschungspraktisch, zustande kamen. Andererseits wird die angewandte Methode, nämlich die Objektive Hermeneutik, in Kapitel 6.1 sowohl in ihrer theoretischen Begründung als auch in ihrer Ausführung erläutert. Damit wird eine intensive Beschäftigung mit der Methode – insbesondere in der Forschungspraxis – zwar nicht überflüssig, aber deren wesentlichen Aspekte werden in komprimierter Form vermittelt, so dass die Grundzüge des Vorgehens nachvollziehbar werden. Man kann sagen, dass ‚Pflöcke eingeschlagen werden', auf die sich solide aufbauen lässt. In Abschnitt 6.2 wird das methodische Vorgehen in seiner praxisbezogenen Variante am Beispiel des professionellen Fallverstehens noch einmal ausführlich verdeutlicht.

Ein Glossar, das wesentliche Begriffe, häufig in den Worten Oevermanns enthält, beschließt den kleinen Band, für dessen Lektüre wir an dieser Stelle viel Erfolg und doch auch einigen Spaß wünschen. Denken Sie immer daran, dass auch Rom nicht an einem Tag erbaut wurde.

Lebenspraxis – Krise und Routine 2

Von zentraler Bedeutung für die Architektonik des Oevermannschen Theoriegebäudes sind die Begriffe Lebenspraxis, Krise und Routine. Zunächst ist deshalb zu klären, was den strukturtheoretischen Begriff von Lebenspraxis von dem sich zunächst aufdrängenden alltagssprachlichen Begriffsverständnis unterscheidet, dass Menschen selbstverständlich die für ihr Leben bzw. Überleben notwendigen Dinge erledigen müssen.

Schon allein die Tatsache, dass die meisten Menschen diese Praxis des (Über-)Lebens anscheinend problemlos zu meistern in der Lage sind, verweist darauf, dass dabei – wiederum dem Alltagsverständnis entsprechend – eine gewisse Routine eine Rolle spielt. Und weiter glaubt jeder zu verstehen, dass jemand sagt „Ich krieg' die Krise", wenn ein Gerät nicht so funktioniert, wie es sollte, oder eine Aufgabe trotz Erläuterung, z. B. im Falle einer schlecht formulierten Gebrauchsanweisung, nicht gelöst werden kann. Auch hier ist zu fragen, was genau die alltagssprachlichen von den wissenschaftssprachlichen Begriffen unterscheidet. Darüber hinaus wird zu zeigen sein, wie die theoretischen Begriffe Lebenspraxis, Krise und Routine miteinander verknüpft sind bzw., wie im Falle des Begriffspaars Krise und Routine, der eine den anderen Begriff erzeugt, d. h. konstituiert.[13] Schließlich soll dargestellt werden, wie diese Begriffe zu einer Neufassung des Verständnisses dessen führen, was ein (autonomes, handlungsfähiges) ‚Subjekt' ist.

---

13 Krise konstituiert Routine so, wie Sprache Bedeutung konstituiert. So wie das Zeichensystem der Sprache eine notwendige Bedingung (Ableitungsbasis) für die Entstehung und den Transport von Sinn bzw. Bedeutung (‚meaning') ist, ist Krise eine notwendige Bedingung von Routine. Denn das durch die Bewältigung der Krise sich bewährende Wissen steht danach als Routine (Wissen) für die Bewältigung zukünftiger Probleme zur Verfügung (vgl. hierzu auch den Begriff ‚Konstitution' im Glossar).

2.1 Lebenspraxis

Jeder Mensch und jede menschliche Gemeinschaft[14] hat eine Lebenspraxis. Zugleich ist jeder Mensch und jede menschliche Gemeinschaft aber auch Erzeuger bzw. Erzeugerin (Agens) dieser Lebenspraxis. Menschen sind nämlich in der Lage, autonom zu entscheiden und zu handeln, um so die täglich auf sie zukommenden vielfältigen Aufgaben und Probleme des Lebens zu bewältigen. Menschliches Leben zeichnet sich gegenüber tierischem Leben dadurch aus, dass es (mehr oder weniger bewusst) gestaltet werden muss, sei es unter Einsatz bewährten Wissens oder durch die Erzeugung von Neuem, bisher so nicht Dagewesenem (Wissen, Verfahren, Konzepte etc.). Dieses gestalterische Element will Oevermann auf den Begriff bringen, wenn er davon spricht, dass Lebenspraxis jene verschieden aggregierte humane Einheit ist, „der als lebendiger, als Agens, (die) Strukturtransformationsprozesse der Erzeugung des Neuen zuzurechnen sind" (Oevermann 2004, S. 157f.). Zur Erläuterung der hier komprimiert gefassten und zugegebenermaßen nicht leicht verständlichen Charakterisierung des Begriffs Lebenspraxis:

Eine Lebenspraxis ist also als eine *Einheit des Lebendigen* bzw. als *Lebenseinheit* zu verstehen – dies kann ein einzelner Mensch oder eine Gruppe von Menschen (Schulklasse, Sportverein, Dorfgemeinschaft, Nation) sein –, die ihr Leben aktiv und kreativ zu gestalten vermögen. Das ausschließlich dem Menschen zuzurechnende Vermögen, in krisenhaften Situationen Neues zu erzeugen und diese Situationen nicht nur, wie tierische Spezies, als Stress zu empfinden sowie auf diese bloß zu reagieren, beruht letzten Endes darauf, dass der Mensch – jenseits seiner biologisch-genetischen Ausstattung – „eine Lebenseinheit (ist), in der sich Somatisches, Psychisches, Soziales und Kulturelles synthetisiert" (ebd.). Anders gesagt: Es ist die Synthese körperlich-physischer, psychischer, sozialer und kultureller Potentiale, die die menschliche Form zu einer Sonderform des Lebendigen macht.

Ein Blick in die Frühzeit der humanen Lebensformen zeigt, dass dies so ist, seit diese durch evolutive Entwicklungsprozesse aus der Naturgeschichte herausgetreten sind und mit der Gestaltung ihrer Kulturgeschichte begonnen haben. Seither gilt, tierische Lebensformen folgen ausschließlich einer genetisch determinierten ‚Biogrammatik', sie können sich nur so verhalten, wie es ihrer Gattung gemäß ist. Tiere als Einzelwesen oder als Sozialitäten (Herde, Schwarm, Rudel etc.) haben wenig Handlungsspielräume und damit keine frei gestaltbare Lebenspraxis. Erst der Entwicklungsschritt von der biologisch gebundenen Kommunikation mittels Gesten und Signallauten zur regelgeleiteten symbolischen Verständigung durch

---

14 Zum Begriff Gemeinschaft siehe auch Kapitel 3, Exkurs 3: Gemeinschaft und Gesellschaft.

2.1 Lebenspraxis

Sprache, ermöglicht es der menschlichen Gattung, sich aus der biogrammatischen Determination zu befreien.[15] Aus festgelegten, engen Verhaltensspielräumen werden soziogrammatisch strukturierte Handlungsspielräume, die auf sprachlich aushandel- und vermittelbaren Regeln basieren. Im Gegensatz zum Tier, dessen Welt auf das Hier und Jetzt beschränkt ist, verfügt der Mensch zudem infolge seiner Sprachfähigkeit über eine weitere Welt, die hypothetische Welt der Gedanken und Vorstellungen sowie das Bewusstsein, dass sein Leben nicht nur im Hier und Jetzt stattfindet, sondern auch eine Vergangenheit und eine Zukunft umfasst. Erfahrungen in und mit der materialen Welt verschwinden nicht mehr in der Vergangenheit, sondern dienen – einmal als richtig erkannt – als bewährte Wissensbestände der Überlebensstrategie der Gattung. Selbstverständlich ist der Mensch auch an die Potentiale und Grenzen seiner biologisch-genetischen Ausstattung gebunden, aber sein existenzsicherndes Handeln erfolgt primär auf der Basis von sozialisatorisch vermittelten (universellen sowie historischen) Regelsystemen gemäß einer entwicklungsoffenen, d. h. sich historisch verändernden ‚Soziogrammatik'.

Dem bisherigen, an die humane Gattungsgeschichte angelehnten Gedankengang folgend, kann festgehalten werden: Menschen haben deshalb eine Lebenspraxis, weil sie sich nicht biogrammatisch determiniert verhalten müssen, sondern weil sie über soziogrammatisch strukturierte Handlungsspielräume verfügen. Aus dieser Feststellung lassen sich nun weitere Bestimmungsgründe des Konstrukts Lebenspraxis ableiten.

Scheinbar paradox, ist die entwicklungsgeschichtliche Befreiung aus dem Zwang biologischer Gesetzmäßigkeiten mit einem neuen Zwang verknüpft, der aus den nun gegebenen sozialen Handlungsspielräumen resultiert. Gemeint ist hier der sog. Entscheidungszwang, denn Spielräume implizieren notwendigerweise Entscheidungen, um Handlungen überhaupt zu ermöglichen. Als konstitutives Element von Lebenspraxis gilt deshalb: Menschen müssen sich entscheiden, sie können, wie Oevermann es ausdrückt, sich ‚nicht nicht-entscheiden'. Zugleich ist diese Unausweichlichkeit, sich entscheiden zu müssen, Ausdruck einer nur menschlichem Leben vorbehaltenen Krisenhaftigkeit.

Bevor im Verlauf der weiteren Argumentation ausführlicher auf den Charakter des Krisenbegriffs und die verschiedenen lebenspraktisch relevanten Krisentypen näher eingegangen wird, ist noch auf eine wichtige Besonderheit hinzuweisen, die mit der Notwendigkeit einhergeht, Entscheidungen treffen zu müssen. Dem

---

15 „Biologisches Leben wird zur Lebenspraxis erst unter der Bedingung einer sprachlich ermöglichten Sinnerzeugung, also einer Bedingung, die ihrerseits notwendig ist, damit der Übergang von Natur zu Kultur sich vollziehen kann" (Oevermann 2000, S. 4).

Entscheidungszwang steht nämlich eine *Begründungsverpflichtung* gegenüber. Was ist damit gemeint?

Basieren Entscheidungen auf transparenten Fakten und auf klarem Lösungswissen, sind die Konsequenzen dieser Entscheidungen nicht nur für die jeweilige Lebenspraxis mit hoher Sicherheit vorhersehbar, sondern auch rational begründbar. Der Krisencharakter des eine Entscheidung erfordernden Ereignisses verflüchtigt sich – mit der Gewissheit erprobtes Lösungswissen zur Verfügung zu haben – umgehend in Routinehandeln. Anders ist dies im Falle ‚echter' Krisen. Sind die eine Entscheidung erzwingenden Ereignisse oder Fakten mehrdeutig, unklar oder teilweise verborgen, ist also eine Entscheidung entsprechend einem rationalen Kalkül unmittelbar nicht möglich, und ist eine erhebliche Tragweite der Entscheidung für das zukünftige Leben der entscheidenden oder anderer Personen gegeben, bedarf es einer nachgängigen Begründung im Angesicht der Folgen der Entscheidung. Es kann also gesagt werden, dass sowohl der Entscheidungszwang als auch – im Falle ‚echter' Entscheidungskrisen – eine damit einhergehende Begründungsverpflichtung konstitutive Elemente einer Lebenspraxis sind. Oevermann definiert deshalb Lebenspraxis „als widersprüchliche Einheit[16] von Entscheidungszwang und Begründungsverpflichtung" (ebd., S. 160).

Die Abbildung 2.1 verdeutlicht den bisher dargestellten Sachverhalt am Beispiel einer ‚echten' lebenspraktischen Entscheidungskrise, mit der sich ein Paar durch das Ereignis einer ungeplanten Schwangerschaft konfrontiert sieht.

Angesichts der näher rückenden gesetzlichen Frist, zu der letztmöglich eine Abtreibung stattfinden kann und der gleichgewichtigen guten Gründe für bzw. gegen das Kind, die es aus Sicht des Paares gibt, muss eine autonome Entscheidung herbeigeführt werden, denn ein untätiges Verstreichenlassen der Frist wäre eben auch eine, jedoch die Autonomie des Paares grundsätzlich in Frage stellende Entscheidung. Beide Möglichkeiten der Krisenbewältigung – den Embryo abzutreiben, oder das Kind zur Welt zu bringen – verpflichten im Nachgang der Entscheidung das Paar zu einer Begründung. Deren Gewichtung kann im weiteren Verlauf des Lebens der beteiligten Personen erheblich variieren, bedeutet doch eine solch existenzielle Entscheidung so oder so eine irreversible, das gesamte weitere Leben beeinflussende Tatsache.

---

16 Zum Begriff ‚widersprüchliche Einheit' siehe das Glossar.

2.1 Lebenspraxis

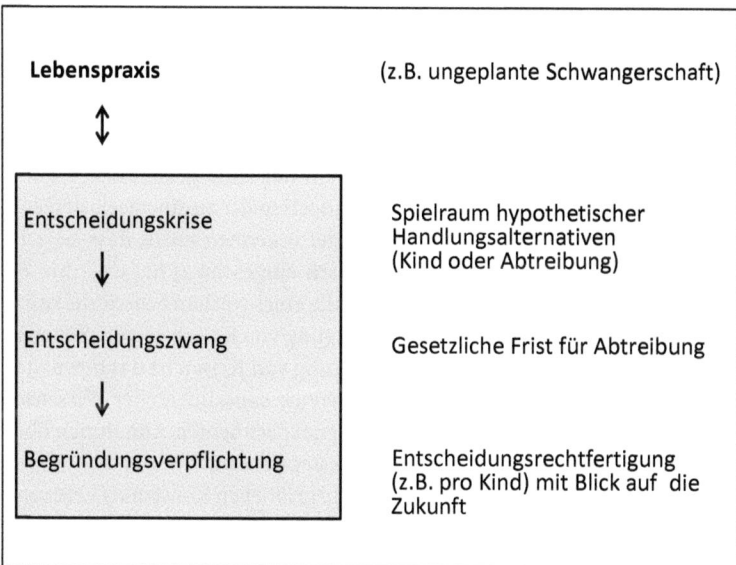

Abb. 2.1 Konstitution autonomer Lebenspraxis in Entscheidungskrisen

Das dargestellte Beispiel zeigt, dass es – nicht immer, wie in diesem Fall, so extreme – Ausnahmesituationen sind, die einen prinzipiell entscheidungs- und handlungsfähigen Menschen dazu zwingen, neues Wissen und Handeln für seine Lebenspraxis zu erzeugen. Solche Ausnahmesituationen oder ‚echte' Krisen überfordern das erlernte Repertoire an Handlungsroutinen, mit denen Menschen im lebenspraktischen Normalfall ihre Aufgaben und alltäglichen Herausforderungen meistern. Dennoch sind es genau diese Ausnahmesituationen, in denen sich Lebenspraxis als autonome konstituiert, wenn es nämlich einer Person oder einer Personengruppe gelingt, selbsttätig und selbständig, jenseits von Routinen Neues zu erzeugen und damit die Krisensituation zu bewältigen. Oevermann bringt diesen Sachverhalt wie folgt zum Ausdruck:

> Wirkliche Entscheidungssituationen, in deren Vollzug Lebenspraxis als Lebenspraxis sich konstituiert (sind) Krisen. (…) Lebenspraxis als autonome (konstituiert) sich genau darin (…), daß sie in der Lage ist, Krisen selbständig zu erzeugen und zu bewältigen (ebd.).

Was Oevermann meint, wenn er davon spricht, dass Lebenspraxis in der Lage ist, Krisen nicht nur selbständig zu bewältigen, sondern auch zu erzeugen, lässt sich an dem oben ausgeführten Krisen-Beispiel ungeplanter Schwangerschaft erläutern. Autonomes Handeln beinhaltet im Falle ‚echter' Krisen nicht nur die Möglichkeit einer ‚glatten' Bewältigung, sondern auch tendenziell ein Scheitern in der Zukunft. Ist es zu einer Entscheidung für das Kind gekommen, kann diese momentan gelungene Krisenbewältigung dennoch später zu einer (selbsterzeugten) Krise führen, nämlich dann, wenn die Mutter erkennen muss, dass sie z. B. die Doppelbelastung durch Kind und Beruf falsch eingeschätzt hat und ihre Beziehung daran in die Brüche gegangen ist. Im Falle eines solchen Scheiterns kann von einer selbständigen lebenspraktischen Erzeugung von Krisen gesprochen werden. Eine ganz andere Form selbständiger Erzeugung von Krisen ist das bewusste und kontrollierte Herbeiführen von Krisen im Bereich experimenteller Wissenschaft. So z. B. in der Psychologie, wenn in sog. Krisenexperimenten Annahmen über die psychische Belastbarkeit von Probanden getestet werden.

Aus der bisher dargestellten Ableitung des begrifflichen Konstrukts Lebenspraxis sollte deutlich geworden sein, dass das Handeln des Menschen autonome Entscheidungen voraussetzt. Entscheidungen sind wiederum notwendig, weil der Gattung Mensch als einziger das Bewusstwerden alternativer Handlungsmöglichkeiten gegeben ist. Die damit einhergehende Entscheidungsfindung – sowohl im Falle alltäglicher ‚Kleinigkeiten' als auch im Falle von Sachverhalten von existenzieller Bedeutung – hat immer einen krisenhaften Charakter. Im Falle zu entscheidender ‚Kleinigkeiten' verliert sich das Krisenhafte quasi im Handumdrehen im Hier und Jetzt der Handlung, weil ein in der Vergangenheit erprobtes krisenlösendes Wissen – anders gesagt, weil Routine – verfügbar ist. Im Anschluss an die routinierte Krisenbewältigung widmet sich der Handelnde ebenso routiniert den daraus resultierenden Folgeanforderungen.

Im Falle des krisenbewältigenden Handelns in Sachverhalten von existenzieller Bedeutung, sind hingegen ungewisse Folgen für das zukünftige Leben zu erwarten, und die an den tatsächlichen Folgen auszurichtende Begründung, warum vom Handelnden so und nicht anders entschieden wurde, ist verpflichtend. Beiden doch sehr unterschiedlich bedeutsamen Formen krisenbewältigenden Handelns unterliegt jedoch eine gemeinsame Struktur. Das Besondere dieser Struktur ist, dass durch sie einerseits sowohl die Elemente als auch die sequenzielle Dynamik einer krisenbewältigenden Handlung zum Ausdruck gebracht werden. Andererseits wird – wie Abbildung 2.2 zeigt – mit der dreistelligen ‚Einheit der Handlung' zugleich ein für die empirische Erforschung der sinnstrukturierten Welt methodologisch und methodisch bedeutsames Modell der Logik der Sequenzanalyse grundgelegt, auf das in Kapitel 6 noch ausführlich eingegangen werden wird.

2.1 Lebenspraxis

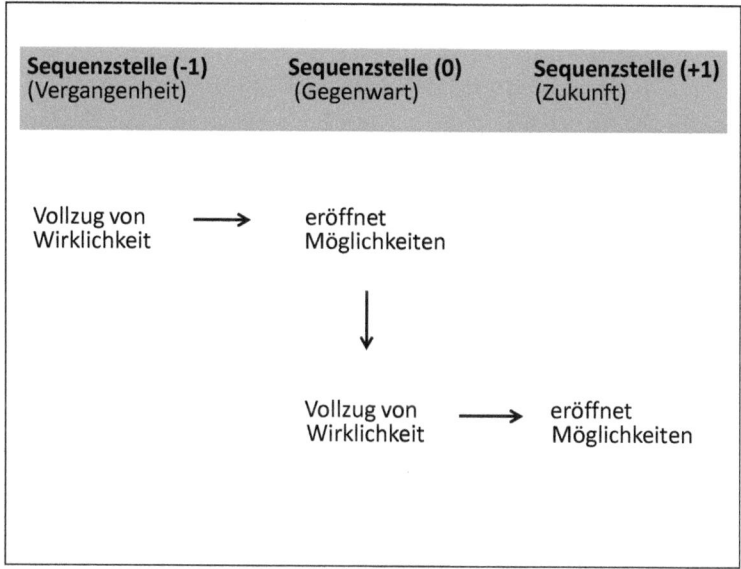

Abb. 2.2 ‚Einheit der Handlung' (zugleich ein Modell der Logik der Sequenzanalyse)

Abbildung 2.2 besagt: Eine Handlung in der Gegenwart (= Sequenzstelle 0) ist der Vollzug von Wirklichkeit auf der Basis von in der Vergangenheit (= Sequenzstelle -1) eröffneten Möglichkeiten. Anders formuliert, die unmittelbar vorausgegangene Entscheidung erzeugt einen Spielraum für mögliche Entscheidungen im Hier und Jetzt. Mit dem Vollzug von Wirklichkeit in der Gegenwart werden bestimmte Möglichkeiten geschlossen und zugleich andere Möglichkeiten eröffnet, aus denen eine Person oder eine Gemeinschaft für ihr Handeln in der Zukunft (= Sequenzstelle +1) eine Auswahl zu treffen hat. Eine im Hier und Jetzt getroffene Entscheidung erzeugt zugleich also wiederum einen neuen Spielraum für zukünftige Entscheidungen.

Diese von einem konkreten Subjekt vollzogene logische ‚Einheit der Handlung' ist Ausdruck einer objektiven Sinnstruktur, der objektiven Sinnstruktur der Lebenspraxis dieses Subjektes. Weil nun alle miteinander interagierenden Subjekte auf der Basis einer je eigenen Sinnstruktur handeln und so die soziale Welt gestalten, kann diese wiederum als sinnstrukturierte Welt verstanden werden – eine Welt, die von den einschlägigen Erfahrungswissenschaften zu erkunden ist. Der anschließende Exkurs dient der Erläuterung dieses zuvor sehr komprimiert dargestellten (konstitutionstheoretischen) Zusammenhangs von *Lebenspraxis als objektive Sinnstruktur* und den *Erfahrungswissenschaften von der sinnstrukturierten Welt*.

Exkurs 2: Über die Erfahrungswissenschaften von der sinnstrukturierten Welt im Allgemeinen und die Lebenspraxis als objektive Sinnstruktur im Besonderen

Das Konzept der Lebenspraxis bietet sich ebenfalls dazu an, in einem kurzen Ausflug danach zu fragen, was diese Lebenspraxis allererst zu dem macht, was sie ist, wodurch sie also überhaupt konstituiert wird.[17] Auch in diesem Zusammenhang kommt – wie eingangs des Kapitels schon erwähnt – der menschlichen Sprache eine entscheidende (konstituierende) Bedeutung zu: „Denn biologisches Leben wird zur Lebenspraxis erst unter der Bedingung einer sprachlich ermöglichten Sinnerzeugung" (Oevermann 2000, S. 3). D.h. Sprache unterscheidet sonstige Lebensformen von menschlichem Leben, von humaner Lebenspraxis. Sprache ermöglicht es, dass wir *Sinn* erzeugen und uns über diesen Sinn eines Gegenstandes oder einer Handlung (intersubjektiv, zwischenmenschlich) verständigen können.

Was meint nun dieser Begriff des Sinns? Wie in Abbildung 2.3 veranschaulicht, werden in diesem Zusammenhang drei Sachverhalte und die damit einhergehenden Unterscheidungen wichtig:

1. Naturwissenschaften in der Unterscheidung zu Sozial-, Kultur- und Geisteswissenschaften (Ebene I);
2. Sinn als normative oder als deskriptive Kategorie (Ebene II);
3. Subjektiver oder objektiver Sinn (Ebene III).

---

17 Die Frage danach, was etwas überhaupt konstituiert, ist auf den (meta-)theoriesprachlichen Zusammenhang von Annahmen gerichtet, der für die Bestimmung eines Gegenstandsbereichs – hier der Lebenspraxis – allererst notwendig ist. Es geht also um die Bestimmung von theoretischen Begriffen und Konzepten, die als Voraussetzungen für das Konzept ‚Lebenspraxis' anzunehmen sind. In den Worten von Ulrich Oevermann. „Unter einer Konstitutionstheorie verstehe ich (...) im Unterschied zu einer Gegenstandstheorie jenen theoriesprachlichen Zusammenhang von Annahmen, der für die Bestimmung eines Gegenstandsbereichs allererst notwendig ist, mit Bezug auf den erfahrungswissenschaftlich Gegenstandstheorien mit Erklärungswert entwickelt werden sollen" (Oevermann 2000, S. 2; vgl. auch den Begriff ‚Konstitution' im Glossar).

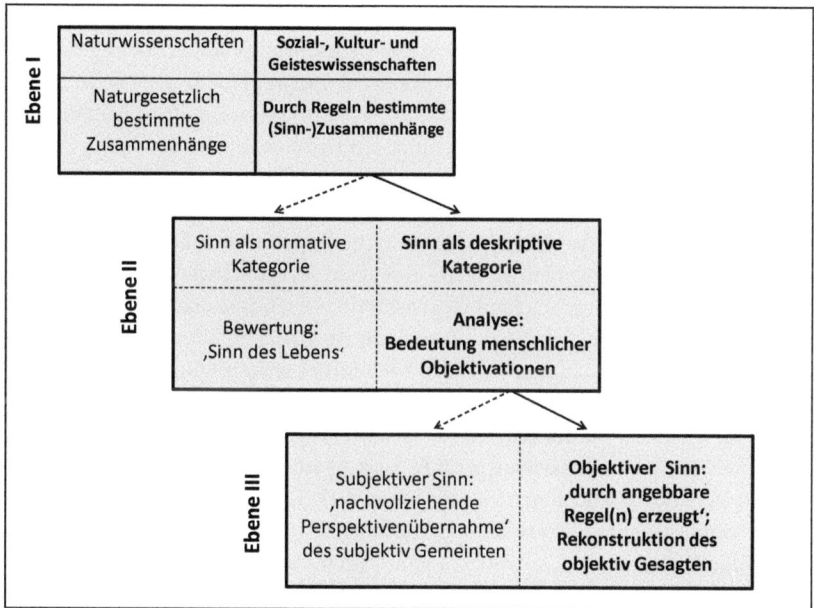

Abb. 2.3 Ebenen des Sinnbegriffs

Gehen wir die drei Ebenen der Reihe nach durch:

1. Menschliche Lebenspraxis steht als Gegenstand der disziplinären Orientierung im Mittelpunkt sowohl der Sozial- als auch der Kultur- und Geisteswissenschaften. Deren gemeinsamer Fokus liegt nicht in den Gegenständen der Natur, auch wenn diese selbstverständlich in sie hineinwirken, sondern in den Gegenständen der Kultur. Ihr ‚erkenntnisleitendes Interesse' liegt im durch Menschen erzeugten Sinn, d. h. den mit Bedeutung versehenen Äußerungen und Handlungen, die sich in einer Lebenspraxis finden, wobei diese wiederum sehr unterschiedlichen Bereichen entstammen können: So rekonstruiert die Archäologie Spuren aus der Vergangenheit, der Kriminalist rekonstruiert Tatspuren, der Psychoanalytiker rekonstruiert z. B. Gesprächsprotokolle traumatischer Erlebnisse von Unfallopfern, der Biographieforscher schließlich rekonstruiert autobiographische Spuren, die in mündlicher oder schriftlicher Form vorliegen. Insofern lässt sich sagen, dass die Gemeinsamkeit dieser unterschiedlichen erfahrungswissenschaftlichen Disziplinen darin liegt, dass die zu untersuchenden Gegenstände sinnstrukturiert sind.

2. Allerdings muss dann eine weitere Einteilung vorgenommen werden, die durch die Verwendung des Sinnbegriffs in der deutschen Sprache erzwungen wird. Sinn wird hier einmal nämlich bewertend, normativ, beispielsweise in der Bedeutung von ‚der Sinn des Lebens' oder auch ‚das macht doch keinen Sinn' verwandt. In der empirischen Forschung, zum Beispiel bei der Beschäftigung mit Biographien, finden wir in den Protokollen der Lebenspraxis auch genau solche Äußerungen. Zum anderen, und das geht jeder empirischen Forschung voraus, verwenden wir den Begriff deskriptiv-analytisch, wenn wir auf die Bedeutung der von Menschen in irgendeiner Weise erzeugten sprachlichen oder durch andere Handlungen hervorgebrachten Gegenstände (Objektivationen, d.h. dasjenige, ‚das sich niedergeschlagen bzw. das seinen Ausdruck in einer Lebenspraxis in welcher Gestalt auch immer gefunden hat') zurückgreifen. Ohne Ausnahme liegt diesen ‚Ausdrucksgestalten einer Lebenspraxis' ein Sinn zugrunde – auch wenn wir diesen aus einer normativen Perspektive, z. B. im Fall der Ausländerfeindlichkeit, zurückweisen oder, wie im Fall der ‚abstrakten Kunst', um ihn streiten.
3. Erst nach diesen Klärungen können wir innerhalb der deskriptiv-analytischen Verwendung eine weitere Unterscheidung vornehmen, die nun allerdings für das Verständnis des Ansatzes von Ulrich Oevermann unverzichtbar ist; nämlich die zwischen *subjektivem* und *objektivem Sinn*: Während viele (die meisten) erfahrungswissenschaftlichen Richtungen der Sozial-, Kultur- und Geisteswissenschaften davon ausgehen, dass in ihrem Zentrum der subjektive Sinn steht, also dasjenige, was methodisch einer „nachvollziehenden Perspektivenübernahme" (Oevermann 2000, S. 6) des subjektiv Gemeinten entspricht, verweist Oevermann darauf, dass erst der objektive Sinn eines Geschehens erschlossen werden muss, bevor man, falls gewünscht oder erforderlich, auf den subjektiven Sinn eingehen kann. Sinn gilt wiederum dann als objektiv, wenn er „durch angebbare Regel(n) erzeugt worden ist" (Oevermann 2013, S. 71), so dass „objektiv nachweisbare Sinnzusammenhänge" (Oevermann 2003a, S. 187) entstehen; diese können dann wiederum, unabhängig von subjektiver Zustimmung oder Ablehnung, methodengeleitet „im Sinne des Rekonstruierens von objektiven Sinnstrukturen" (Oevermann 2000, S. 6) systematisch erfasst werden (vgl. dazu Kapitel 6).

Exkurs Ende

Am o. a. Beispiel der ‚echten' lebenspraktischen Krise einer ungeplanten Schwangerschaft lassen sich das abstrakte Modell der dreistelligen Einheit der Handlung und dessen risikoreiche Bedeutung für das zukünftige Leben der handelnden Personen sehr gut verdeutlichen. Die mit dem Heranrücken eines letztmöglichen Abtreibungs-

Exkurs 2

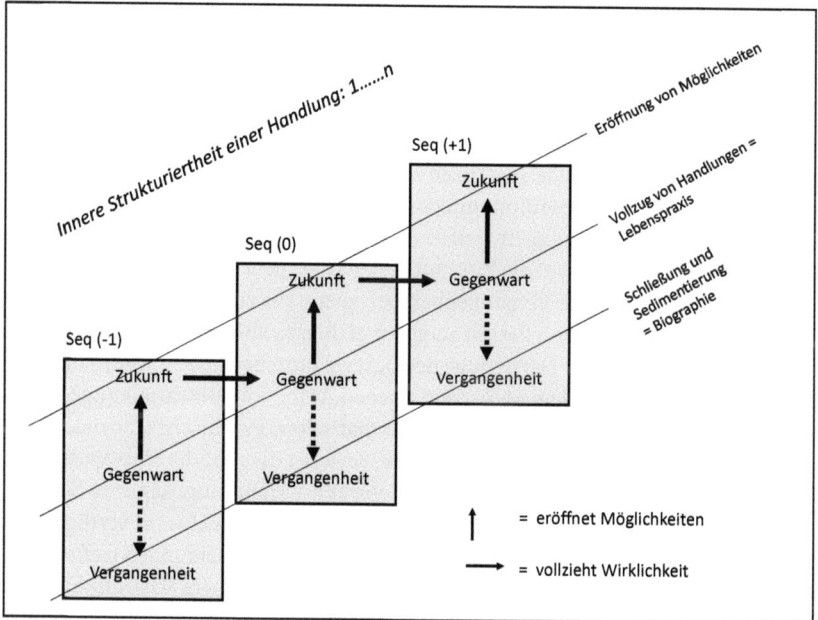

Abb. 2.4 Strukturbeschreibung einer Handlung als dreigliedrige Sequenz (zugleich ein Modell der Dynamik der Lebenspraxis)

termins sich zuspitzende Krise des Paares erfordert eine Entscheidung (Vollzug von Wirklichkeit) in der Gegenwart. Die Entscheidung eröffnet die beiden Möglichkeiten, den Embryo abzutreiben oder zu behalten. Diese beiden in der Gegenwart virulenten Möglichkeiten resultieren aus dem Vollzug von Wirklichkeit in der Vergangenheit, nämlich ungeschützten Geschlechtsverkehr gehabt zu haben. Vollzieht nun das Paar die Entscheidung in der Gegenwart, werden neue, in der Zukunft liegende Möglichkeiten eröffnet. Es dürfte unmittelbar einleuchten, dass sowohl die Entscheidung für das Kind als auch die Entscheidung für eine Abtreibung die Lebenspraxis des Paares in sehr verschiedene Bahnen lenken und in der Folge entsprechend andersgeartete Handlungsoptionen und Krisenkonstellationen erzeugen wird.

Die Darstellung der dreistelligen ‚Einheit der Handlung' und deren sequenziellen Logik erlaubt auch – wie aus der Abbildung 2.4 ersichtlich wird – einen Brückenschlag zu einem Verständnis von Biographie als einer mit der Geburt einsetzenden Abfolge von ineinander verzahnten Krisenbewältigungsszenarien.

Die Geburt eines Menschen kann als *das* Symbol für die Eröffnung von in der Zukunft liegenden Möglichkeiten angesehen werden. Zunächst ist es die familiale Lebenspraxis, die mit dem Vollzug von Handlungen den Möglichkeitsraum kindlicher Entwicklung bestimmt. Später treten organisierte (z. B. Schulklasse) und informelle Gemeinschaften (z. B. ‚peer group') als handlungsvollziehende und möglichkeitseröffnende Instanzen hinzu. Zugleich wächst parallel dazu das lebenspraktisch relevante Autonomiepotential des heranwachsenden Menschen, nämlich selbst Entscheidungen treffen und Handlungen vollziehen zu können, deren Folgen, einerseits – auf die Zukunft bezogen – erneut Möglichkeiten eröffnen und andererseits – auf die Vergangenheit bezogen – für eine Sedimentierung der Biographie der betreffenden Person sorgen (vgl. hierzu auch Kapitel 3).

Wenn in der bisherigen Darstellung des Oevermannschen Lebenspraxiskonzepts die Entwicklung eines jedem Menschen eigenen Autonomiepotentials angedeutet und von einer Lebenseinheit, in der sich Somatisches, Psychisches, Soziales und Kulturelles synthetisiert, gesprochen wurde, verweist dies auf die Notwendigkeit, die (autonom) handelnde Person, also das Subjekt der Handlung, näher zu bestimmen. Dahinter steht die Frage nach den allen Menschen gemeinsam verfügbaren Regelsystemen, mit deren Hilfe sie die Welt erfassen, Entscheidungen treffen und Handlungen auswählen bzw. erzeugen. Bevor nun diese nähere Bestimmung des Subjekts erfolgt, muss – wie schon angekündigt – zunächst eine weitere Klärung der Begriffe Krise und Routine erfolgen.

2.2   Krise und Routine

Wie zuvor dargestellt, hebt sich humanes Leben dadurch von tierischen Lebensformen ab, dass Menschen in der Lage sind, eine Lebenspraxis zu gestalten. Während Tiere gewissermaßen ‚bewusstseinsblind' den biologisch vorgegebenen Anforderungen der (Über-) Lebensbewältigung genügen, zeigt sich die menschliche Praxis des (Über-)Lebens genau darin, dass sie Anforderungen, Aufgaben und Gefahren – eben krisenhafte Erscheinungen – nicht nur als solche erkennen kann, sondern auch über Potentiale verfügt, diese (bewusst) zu bewältigen.

Warum und wie gelingt es nun dem Menschen, krisenhafte Erscheinungen als Krisen zu erkennen und nicht wie tierische Spezies als Stress zu erleben?[18]

---

18 Für die Beantwortung dieser Fragen und letztlich für die Begründung seines krisentheoretischen Paradigmas überhaupt, greift Oevermann auf Charles Sanders Peirce und

Ein Ansatzpunkt zur Beantwortung dieser erkenntnistheoretischen Fragen liegt in der allein dem Menschen eigenen Sprachfähigkeit, die es ihm ermöglicht, sich aus der biogrammatischen Determination zu befreien. Sprache wirkt zugleich aber auch im Sinne eines erkenntniserzeugenden Instruments, das es erlaubt, die unmittelbar erlebte Wirklichkeit zu bestimmen (wie Oevermann sagt, zu prädizieren) und – durch diese Bestimmung – als eine in seinem Gehirn abgespeicherte Erfahrung verfügbar zu machen. Greift z. B. ein Kind beim Spiel an einen elektrisch geladenen Weidezaun, erlebt es eine mehr oder weniger schmerzhafte Erfahrung der Wirkung von fließendem Strom. Nachdem es das Erlebte mit dem Begriff ‚elektrischer Weidezaun' verknüpft und memoriert hat, kann es sich jederzeit daran erinnern und einer erneuten schmerzhaften Begegnung mit einem solchen Zaun aus dem Weg gehen. Es kann seine Erfahrung aus der Gedankenwelt abrufen und für die reale Welt verfügbar machen.

Das einmal auf den Begriff Gebrachte und Systematisierte wird also zu einer Gedankenwelt, in der die wirkliche Welt repräsentiert ist. Diese unsichtbare, aber dennoch reale Gedankenwelt dient dann auch dazu, sowohl zukünftige Ereignisse und Sachverhalte in bekannte und unbekannte zu unterscheiden als auch neue (z. B. auch krisenbewältigende) Sachverhalte zu kreieren, die dann in der wirklichen Welt materialisiert werden können.

Anders gesagt: Weil Menschen „über Sprache und damit über Prädikate und vor allem über Syntax verfügen" (Oevermann 2008, S. 7), ist es ihnen grundsätzlich möglich, die unmittelbar erlebte Wirklichkeit (ein in Erscheinung getretener Gegenstand ‚X') einem bekannten (mit einem Prädikat ‚P' versehenen) Sachverhalt zuzuordnen. Sperrt sich jedoch die erlebte Wirklichkeit gegen eine sprachliche Bestimmung, wird der zu bestimmende Gegenstand ‚X' – das zu Prädizierende – zur Krise, deren Bewältigung für das Subjekt (‚S') zu einer notwendigen Aufgabe wird. Durch ein Ereignis oder einen Sachverhalt erst einmal irritiert, können Menschen diese Phänomene in ihrer

> Unbestimmtheit vor dem Horizont der sprachlichen Bestimmbarkeit durch Prädikate nicht mehr stehen lassen. Auf sie aufmerksam geworden zu sein, heißt dann, sich der Aufforderung zur Bestimmung nicht mehr entziehen zu können (ebd., S. 8).

Der Versuch, aufgetretene Unklarheiten (‚X.e') in ihrer Unbestimmtheit zu belassen, würde die Subjekte sehr schnell handlungsunfähig machen, denn ohne durch Prädizierungen (‚P.e') bestimmt zu werden, würden die Unklarheiten (‚X.e') unsere Aufmerksamkeit immer krisenhafter überschwemmen und in ihrer Summe zu einer

---

dessen krisenphilosophische Aussagen zurück (vgl. hierzu Oevermann 2001b, S. 209-246).

Handlungsblockade führen. Unmittelbar einleuchtend dürfte dies sein, wenn ein Subjekt („S') z. B. die eingehende Post ungeöffnet zur Seite legt – also in ihrer Unbestimmtheit bezüglich ihres Inhalts belässt – und so nicht bezahlte Rechnungen, versäumte Termine oder nicht wahrgenommene amtliche Aufforderungen zu einer existenziellen Gefährdung akkumulieren.

Den Gedankengang zusammenfassend kann also festgestellt werden, dass der Mensch – durch seine sensorische und kognitive Entwicklung bedingt – in der Lage ist, im Falle des Auftretens eines ‚X', Bekanntes von Fremden zu unterscheiden. „Ein ‚X' erzeugt, wenn es in unser Aufmerksamkeitsbewußtsein tritt, im Subjekt eine Krise, weil es sich nicht gleichursprünglich mit seiner Wahrnehmung routinehaft sofort bestimmen, d. h. prädizieren läßt" (ebd., S. 9). Insofern kann gesagt werden, dass das Fremde, das es zu prädizieren gilt, sich als Krise offenbart, der sich ein ‚S' zu stellen hat, indem ‚S' ein ‚P' finden bzw. erzeugen muss. Demgemäß kann der Begriff Krise – in seiner allgemeinsten Form – als das zu Prädizierende (‚X') definiert werden.

So befindet sich beispielsweise das o. a. Paar durch das sich ankündigende Kind in einer ‚echten' Entscheidungskrise, nicht nur, weil es zuvor noch nie in einer solchen Situation war, sondern auch, weil es für die Entscheidung über Leben oder Tod embryonalen Lebens niemals routinehafte Lösungsformeln geben kann. Es muss vielmehr in solchen Fällen immer wieder aufs Neue das ‚P' bestimmt werden und zwar von denjenigen, die die alleinige lebenspraktische Verantwortung für das Entstehen der Krise haben, nämlich dem Paar selbst.

Ein anderes eher profanes Beispiel für Krise als das zu Prädizierende ergibt sich aus folgender alltäglichen Situation: Es ist Nacht und ‚S' schläft tief und fest. Ein plötzlich auftretendes lautes Geräusch, ein Knall, schreckt ‚S' auf. An Schlaf ist nicht mehr zu denken, weil die Ursache des Geräuschs, das ‚P', nicht unmittelbar bestimmt werden kann. In der ersten Verwirrtheit kann das Geräusch weder klar verortet noch einem klaren Ursache-Wirkungs-Zusammenhang zugeordnet werden. War es z. B. eine Fehlzündung eines vorbeifahrenden Autos, oder gar ein Schuss? Soll die unterbrochene Nachtruhe wiederhergestellt werden, muss ‚S' der Sache auf den Grund gehen. Es stellt sich heraus, dass der Wind die offen stehende Wohnzimmertür zugeschlagen hat. Mit der Bestimmung von ‚P' als zwar ärgerlichem, aber harmlosen Grund für das Aufschrecken aus dem Schlaf, kann ‚S' wieder beruhigt zu Bett gehen und seine unterbrochene Nachtruhe fortsetzen.

Für die Lebenspraxis von ‚S' bedeutet eine krisenhafte Situation und das Finden des ‚P' (oder die Erzeugung des Neuen) jedoch – wie die Beispiele auch zeigen sollten – die Ausnahme bzw. der Grenzfall. Gleichwohl konstituiert sich genau darin ‚S' als autonom handlungsfähiges Subjekt. Dies ist deshalb so, weil das ‚S', so lange es sich in der akuten Krise befindet, sich gerade dadurch als ein auf anderes nicht

2.2 Krise und Routine

reduzierbares Subjekt erfährt (vgl. ebd., S. 13). Weil umgekehrt der Normalfall menschlicher Lebenspraxis in wiederkehrenden, identischen Anforderungen und Sachverhalten zum Ausdruck kommt, für die ein ‚P' unmittelbar verfügbar ist, also keine subjektiv-riskante Erzeugung von Neuem erforderlich ist, tritt ‚S' als Instanz der Erzeugung des Neuen nicht in Erscheinung. Das bewährte, allgemein anerkannte Wissen, dass der eingetretene Sachverhalt ‚X' ein ‚P' ist, nötigt ‚S' erst gar nicht, etwas Neues autonom und selbstverantwortlich zu generieren.

Treten also im Verlaufe der normalen Ereignisse irritierende ‚X.e' in das Bewusstsein von ‚S', ist es seine unausweichliche Aufgabe, für Gültigkeit beanspruchende ‚P.e' zu sorgen, um zur Normalität, eben zur Routine zurückzukehren. Zugleich wird damit auch – im Falle einer Bewährung der ‚P.e' – eine Erweiterung der Sphäre des Bekannten vollzogen, in die zukünftige Ereignisse eingeordnet und bewältigt werden können. Demzufolge erfordert ein als identisch erkannter Sachverhalt für seine Bewältigung keine besondere, Neues erzeugende Leistung von ‚S', denn das Wissen, das ‚X' ein ‚P' ist, genügt für eine standardisierte Bewältigung der als „normal" erkannten Aufgabenstellung. Im praktischen Handeln im Flusse normaler Ereignisse

> bemerken wir diese krisenhafte Entscheidungsstruktur nur in seltenen Fällen, weil wir in der Regel die Entscheidung schon immer durch eingespielte Routinen vorweg getroffen haben. Aber diese Routinen sind ursprünglich einmal entwickelt worden als Lösungen einer Krise, die sich bewährt haben und im Bewährungsprozeß sich zu Routinen veralltäglichten (Oevermann 2002, S. 10).

Der für die humane (Über-)Lebenspraxis enorm bedeutsame Begriff *Routine* kann nun präzise gefasst werden: Routine ist der dem Menschen verfügbare Bestand an Wissen (Summe der den ‚X.e' zugeordneten ‚P.e'). D. h. Routine ist das als bewährt geltende, Krisen bewältigende (Erfahrungs-)Wissen mit dem ‚S' so lange seine ‚normale' Lebenspraxis gestalten kann, bis dieses Wissen durch neue Fakten selbst in eine Krise gerät. Typisch ist dies, wenn die Gewissheit: ‚Das haben wir immer schon so gemacht' dadurch ins Wanken gerät, dass eine neue Verfahrensweise zu offenkundig besseren Lösungen führt. Die hier zum Ausdruck kommende wechselseitige Bezogenheit von Krise und Routine in ihrer für das menschliche Handeln konstitutiven Bedeutung verdeutlicht Oevermann, wenn er sagt:

> Denn die Routine leitet sich material als deren Schließung aus der Krise ab; zur Routine wird, was sich als einstige Krisenlösung bewährt hat. Dagegen ist die Krise ein plötzliches Aufbrechen eingespielter vorausgehender Routinen, seien es Techniken, Praktiken oder Überzeugungen, und damit ein unvorhersehbares Öffnen eines Geschlossenen (Oevermann 1996a, S. 7).

Nachdem nun die Begriffe Krise und Routine – zunächst aus einer erkenntnistheoretischen Perspektive und in allgemeinster Form – in ihrer Bedeutung für die Lebenspraxis des Menschen bestimmt wurden, sollen im Folgenden die elementaren Typen dargestellt werden, in denen Krisen im menschlichen Leben in Erscheinung treten. Daran anschließend wird die Frage nach dem Subjekt, genauer nach der Struktur des Subjekts behandelt, das in der Lage ist, Krisen erfolgreich zu bewältigen. Es geht dabei – sprechakttheoretisch formuliert – um das Subjekt („S") das ja allererst vorhanden sein muss, damit es einen krisenbewältigenden Sprechakt der Behauptung, nämlich dass („X") ein („P") ist, vollziehen kann (vgl. Oevermann 2008, S. 10).

2.3 Krisentypen und ihre lebenspraktische Bedeutung

Die bisherige Darstellung des Zusammenhangs von Lebenspraxis und Krise – wobei daran erinnert werden soll, dass Routinen immer schon das Vorhandensein vorgängiger Krisen voraussetzen – hat sich wie selbstverständlich am Typus der ‚Entscheidungskrise' orientiert. Oevermann bezeichnet diese Krisenform als „Prototyp von Krise überhaupt, denn das Wort Krise stammt aus dem Griechischen und heißt darin nichts anderes als Entscheidung" (Oevermann 2008, S. 19). Obwohl, so gesehen, der Terminus Entscheidungskrise einen tautologischen Charakter hat, soll an ihm festgehalten werden, weil er sich im allgemeinen Diskurs über das krisentheoretische Paradigma Oevermanns fest eingebürgert hat. Dieser Krisentypus konstituiert – wie weiter oben schon ausgeführt – Lebenspraxis als autonome dadurch, dass der Mensch als Handelnder „in der Lage ist, Krisen selbständig zu erzeugen und zu bewältigen" (Oevermann 2004, S. 160). Anders gesagt ist der Mensch bei diesem Krisentypus – indem er als Initiator und Gestalter der Erfahrungswelt in Erscheinung tritt – selbst das krisenauslösende Agens.

Wie Abbildung 2.5 zeigt, unterscheidet dieser Krisentypus (II) sich genau darin von den beiden anderen elementaren Krisentypen. Diese werden nämlich dadurch erzeugt, dass „die Erfahrungswelt gewissermaßen krisenerzeugend auf das erkennende Bewußtsein eindringt" (ebd.). Im Falle der Traumatisierungskrise (I) erfolgt dieses Eindringen der Erfahrungswelt mehr oder weniger brachial. Im Falle des Typus (III) der Krise durch Muße ist es eher ein sanftes, von Kontemplation zugelassenes Eindringen krisenerzeugender Erfahrungen.

2.3 Krisentypen und ihre lebenspraktische Bedeutung

Krisentypus	Bedeutung
I. Traumatisierungskrise • brute facts • Plötzlichkeit • Unvorhersehbarkeit • Dramatik	Von außen über das Subjekt hereinbrechende Ereignisse (z.B. Unfall, Lottogewinn) ➜ Das ‚Ich' kann *nicht nicht-reagieren*
II. Entscheidungskrise • Handlungsalternativen • Zukunftsoffenheit (selbsterzeugt)	Im lebenspraktischen Vollzug müssen krisenbewältigende Entscheidungen getroffen werden ➜ Das ‚Ich' kann *nicht nicht-entscheiden*
III. Krise durch Muße • Handlungsentlastetheit • Kontemplation	Sich ohne Handlungsdruck von den Dingen und Ereignissen ansprechen lassen ➜ Das ‚Ich' kann *nicht nicht-lernen*

Abb. 2.5 Krisentypen und ihre Bedeutung für die Lebenspraxis

Zu I) Das Charakteristische einer traumatischen Krise sind die plötzlich und unerwartet über das Subjekt hereinbrechenden Ereignisse (*brute facts*), denen sich Betroffene stellen müssen, ob sie wollen oder nicht. Metaphorisch ausgedrückt, fühlt sich eine Person dabei wie ‚vom Blitz getroffen'. Es sind Ereignisse, die den Menschen als somato-psycho-soziale Einheit in allen Fasern seiner Existenz treffen. Dramatische Negativbeispiele solcher Ereignisse sind der plötzliche Tod eines nahestehenden Menschen, oder der Verlust eines Beines in Folge eines Verkehrsunfalls. Nicht weniger dramatische Erfahrungen können von positiven ‚brute facts' ausgehen, z. B. wenn sich ein hoher Lottogewinn einstellt, oder eine langjährig vermisste, gar totgeglaubte Person wieder auftaucht.

Im positiven wie im negativen Falle ‚lässt uns das nicht kalt', d. h. die betroffene Person kann nicht nicht-reagieren. Weil das so ist, und weil der Mensch hier – im Laufe seines Lebens nicht regelmäßig, aber immer wieder einmal – in seinen existenziellen Fundamenten getroffen wird, liegt es nahe, davon auszugehen, dass im

Typus (I), also in der Traumatisierungskrise sich das Phänomen der *Natur- und Leiberfahrung* konstituiert (vgl. Oevermann 2008, S. 18).

Zu III) Auch im Falle der Krise durch Muße bricht die Wirklichkeit plötzlich über das Subjekt herein, aber unter gänzlich anderen Voraussetzungen. Es sind keine ‚brute facts', die uns zwingen zu reagieren, es ist vielmehr das Phänomen, dass wir „etwas in der erfahrbaren Welt als Selbstzweck, um seiner selbst willen, wahrnehmen" (ebd.) und dass wir dadurch auf etwas Neues aufmerksam werden, das uns ansonsten in der Alltagspraxis entgehen würde. „Unter dieser Bedingung einer müßigen Wahrnehmung von etwas" – so Oevermann – „wächst die Wahrscheinlichkeit, daß wir an einem sonst bekannten Gegenstand etwas Neues, Überraschendes entdecken, das wir nun, ob wir wollen oder nicht, bestimmen müssen" (ebd., S. 18f.).

Wenn man so will, kann man – in Analogie zum *nicht nicht-reagieren* können beim Krisentypus (I) – sagen, das Subjekt kann mit Bezug auf Krisentypus (III) *nicht nicht-erkennen* bzw. – auf menschliche Entwicklung bezogen – es kann *nicht nicht-lernen*.

Indem wir „die Wahrnehmung von etwas unpraktisch zur selbstgenügsamen Handlung erheben und nicht als eine Phase eines praktischen Handelns vollziehen", schaffen wir einen Zeit-Raum, in dem sich die *ästhetische Erfahrung* konstituiert (ebd., S. 19). Was Oevermann mit der in diesem Krisentypus sich konstituierenden ästhetischen Erfahrung meint, zeigt das nachfolgende Zitat, das gewissermaßen ein Beobachtungsprotokoll einer kontemplativen Spielsituation seiner noch kleinen Tochter wiedergibt.

> Ein einfaches Beispiel für eine in der Haltung der selbstgenügsamen Wahrnehmung sich herstellende Naturerfahrung können wir in dem Vorgang sehen, in dem ein Kind neugierig sich eine über den Stein laufende Ameise genau anschaut und sie, bevor sie unter der Erde verschwindet, vielleicht noch einmal vorsichtig in die Hand nimmt oder ein kleines Stöckchen gebraucht, um sie wieder auf die andere Seite des Steines zu setzen und den Weg noch einmal machen zu lassen, gewissermaßen um Wahrnehmungszeit zu gewinnen (Oevermann 1996a, S. 26).

Die in diesem Beispiel zum Ausdruck kommende quasi-experimentelle Neugier des Kindes ist jedoch nicht nur Sinnbild für die kindliche Weise der Welterschließung und Weltaneignung. Es ist zugleich auch eine Blaupause für das wissenschaftliche Sich-Vortasten in Regionen des Unbekannten und die dafür notwendige Fundierung des Forschungshabitus in der ästhetischen Erfahrung.

2.3 Krisentypen und ihre lebenspraktische Bedeutung

Zu II) Wie bereits erwähnt ist die Entscheidungskrise jener Krisentypus, in dem sich eine Lebenspraxis genau dadurch als autonome konstituiert, dass das Subjekt in der Lage ist, im Hier und Jetzt eine Entscheidung zu treffen. Einer solchen Entscheidung liegen – gemäß dem oben skizzierten Modell der Einheit der Handlung – hypothetische, auf einer Entscheidung in der Vergangenheit beruhende Möglichkeiten zugrunde. Zugleich wird durch die so und nicht anders getroffene Entscheidung aber auch der Möglichkeitsraum zukünftiger lebenspraktischer Entscheidungen festgelegt.

Das eigentlich Krisenhafte bzw. Krisenerzeugende dieser Handlungssituation resultiert nun einerseits aus dem unhintergehbaren Prinzip, dass man sich nicht nicht-entscheiden kann, eben dass ein *Entscheidungszwang* vorliegt. Diesem Zwang muss andererseits entsprochen werden, ohne über die Gewissheit einer Richtig-Falsch-Berechnung bezüglich der Folgen der getroffenen Entscheidung zu verfügen. D. h. die Entscheidung muss ins Ungewisse hinein getroffen werden, obwohl keine explizite Begründbarkeit für das so oder anderssein der Entscheidung vorliegt. Zugleich liegt aber in jedem Handeln auch eine *Begründungsverpflichtung* vor, der in der Zukunft entsprochen werden muss. D. h. der prinzipiell geltende Anspruch der Begründbarkeit einer Wahl aus gegebenen Handlungsalternativen ist nicht aufgehoben, sondern nur aufgeschoben. Eine ‚echte' Entscheidungskrise liegt – in Oevermanns Worten – also immer und „genau dann vor, wenn eine Wahl zwischen Alternanten getroffen werden muß, eine bewährte Begründung jedoch nicht zur Verfügung steht" (Oevermann 2008, S. 19).

In diesem prekären und doch allgegenwärtigen (dialektischen) Verhältnis von Entscheidungszwang und Begründungsverpflichtung konstituiert sich ein dritter Modus der Welterfahrung den Oevermann als *religiöse Erfahrung* bezeichnet. Diese zunächst etwas befremdlich erscheinende Begrifflichkeit hat – wie in Kapitel 4 noch ausführlich zur Sprache kommen wird – etwas damit zu tun, dass der Mensch auf Grund der sequenziellen Verknüpfung seiner Handlungen und dem damit verbundenen Zwang sich immer wieder unter Unsicherheit entscheiden und nachholend Entscheidungen vor sich selbst rechtfertigen zu müssen, einer nicht stillstellbaren Bewährungsaufgabe (Bewährungsdynamik) unterliegt. Die Religion kommt hierbei ins Spiel, weil der Mensch, der sich in seinem Handeln immer wieder bewähren muss, dies im Bewusstsein von Sterblichkeit und knapper Lebenszeit tut. Mit den Worten Oevermanns (ebd.), konstituiert sich

> in der Krise einer offenen Entscheidungssituation (...) die religiöse Erfahrung, sofern man unter Religiosität strukturtheoretisch, nicht inhaltlich, das Aushalten-Müssen einer nicht stillstellbaren Bewährungsdynamik versteht, die sich letztlich aus dem Bewußtsein von der Endlichkeit des Lebens und damit der Knappheit von Zeit ergibt.

Um dieser, in der menschlichen Handlungspraxis allgegenwärtigen, nicht stillstellbaren Bewährungsdynamik gewachsen zu sein, muss das handelnde Subjekt über Charisma verfügen bzw. ein Mindestmaß an Selbstvertrauen in seiner frühen ontogenetischen Entwicklung erworben haben (vgl. hierzu Kapitel 3). Unter Bezugnahme auf den vom Soziologen Max Weber geprägten Charisma-Begriff fasst Oevermann die Kategorie Selbstvertrauen nicht als psychologisches (Verhaltens-) Merkmal, sondern als eine Handlungsfähigkeit allererst begründendes Konstrukt, wenn er formuliert: „Charisma bezeichnet die Quelle jenes Vertrauens oder strukturellen Optimismus, die eine Lebenspraxis eine Entscheidung mit der Aussicht auf Begründbarkeit in eine ungewisse, offene Zukunft hinein treffen lassen" (ebd.).

Ein einfaches fiktives Beispiel soll den zuvor dargestellten theoretischen Sachverhalt einer Entscheidungskrise verdeutlichen: Ein Subjekt ‚S' befindet sich mit einem Fahrrad auf dem Weg zu einem Bahnhof, um einen Zug zu erreichen. Weil die verbleibende Zeit bis zur Abfahrt des Zuges für das Subjekt etwas knapp bemessen erscheint, entschließt es sich eine Abkürzung durch ein ihm allerdings wenig bekanntes Waldstück zu nehmen. Nach kurzer Fahrtstrecke im Wald taucht eine Weggabelung auf. Beide Wege führen zwar laut Hinweisschildern zum Bahnhof, aber es ist nicht ersichtlich, welcher der beiden Wege schneller zum Ziel führt. Für welchen Weg soll sich ‚S' entscheiden? Auf Grund der Knappheit der Zeit verbieten sich längere Überlegungsfristen von selbst, noch dazu, wo keinerlei Kriterien für eine rationale Abwägung für oder gegen einen der beiden Wegstrecken vorhanden sind. Es ist also die vorausgegangene Entscheidung (Vergangenheit) für die Abkürzung durch das Waldstück gewesen, die die nun vorliegende Krise, zwischen zwei optionalen Wegstrecken wählen zu müssen (Entscheidungszwang), bewirkt hat. ‚S' muss sich unverzüglich entscheiden, ohne seine Entscheidung mit rationalen Argumenten begründen zu können. Gleichwohl ist es verpflichtet, die Wahl für oder gegen eine Option, im Angesicht daraus in der Zukunft sichtbar werdender Folgen – gewissermaßen nachholend – zu begründen (Begründungsverpflichtung).

Die Entscheidung für Wegalternative A (kürzere Variante) wird gänzlich andere Möglichkeiten für den Fortgang der Handlungspraxis des Subjekts ‚S' eröffnen, als die Entscheidung für Wegstrecke B (längere Variante). Im einen Fall wird der Zug erreicht und es eröffnen sich verschiedene Optionen, wie der gemeinsame Kinobesuch mit einer befreundeten Person, ein gemeinsames Abendessen und der am Ende des Treffens erfolgten Planung eines gemeinsamen Wochenendurlaubs. Im anderen Fall werden weit weniger attraktive Optionen eröffnet. Eben kein Treffen, sondern ein entschuldigendes Telefonat, eine frustrierende Heimfahrt, aber auch ein Wochenende zu Hause mit der Möglichkeit, lange liegengebliebene Dinge zu erledigen.

Es liegt auf der Hand, dass die nachholende Begründung der getroffenen Entscheidung im einen oder anderen Fall sehr unterschiedlich ausfallen wird. So ist die getroffene Entscheidung für Weg-Alternative B zunächst einmal negativ zu bewerten, weil der Zug nicht erreicht wurde. Da das Subjekt ‚S' nun aber das Wochenende zu Hause verbringt, hat es die Zeit gefunden, eine kleine Reparatur am Wohnhaus durchzuführen, die einen erheblichen Folgeschaden verhindert. Obwohl handwerklich wenig geübt, hat ‚S', dank der ihm eigenen Zuversicht, es zu können (‚struktureller Optimismus', siehe Kapitel 3.4.1), die kleine Reparatur gemeistert. Dies erspart ihm eine hohe finanzielle Belastung, so dass die zunächst negativ zu beurteilende Entscheidung für Weg-Alternative B nun in einem ganz anderen, positiven Licht erscheint. Hätte das Subjekt ‚S' sich für Alternative A entschieden, hätte es zwar den Zug erreicht und ein schönes Wochenende verlebt, es hätte später dann aber auch eine hohe Reparaturrechnung bezahlen müssen, die es vielleicht sogar gezwungen hätte, das Haus zu verkaufen.

Dieses fiktive Beispiel der Entscheidungsfindung hat gezeigt, dass ‚S' trotz fehlenden Wissens auf der Basis seines ‚strukturellen Optimismus' zu handeln vermag. Wenn also Wissen – die eine Bewusstseinsform des Menschen – als handlungsleitende Kraft ausfällt, stellt sich die Frage, welche sonstigen Formationen des menschlichen Bewusstseins krisenbewältigendes Handeln vorantreiben. Oevermann verweist hier auf den im folgenden Exkurs 3 knapp dargestellten Zusammenhang von ‚Wissen', ‚Überzeugung' und ‚Glauben'.

Exkurs 3: Zur Unterscheidung von Wissen, Überzeugung und Glauben als (sich entwickelnden) Formationen des menschlichen Bewusstseins

Wissen, verstanden als die „Informiertheit mit Gründen" (Oevermann 2000, S. 79), besteht, sprach- bzw. sprechakttheoretisch gesehen, aus Behauptungen (Propositionen) darüber, dass etwas der Fall ist. Beispiele sind: Shakespeare hat der Weltliteratur große Werke hinterlassen; die koreanische Grammatik lässt sich auf 25 Seiten zusammenfassen; der Mond, auf den ich gerade schaue, ist 370.000 km von der Erde entfernt, usw. Diese Aussagen gelten schließlich unabhängig von der sie aussprechenden Person; es ist also unwichtig, ob ich den Mond gerade anschaue oder nicht. Wissen ist abgelöst vom Subjekt der Erfahrung (vgl. Oevermann 2006, S. 111). Die Aussagen haben immer Bestand. Daher kann man sie, so Oevermann, auch „archivieren, methodisch bearbeiten, kodifizieren, administrieren, systematisieren etc." (Oevermann 2003, S. 351). Insofern gehört Wissen in den Bereich der Routine. Natürlich kann auch Wissen in eine Krise (Geltungs-Krise) geraten, aber diese erschüttert uns persönlich nicht – wenn sich herausstellen sollte, dass es nicht einen, sondern mehrere ‚Shakespeares' gab, wenn deutlich wird, dass die Zusammenfassung der koreanischen Grammatik mindestens 50 Seiten umfasst, und wenn sich herausstellen sollte, dass die Messung des Mondabstands fehlerhaft war, dann nehmen wir das in aller Regel mehr oder weniger interessiert zur Kenntnis.[19] Denn die zentrale Aufgabe der Wissenschaft besteht ja gerade darin, ‚falsches Wissen' zu widerlegen.

Überzeugungen gehören demgegenüber immer zu einer Person. Sie werden in der frühen Kindheit im Rahmen der Sozialisation bei der Bewältigung von Krisen im Schutz der Bezugsperson, d. h. überwiegend im Rahmen der mütterlichen Symbiose (vgl. dazu das folgende Kapitel), erworben. Insofern sind sie „ein unverzichtbarer Schatz von Haltungen" (ebd.), der später zur Bewältigung von Krisen dient. Aufgrund ihrer prägenden Kraft können sie auch als Habitusformationen (vgl. dazu den nächsten Abschnitt) bezeichnet werden (vgl. Oevermann 2006, S. 112). Ein klassisches Beispiel hierfür ist das Konzept des ‚strukturellen Optimismus' verbunden mit der Haltung ‚Im Zweifelsfalle wird es gut gehen' (vgl. 3.4.1 sowie Oevermann 2003, S. 351; 2006, S. 112).[20] Aber auch diese „lebensgeschichtliche(n) Sedimente früher Erfahrungen" (Oevermann 2006, S. 113) können, sobald sie sich von einem konkreten Subjekt ablösen und in die Allgemeinheit übergehen, die Form des Wissens annehmen. Entsprechend finden sich die in der biographischen Entwicklung sich ausbildenden konkreten Überzeugungen auch, nun im Sinne einer ‚kollektiven Überzeugungsbildung', „in der Kollektivgeschichte von Gemeinschaften oder Kulturen" (ebd.).

Während also „Überzeugungen (…) aus konkreten Erfahrungen im vergangenen eigenen Leben" (Oevermann 2006, S. 115) resultieren, handelt es sich beim Glauben „um einen utopischen Entwurf einer erhofften Erlösung von der Schuldverstricktheit in der Zukunft" (ebd.). Um welche Schuld handelt es sich dabei? Um autonom werden zu können, müssen wir uns – wie noch in Kapitel 3 bzw. 4 zu zeigen sein wird – nach und nach, zentral in der Adoleszenzkrise, von unseren Eltern lösen.

> Das hat zur Kehrseite, dass jede erfolgreiche und gelingende Ablösung zugleich mit einer unvermeidbaren Schuldverstrickung einhergeht, die ganz einfach daraus resultiert, daß man diejenigen, die einen bis zur Selbstaufopferung beschützt haben,

---

19 Das ist selbstverständlich anders bei ‚engagierten Personen', die sich das jeweilige Wissen gewissermaßen zum Lebensinhalt gemacht haben: der Vorsitzenden der Shakespeare-Gesellschaft, dem Professor für Koreanistik oder dem Astrophysiker: deren ‚Hingabe an die Sache' gerät nun in eine Krise.

20 Ein schönes Beispiel hierfür findet sich in dem Goethe zugeschriebenen Ausspruch ‚Auch aus Steinen, die in den Weg gelegt werden, kann man Schönes bauen'.

ersatzlos verläßt, ohne ihnen für die Selbstaufopferung, die sie geleistet haben, etwas zurückgeben zu können. (...) Die Ablösung paart sich mit Undankbarkeit des Ablösenden gegenüber denjenigen, die ihm den ursprünglich lebensspendenden Schonraum zur Verfügung stellten (Oevermann 2006, S. 115).

Der durch die Schuldverstrickung ‚provozierte' Glaube, so Franzmann, „leitet demnach die Lebenspraxis in die gleichwohl offene Zukunft in der Hoffnung darauf, dass sich dies einst bewähre" (Franzmann 2012, S. 21). Und dieser Glaube wiederum kann, muss aber nicht ‚kirchenreligiös' unterfüttert sein. Vielmehr geht es um eine allgemeine in die Zukunft gerichtete Auffassung von der Bewährung des eigenen Lebens, für die Gott- aber auch Selbstvertrauen mögliche Kandidaten sind.

Auch der vollständig säkularisierte Mensch, der gegenüber religiösen Inhalten und vor allem auch gegenüber der Frage nach einem möglichen Leben nach dem Tode völlig indifferent ist, (hat) strukturell einen solchen Glauben als Basis seiner Krisenbewältigungsautonomie (Oevermann 2006, S. 116).

Insofern ist der, wie die Überzeugung an eine Person gebundene Glaube „eine begründungslose und insofern bedingungslose Gewissheit" (Oevermann 2003, S. 352), die bei der Bewältigung von Krisen in Anspruch genommen werden kann (vgl. hierzu den Abschnitt zu Religion in Kapitel 4).

Exkurs Ende

Nachdem gezeigt wurde, dass der Mensch bei bewusst zu treffenden Entscheidungen auf den Zusammenhang von Wissen, Überzeugung und Glaube zurückgreift, geht es im folgenden Abschnitt um die Klärung der Frage, auf welcher in seiner Person angelegten Basis er dazu überhaupt in der Lage ist. Zur Kennzeichnung dieser Basis verwendet Oevermann den Subjektbegriff, den er nicht – so wie in anderen Handlungstheorien zumeist üblich – einfach als gegeben voraussetzt. Er konstituiert das Subjekt der Lebenspraxis vielmehr soziologisch, in der Ableitung eines aus vier Ebenen bestehenden Modells.

2.4 Die Konstruktion des Subjekts der Lebenspraxis

Als wir zu Beginn des Kapitels von Lebenspraxis als einer je verschieden aggregierten humanen Einheit des Lebendigen sprachen, sollte damit verdeutlicht werden, dass diese handlungsgenerierende Lebenseinheit – das Subjekt der Handlung – keine theoretisch vorgegebene ‚blutleere'[21] Konstruktion ist. Sie stellt vielmehr eine, der Sozialität des Menschen geschuldete, empirische und damit rekonstruierbare Tatsache dar. Als solche hat Oevermann sie zunächst einmal als eine Lebenseinheit, „in der sich Somatisches, Psychisches, Soziales und Kulturelles synthetisiert" (Oevermann 2004, S. 158), auf den Begriff gebracht. Das handlungsfähige Subjekt – ob nun als Einzelperson oder als Gemeinschaft von Personen – ist also, mit anderen Worten, als eine Synthese physiologisch-körperlicher, psychischer, sozialer und kultureller Einflussgrößen zu verstehen, die sich in jedem Subjekt einzigartig zum Ausdruck bringt.

Was aber sind nun die Bausteine und Regularien, die eine solche Materialisierung ermöglichen, oder anders gefragt, welche Bestimmungsgrößen, welche generativen Strukturen sind es, die ein Subjekt im Falle einer ‚echten' Krise, autonom und handlungsfähig werden lassen? Und weiter ist zu fragen, wie das Subjekt bei der Bewältigung solcher Krisen konkret handelt.

Um diese Fragen beantworten zu können, ist es erneut notwendig, sich mit der Entwicklungsgeschichte der Gattung Mensch zu befassen, denn:

> das Subjekt kann als historisch-spezifisches nur auf dem Hintergrund einer Konzeption des universalen Gattungssubjekts und dessen Handlungsmöglichkeiten erkannt werden; umgekehrt können die gattungsspezifischen Ausstattungen und Handlungspotentiale nur in der Analyse des historisch-spezifischen Subjekts zum Vorschein gebracht werden (Oevermann 1976, S. 36).

Wie schon angesprochen, setzen Oevermanns Überlegungen zur Besonderheit humaner Lebenspraxis im gattungsgeschichtlichen Übergangsfeld vom Tier zum Mensch an. Neben physiologischen Veränderungen der körperlichen Basis (aufrechter Gang) ist es vor allem die Entwicklung von der tierischen Gesten-Kommunikation zur Kommunikation mittels Bedeutung vermittelnder Symbole, die den Menschen vom Naturwesen zum Kulturwesen werden ließen. Parallel dazu markieren der Ausfall der biogrammatischen Programmierung der sexuellen Reproduktion (sowie der darin enthaltenen, von Gattung zu Gattung variierenden Inzestschranke) und deren Ersatz durch Heiratsregeln (kulturell definiertes Inzesttabu), den grundle-

---

[21] Wilhelm Dilthey hat diese Position sehr schön unter Verweis auf eine ‚rein theoretisch vorgehende' Philosophie zum Ausdruck gebracht. „In den Adern des erkennenden Subjekts, das Locke, Hume und Kant konstruierten, rinnt nicht wirkliches Blut, sondern der verdünnte Saft von Vernunft als bloßer Denktätigkeit. Mich führte aber historische wie psychologische Beschäftigung mit dem ganzen Menschen dahin, […] dies wollend fühlend vorstellende Wesen auch der Erklärung der Erkenntnis und ihrer Begriffe (wie Außenwelt, Zeit, Substanz, Ursache) zugrunde zu legen" (Dilthey 1883/71973, S. XVIII).

2.4 Die Konstruktion des Subjekts der Lebenspraxis

genden Wandel von tierischer Sozialität zur humanen Sozialität. Vereinfacht gesagt, hat die Fähigkeit des Menschen, sich sprachlich auszutauschen, auch dazu geführt, das ‚Recht des Stärkeren' als alleiniges Kriterium bei der sexuellen Reproduktion infrage zu stellen. Andere soziale Regeln traten gegenüber biologisch-physiologischen Auswahlkriterien bei der Partnerwahl mehr und mehr in den Vordergrund.

Dieser Wandel zur humanen Form von Sozialität ist vor allem dadurch bestimmt, dass die (das Überleben der Gattung sichernde) wechselseitige Bezogenheit (Reziprozität) der Lebewesen nicht mehr genetisch bestimmten, zweckgebundenen Mustern folgt, sondern einer, aus der Lebenspraxis humaner Gemeinschaften rekonstruierbaren Struktur sozialer Regeln. Oevermann rekonstruiert diese Struktur aus ihrer praktischen Handhabung, u. a. – unter Bezugnahme auf die anthropologischen Forschungsarbeiten von Claude Lévi-Strauss – am Beispiel der Heiratsregeln und später anhand der Analyse von – in allen Kulturen zum (universellen) Handlungsreservoire gehörenden – Begrüßungshandlungen. Er bringt diese auf sozialen Regeln beruhende Basisstruktur der menschlichen Lebensform, die als Kultur, Geschichte und Lebenspraxis in Erscheinung tritt, auf den für die weitere Ableitung seiner Subjektkonstruktion grundlegenden Begriff einer *regelgeleiteten Sozialität als zweckfrei sich reproduzierende Reziprozität* (vgl. Oevermann 1986, S. 57).

Vereinfachend besagt diese abstrakt anmutende Formel: ein wichtiger Grund dafür, dass humane Lebensformen sich von tierischen unterscheiden, ist in der besonderen Form menschlicher Sozialität zu sehen. Es ist ein regelgeleitetes soziales Miteinander, das nicht von einem genetischen Code oder einem irgend gearteten zweckgerichteten, willentlichen Akt bestimmt ist, sondern von den im miteinander Handeln quasi sich selbst erzeugenden Regeln. Deshalb kann von einer im Verborgenen (latent) wirkenden ‚objektiven sozialen Struktur *sui generis*', also einer in ihrer Besonderheit einzigartigen Struktur, gesprochen werden.

Indem Menschen grundlegend und universell nach dem Muster eines zweckfreien Austauschs in Beziehung treten, entsteht zwischen den Austauschenden ein soziales Band, eben humane Sozialität. In dieser zweckfreien Reziprozität, die nach dem Modell eines wechselseitig wirksamen, rückbezüglichen (rekursiven) Algorithmus[22] operiert, sieht Oevermann die konstitutive Voraussetzung für (Zwecke verfolgendes) menschliches Handeln überhaupt. Kurz: Die Begrüßungshandlung konstituiert zweckfreie Reziprozität zwischen den beteiligten Subjekten. Zweckfreie Reziprozität ist mithin als die Grundformel humaner Sozialität zu verstehen.

---

22 *Algorithmus*: Ist ein sich wiederholendes Schema zur schrittweisen Erzeugung bzw. Umformung von Gegenständen und Sachverhalten.

Am Modell des in allen Kulturen anzutreffenden Gruß-Algorithmus lässt sich die Bedeutung von zweckfreier Reziprozität und deren Modus des algorithmischen Operierens einfach erläutern. Wenn Menschen in Kontakt treten, entspricht es ‚normalen' Gepflogenheiten, sich gegenseitig zu Grüßen. Die in einen Raum tretende Person (Anna) entbietet der sich dort zufällig befindlichen Person (Bertha) einen Gruß. Der (zweckfreien) Konvention der (A) folgt und dieser entsprechend, müsste (B) diesen Gruß (rekursiv, auf die Grußregel zurückkehrend) erwidern. Geschieht dieser Reziprozität erzeugende Akt des Zurückgrüßens, wird ein Spielraum für weitere, nun i. d. R. von Zwecken geleitete (Sprech-)Akte eröffnet. Beide Personen sprechen z. B. über ihre Urlaubspläne und stellen fest, dass sie dasselbe Ziel zur selben Zeit ausgewählt haben. Beide trennen sich – gewissermaßen als zufällige Folge ihres Aufeinandertreffens – mit der Verabredung auf ein Glas Wein am gemeinsamen Urlaubsort.

Unterbleibt das Zurückgrüßen durch (B), ist diese Verweigerung einer sozialen Beziehungsaufnahme dennoch eine Ausdrucksgestalt der zweckfreien Reziprozitätsregel. Auch die entstandene Leerstelle eröffnet einen Spielraum des Handelns für Person (A) und Person (B). (A) kann das nicht Zurückgrüßen als Folge einer Unaufmerksamkeit von (B) großzügig entschuldigen oder den nichterfolgten Gruß als beleidigend empfinden und beschließen, (B) in Zukunft ebenfalls zu ignorieren. (B) kann bei einem erneuten Aufeinandertreffen mit (A) bei ihrer ignoranten Linie bleiben, oder ihrerseits eine entschuldigende, plausible Erklärung für ihr zuvor regelverletzendes Verhalten äußern, etwa wenn ihr nun eine weitergehende Interaktion mit (A), warum auch immer, geboten scheint.

In beiden Fällen – der Regelkonformität sowie der Regelverletzung – zeigt sich jedoch die grundlegende Bedeutung des zweckfreien Austauschs um seiner selbst willen als regelstrukturierte und regelstrukturierende Fundierungsschicht humaner Sozialität. Von einer Fundierungsschicht ist deshalb zu sprechen, weil durch diese nur auf den Menschen zutreffende Form der Sozialität die grundlegende Bedingung der Möglichkeit der Entfaltung der universellen epistemischen Strukturen und Kompetenzen (Ebene II) sowie der Herausbildung des autonom handlungsfähigen, mit sich selbst identischen Subjekts (Ebene III) gegeben ist.

Im Folgenden werden diese drei Subjektebenen sowie eine vierte Ebene – die Ebene des Subjekts, wie es sich als konkrete Person zeigt – eingehender betrachtet und abschließend in Abbildung 2.6 zusammenfassend dargestellt.

Ebene I, die ‚Sozialität *sui generis*', ist als eine ‚Ur- bzw. Ausgangsstruktur' der drei anderen Strukturebenen anzusehen, die – wie zuvor schon knapp umrissen – im Übergang von Naturgeschichte zur Kulturgeschichte entstanden ist. Diese Ur- bzw. Ausgangsstruktur, die von Oevermann auch als Sozialität I bezeichnet wird, ist als

2.4 Die Konstruktion des Subjekts der Lebenspraxis

Voraussetzung der bereits zu Beginn dieses Kapitels erwähnten ‚Soziogrammatik' anzusehen.

Den Kern humaner, d. h. regelgeleiteter Sozialität macht die Reziprozitäts-Regel[23] aus. Diese ‚*Mutter aller Regeln*' (Oevermann) ist, gattungsgeschichtlich gesehen, die Basis für die Selbsterzeugung und Transformation von Strukturen und der Erzeugung jener für die Vielfalt menschlicher Praxisformen konstitutiven Regeln.

Den Begriff der ‚Konstitutiven Regel' entlehnt Oevermann der Searleschen Sprechakttheorie. Der Sprachphilosoph John Searle unterscheidet *Regulative Regeln* von *Konstitutiven Regeln*. Der erstgenannte Regeltypus regelt eine bereits existierende Tätigkeit, z. B. regeln Anstandsregeln zwischenmenschliche Beziehungen. Konstitutive Regeln hingegen erzeugen eine Tätigkeit, deren Vorhandensein von den Regeln logisch abhängt, d. h. sie regeln und ermöglichen zugleich. So regeln z. B. Fußballregeln nicht bloß das Spiel, sondern sie schaffen überhaupt erst die Möglichkeit, ein solches Spiel zu spielen. Ein Foulspiel im Strafraum an einem Spieler der anderen Mannschaft, wird – dem Regelbuch des Fußballspiels entsprechend – mit einem Strafstoß vom 11-Meter-Punkt geahndet. Zugleich ist das Regelbuch konstitutive Voraussetzung für das Fußballspiel als soziale Veranstaltung. Dass es noch weitere solcher Spielformen wie z. B. das Volleyballspiel oder das Eishockeyspiel gibt, und es in Zukunft auch immer wieder neue Spielformen geben wird, ist Ausdruck humaner Generativität, die in der Reziprozitätsregel, der ‚Mutter aller Regeln', gründet.

Ebene II, die Ebene des epistemischen Subjekts, repräsentiert jene universellen Strukturen oder Kompetenzen, die das geistige Potential des Menschen – seine Erkenntnisfähigkeit – ausmachen. Gemeint sind hier also jene „allgemeinen formal-logischen Strukturen und Kompetenzen, der logischen, moralischen und sprachlich-pragmatischen Urteilskraft" (Oevermann 1981, S. 26), die allen Mitgliedern der menschlichen Gattung zu eigen sind, die jedoch von jedem Menschen in seiner Ontogenese – weil eben nicht biogrammatisch festgelegt – von Neuem entfaltet und angeeignet werden müssen. Das epistemische Subjekt ist eine formal-abstrakte Konstruktion, in deren Mittelpunkt der Regel-Begriff steht. Damit dieses Abstraktum konkretisiert werden kann, bedarf es der neuro-physiologischen Grundlage des menschlichen Gehirns. Dort materialisieren sich die universellen Regelsysteme der Sprachkompetenz, der kognitiven sowie der moralischen Kompetenz im Sinne

---

23 „Viel spricht dafür, das den algorithmischen Regeln Gemeinsame (…) in der universalen Struktur von Sozialität zu fundieren, deren Kern aus der Reziprozitäts-Regel besteht" (Oevermann 2000, S. 22).

eines generativen Potentials des Gattungssubjekts. Oevermann bezeichnet diese universellen epistemischen Strukturen auch als Sozialität II.

Die beiden bisher vorgestellten Strukturebenen des Subjekts – die Ebene der tief in der Gattungsgeschichte verankerten ‚Sozialität *sui generis*' und die darauf gründende Ebene der universellen epistemischen Strukturen – sind die unveränderbaren Kostanten humaner Lebensformen. Es sind insofern konstante Bedingungen der Möglichkeit humaner Lebenspraxis, aber noch nicht die Praxis selbst. Zu klären bleibt also als nächstes, wie die abstrakten Voraussetzungen menschlicher Handlungsfähigkeit in den historisch je verschiedenen Erscheinungsformen menschlicher Existenz ins Werk gesetzt werden. Kurz: Wie wird aus dem bisher formallogischen Gerüst des Subjekts ein handlungsfähiger Mensch aus Fleisch und Blut?

Ebene III, die Ebene des autonom handlungsfähigen, mit sich identischen Subjekts thematisiert die Frage, wie jene die Menschen als Gattungssubjekt ausmachenden Strukturen im einzelnen Menschen, im historisch-spezifischen Subjekt also, schon immer haben platzgreifen können. Um diese – die Sozialität III (historisch geltende Normen, Regeln und Wertemuster) betreffende – Frage zu verdeutlichen, hilft ein gedankenexperimenteller Vergleich zwischen einem mittelalterlichen und einem neuzeitlichen Menschen. Beide verfügen zwar über die identische epistemische Strukturausstattung, hätten aber die größten Schwierigkeiten sich in der jeweils anderen Lebenswelt zurechtzufinden. Es sind die je anderen Lebensbedingungen und die in diesen gemachten Erfahrungen, die unterschiedlichen Denkweisen und moralischen Vorstellungen, die das Individuum und seine Handlungsfähigkeit prägen. Es ist unmittelbar einleuchtend, dass diese Unterschiede das Scheitern des mittelalterlichen Subjekts in der Neuzeit ebenso wahrscheinlich werden lassen, wie das Scheitern des neuzeitlichen Subjekts in der mittelalterlichen Welt. Entscheidend ist – das sollte das Gedankenexperiment zeigen – unter welchen historisch-kulturellen Bedingungen die epistemischen Strukturen mit der Lebenswirklichkeit in Berührung kommen, der konkrete Mensch seine Erfahrungen mit der Welt machen kann.

Den im Gedankenexperiment thematisierten Sachverhalt fasst Oevermann als Prozess der *Individuierung*, in scharfer Abgrenzung zum Begriff der *Individualisierung*.[24]

---

24 Unter Individuierung versteht Oevermann die Genese der Einzigartigkeit des Subjekts. Individuiertheit als Ergebnis dieses Prozesses zeigt, wie sich das jeweilige Subjekt grundsätzlich von anderen unterscheidet. Individualisierung hingegen trifft die Einzigartigkeit genau nicht, wenn z. B. Teenager ihre Individualität darin zum Ausdruck bringen wollen, dass sie sich, einem Modetrend entsprechend, kleiden wie alle anderen.

2.4 Die Konstruktion des Subjekts der Lebenspraxis

Ohne Individuierung blieben die epistemischen Strukturen blutleere Abstraktion und träten handlungspraktisch nicht in Erscheinung. Erst das individuierte Subjekt überführt die universellen Strukturen oder Kompetenzen in historisch-gesellschaftliche Praxis und transformiert sie in materielle Erfahrungen der realen Welt. Handlungsfähigkeit ergibt sich aus rationaler Verfügung über die eigene Antriebsbasis, und Individuierung vollzieht sich im Prozess des Erkennens der eigenen Antriebsbasis (ebd., S. 28f.).

Im Gegensatz zu Strukturebene II, der Ebene der universellen Strukturen, geraten nun auf Ebene III die regional und historisch wandelbaren Regelstrukturen in den Blick, mit denen die Menschen einer bestimmten geschichtlichen Epoche ihr Handeln gestalten. Waren also auf Ebene II noch die dafür notwendigen Kompetenzen Gegenstand der Betrachtung, sind es nun die Performanzen, genauer gesagt, die „performanzbestimmenden Faktoren" (Oevermann 1973, S. 42). Hier sind zwei Gruppen von soziologisch bzw. psychologisch bestimmten Faktoren zu unterscheiden: Zur ersten Gruppe sind soziale Deutungsmuster, Habitusformationen[25], Normen und Werte, zur zweiten Gruppe sind die Antriebe, die Motive und die Körperlichkeit, kurz, die „innere Natur" des Menschen zu zählen. Wenn man so will, hat die erste Faktorengruppe einen gewissen, für das individuierte Subjekt verfügbaren, Praxis generierenden Werkzeugcharakter, die zweite Faktorengruppe wirkt hingegen, gewissermaßen durch das Subjekt hindurch, eher modulierend auf die Praxis.

Zwar gewinnt auf Strukturebene III – wie Oevermann in Bezug auf die Gesamtarchitektonik seines Subjektmodells sagt – „das ‚Skelett' des epistemischen Subjekts gewissermaßen Fleisch" (Oevermann 1981, S. 28), das Subjekt verbleibt aber immer noch im Bereich der Möglichkeit und ist noch nicht im Bereich der Wirklichkeit konkreter Handlungen angelangt. Ebene III beschreibt das autonom handlungsfähige, mit sich identische Subjekt nämlich lediglich als „eine konkrete Utopie der kontrafaktischen Normalität gelungener Individuierung" (ebd., S. 30). Anders gesagt, das individuierte Subjekt der Ebene III ist im Sinne einer *objektiven Identität* als eine Idealform zu betrachten. Diese objektive Identität zeigt sich darin, dass das (mit universellen Kompetenzen ausgestattete) Subjekt einerseits über reflektierte, auf der Höhe der Zeit befindliche Deutungsmuster und Habitusformationen verfügt, und andererseits über einen bewussten, reflektierten Umgang mit seiner

---

25 „Ähnlich wie Bourdieu fasse ich unter dem Begriff der Habitusformation jene tiefliegenden, als Automatismus außerhalb der bewußten Kontrollierbarkeit operierenden und ablaufenden Handlungsprogrammierungen zusammen, die wie eine Charakterformation das Verhalten und Handeln von Individuen kennzeichnen und bestimmen. Sie gehören gewissermaßen zu einem Individuum wie ein Charakter und lassen sich von ihm nicht mehr trennen und wegdenken" (Oevermann 2000, S. 13).

eigenen psychischen Antriebsbasis. Mit gelungener Individuierung ist nun jene umfassende Ausstattung des Subjekts gegeben, die es zu autonomen Handlungen befähigt.[26] Auf die Frage, wie diese Ausstattung vermittelt werden kann, wird später in Kapitel 3 ausführlich eingegangen.

Ebene IV, die Ebene des empirisch konkreten Subjekts, repräsentiert das Ergebnis des tatsächlich stattgefundenen Individuierungsprozesses. Das empirisch in Erscheinung tretende, alle anderen Strukturebenen gewissermaßen in sich aufhebende Subjekt, ist nun das konkrete Subjekt der Lebenspraxis. Es ist das Subjekt, das – vor echte Entscheidungskrisen gestellt – in der Lage sein sollte, der Dialektik von Entscheidungszwang und Begründungsverpflichtung zu genügen und neue materiale Rationalität[27] zu erzeugen.

Indem von einer konkreten Person lebenspraktische Entscheidungen getroffen werden, schreibt sie nicht nur ihre Lebensgeschichte fort, sie muss sich auch mit den Konsequenzen dieser Entscheidungen auseinandersetzen. Das Bewusstwerden von eigenen Handlungen und Entscheidungen und deren Bewertung für das eigene Wohlergehen und das anderer Personen (Begründungsverpflichtung), mündet in ein über einen langen Entwicklungszeitraum – speziell in der Adoleszenz – sich ausformendes Selbstbild, eben die subjektive Identität. Diese dem empirischen Subjekt zuzuschreibende Identität entsteht – so Oevermann (1993, S. 184) – in dem Maße, wie das jeweilige Individuum „zu sich selbst kommt und die begründbare Gestalt eines Selbstbildes, einer biographischen Organisation, einer rekonstruierten, verfügten Lebensgeschichte annimmt". [28]

---

26 Im Kontext einer objektiv-hermeneutischen Rekonstruktion einer Biografie zeigt sich die objektive Identität als charakteristisches Muster, wie das Subjekt seine sequenziellen Auswahlentscheidungen trifft. Methodologisch gewendet ist unter der objektiven Identität einer Person nichts anderes zu verstehen, als deren rekonstruktiv erschlossene Fallstrukturgesetzlichkeit (vgl. hierzu Kapitel 6).

27 Oevermann unterscheidet ‚materiale' von ‚formaler' Rationalität. Im Gegensatz zur methodisch kontrollierten, durch Abstraktionsleistungen erzeugten formalen Rationalität, entsteht materiale Rationalität unmittelbar in der lebenspraktischen Operation selbst. „Materiale Rationalität ist immer die Lösung eines Handlungsproblems auf gewissermaßen nicht mechanisch-deduktive Weise, (es ist) der Entwurf von neuen Problemlösungen" (Oevermann 1981a, S. 8).

28 Während die objektive Identität durch objektiv-hermeneutische Rekonstruktion von Ausdrucksgestalten einer Lebenspraxis entsteht, ist die Konstitution der subjektiven Identität eine Sache der Annahme der Gestalt einer rekonstruierten Lebensgeschichte. So etwa, wenn eine krisenhaft gewordene Lebenspraxis von einem Klienten und seinem Therapeuten in einem Arbeitsbündnis zum Gegenstand der Hilfe zur Selbsthilfe geworden ist (vgl. hierzu auch Kapitel 5).

2.5 Erzeugungs- und Auswahlparameter

(I)	**Ebene der Sozialität sui generis** (= zweckfreie Reziprozität als Grundform)
	ist die Bedingung der Möglichkeit der Entfaltung empirischer Strukturen und Kompetenzen
(II)	**Ebene des epistemischen Subjekts** (= Gattungssubjekt)
	bezeichnet die epistemische (Erkenntnis ermöglichende) Ausstattung des Subjekts
	(biologisch und kulturell universale Regeln und Strukturen, durch Reflexion nicht veränderbar: Sprache, Kognition, Moral)
(III)	**Ebene des autonom handlungsfähigen, mit sich identischen Subjekts** (= historisch-spezifisches Subjekt)
	thematisiert die konkrete Utopie der kontrafaktischen Normalität gelungener Individuierung
	(historisch-gesellschaftlich gebundene Normen und Regelsysteme, durch Reflexion veränderbar: a) soziale Deutungsmuster, Habitusformationen, Normen, Werte b) „innere Natur", Motive, Antriebe)
(IV)	**Ebene des empirisch konkreten Subjekts** (= individuelle Person, Lebenspraxis)
	agiert mit ihren historisch spezifisch formierten Abweichungen von Modell der dritten Ebene
	(praktische Problemlösung im Hier und Jetzt, entsprechend dem Stand individueller Entwicklung und bisheriger Lebenserfahrung)

Abb. 2.6 Ebenen des Subjektmodells

2.5 Erzeugungs- und Auswahlparameter

Den eigentlichen generativen, das Neue hervorbringenden Akt vollzieht das empirisch konkrete Subjekt im Zusammenspiel zweier Parameter[29], des *Erzeugungsparameters* (= Erzeugungsregeln) einerseits und des *Auswahlparameters* (= Auswahlregeln) andererseits. Der Kerngedanke dieses Zusammenspiels ist darin zu sehen, dass dem handelnden Subjekt – der humanspezifischen regelgeleiteten Sozialität entsprechend – bedeutungserzeugende Regeln zur Verfügung stehen, die ein Spektrum

---

[29] *Parameter (allgemein):* Bezeichnet die einen Prozess kennzeichnende Größe, mit deren Hilfe Aussagen über Aufbau, Leistungsfähigkeit von etwas, z. B. einer Maschine, eines Gerätes, einer Struktur, gewonnen werden. *Parameter (speziell im Oevermann-Kontext):* Parameter I = Erzeugungsregeln und Parameter II = Auswahlregeln beim Vollzug einer Handlung.

von Möglichkeiten eröffnen, aus dem heraus eine, wiederum regelgeleitete Auswahl getroffen werden muss.

Das gelingende Zusammenspiel beider Parameter kann – wie Abbildung 2.7 verdeutlichen soll – als Ausdruck der im Prozess der Sozialisation je unterschiedlich durch Interiorisierung (universeller Strukturen) und Internalisierung (historisch kumulierter Wissens- und Erfahrungsbestände) entwickelten krisenlösenden Handlungskompetenz des betreffenden Subjekts verstanden werden.[30]

Der Erzeugungsparameter umfasst zum einen alle universellen Regelstrukturen, die auf der Ebene II des epistemischen Subjekts als sprachliche, kognitive und moralische Kompetenz in Erscheinung treten. Zum anderen umfasst er alle in einem kulturellen Raum in einer bestimmten Epoche geltenden – i. d. R. mit Sank-

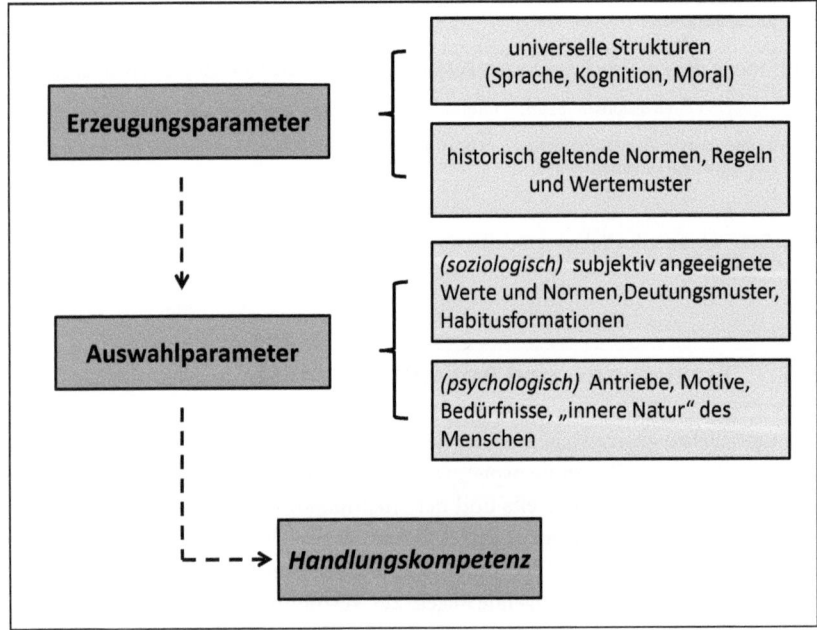

Abb. 2.7 Erzeugungs- und Auswahlparameter (Handlungskompetenz)

---

30 „Was internalisiert wird im Sinne dieses alten Sozialisationsmodells, sind inhaltlich spezifizierte und kulturspezifische Normen. Was hingegen interiorisiert wird im strukturalen Sinne von Verinnerlichung, das sind die Strukturen der Kooperation selbst" (Oevermann 1996a, S. 9).

2.5 Erzeugungs- und Auswahlparameter

tionsmöglichkeiten bewehrten – Normen, Verhaltensregen und Wertemuster der Subjektebene III.

Der Auswahlparameter bestimmt die Auswahl aus den vom Erzeugungsparameter eröffneten Optionen. Das handelnde Subjekt greift dabei einerseits auf gesellschaftlich Werte und Normen zurück, so weit und so gut sie von ihm internalisiert worden sind. Es bedient sich dabei epochal Gültigkeit beanspruchender Deutungsmuster und handlungsprägender Habitusformationen. Darüber hinaus bestimmt die ‚innere Natur des Subjekts' die Motivation, die momentane Bedürfnislage, kurz: die Antriebsbasis des Handelnden über dessen je spezifische Auswahl einer Handlungsoption.

Um die vier Strukturebenen des Subjekts und das Zusammenspiel der von Auswahl- und Erzeugungsparameter noch einmal beispielhaft zu erläutern, soll hier erneut auf eine Begebenheit aus der mittelalterliche Lebenswelt zurückgegriffen werden. Im Mittelpunkt steht dabei die historische Person Martin Luther und deren Ächtung durch Papst Leo X.

Ohne auf das, in den Geschichtsbüchern nachzulesende historische Szenario näher eingehen zu können, lässt sich das von den beiden Protagonisten zu verantwortende Geschehen auf zwei Handlungskerne reduzieren: (1) Der Mönch Martin Luther reagiert auf den päpstlich geduldeten Ablasshandel mit dem Anschlag seiner 95 Thesen an die Schlosskirche zu Wittenberg. (2) Als Reaktion hierauf verfügt Papst Leo X. die Bannbulle gegen Luther. Bei der Entstehung und Bewältigung dieser für alle Beteiligten (= empirische Subjekte der Ebene IV) höchst krisenhaften Sachverhalte greifen die zuvor beschrieben handlungsgenerierenden universellen und historischen Regelsysteme (= epistemisches Subjekt der Ebene II und autonomes, mit sich selbst identisches Subjekt der Ebene III) ineinander.

So musste einerseits das Verfassen einer päpstlichen Bannbulle – eines in der damaligen Zeit gebräuchlichen Dokuments kirchlicher Machtausübung – in grammatisch wohlgeformten Sätzen, also nach den Regeln der lateinischen Sprache, erfolgen, um vom Betroffenen verstanden werden zu können (universelle Regeln). Der Grund für die Entstehung der Bannbulle im Falle Martin Luthers (1520) war andererseits dessen Verstoß gegen die Geltung beanspruchenden mittelalterlichen Regeln der katholischen Kirche (historische Regeln).

Papst Leo X. hätte gewiss über eine Reihe anderer Strafoptionen gegenüber seinem ‚untreuen Diener' verfügen können, aber er wählte die wohl härteste Sanktionsregel aus, die des Kirchenbanns. Er tat dies entsprechend der von ihm internalisierten Deutungsmuster vom rechten katholischen Glauben, aber auch aus einem, der geschichtspolitischen Konstellation geschuldeten Machtkalkül heraus und vielleicht auch, um seinem persönlichen Groll auf das „Mönchlein" Luther genüge zu leisten.

Dass Martin Luther seinerseits – um im Beispiel zu bleiben – gegen die historisch geltenden Normen und Regeln der Kirche tatsächlich verstoßen hat, verdeutlicht sein Handeln (Anschlag der 95 Thesen am Portal der Schlosskirche zu Wittenberg) als empirisches Subjekt der Ebene IV. Dies weist ihn zugleich als eine besondere (kontrafaktische) Spielart des autonom handlungsfähigen, mit sich identischen Subjekts aus. Der legendäre, wenn auch so nicht belegte Satz: „Hier stehe ich und kann nicht anders. Gott helfe mir, Amen!" kann hierfür als Beleg herangezogen werden.

Dass Martin Luther den Ablasshandel so und nicht anders auffasste und intellektuell zu einem (krisenbewältigenden) Entwurf des Neuen in Form der Thesen verarbeitete, konstituiert einerseits seine Subjektivität. Andererseits ist sein Handeln Ausdruck seiner objektiven Identität, genauer der in der Person Luther verkörperten objektiven Fallstrukturgesetzlichkeit.[31] Damit ist gemeint, dass Martin Luther als autonom handlungsfähiges Subjekt eine bestimmte Charakteristik (Fallstruktur) aufweist. Diese zeigt sich darin, wie aus den durch Regeln eröffneten Handlungsoptionen eine bestimmte Auswahl getroffen wird. Luthers Auswahlentscheidungen sind Ausdruck einer Gesetzlichkeit, die sich in seinen Handlungen niederschlägt. Diese Gesetzlichkeit kann aus diesen Materialisierungen (sofern sie als Dokumente vorliegen) als seine objektive Identität (methodengeleitet) rekonstruiert werden.

Diese objektive Identität der Person Luther ist wiederum scharf von der subjektiven des empirischen Subjekts Luther zu unterscheiden. Subjektive Identität entspricht dem Selbstbild, dem Selbstverständnis einer Person. Im Falle Luthers war es, will man zeitgenössischen Überlieferungen glauben, ein von Selbstzweifeln durchsetztes Selbstbild. Wie bereits angesprochen, entsteht dieses Selbstbild durch Beobachtung und Reflexion (naturwüchsige, nicht methodengeleitete Rekonstruktion) des eigenen Handelns. Subjektive Identität entspricht immer nur zum Teil der objektiven Identität. Der Grad der Deckungsgleichheit von objektiver und subjektiver Identität ist abhängig davon, inwieweit es der betreffenden Person gelingt, die ihrem Handeln zu Grunde liegende Gesetzmäßigkeit zu begreifen. Insofern können die zuvor bereits angesprochenen Selbstzweifel Luthers als Teil seiner Anstrengungen begriffen werden, eben dieser Gesetzmäßigkeit bewusster zu werden.

Nachdem bisher die humane Lebensform – also das, was die Spezies Mensch als solche ausmacht – mit den Begriffen Lebenspraxis, Krise und Routine umrissen und die Strukturebenen des Subjekts herausgearbeitet worden sind, werden wir uns im folgenden Kapitel der Frage zuwenden, wie das jeweilige Subjekt – pädagogisch gewendet, der ‚mündige Mensch' – in seiner Einzigartigkeit überhaupt entstehen

---

31 Auf die Begriffe Fallstruktur und Fallstrukturgesetzlichkeit und deren methodische Erschließung durch objektiv-hermeneutische Rekonstruktion wird in Kapitel 6 ausführlicher eingegangen.

kann. Damit folgen wir der von Oevermann schon 1979 zum Ausdruck gebrachten Ableitungslogik des *Was* vor *Wie*: „Bevor wir Sozialisationsprozesse analysieren, müssen wir die Struktur des sozialisierten Subjekts rekonstruiert haben" (Oevermann 1979, S. 149).

Sozialisation, Sozialisatorische Praxis, Familie 3

> *„Habt ihr was über Sozialisation und Sprache?*
> *Ich muß da bis nächsten Montag..."*
> *„Da, in Augenhöhe rechts", sagte ich. „Da geht's los: ... Das grüne*
> *... ist der Suhrkamp-Band von Oevermann..."* (-ky 1981, S. 53)

Am Ende des vorangegangenen Kapitels hatten wir die Frage gestellt, wie das jeweilige Subjekt in seiner Einzigartigkeit überhaupt entstehen kann. Es gilt also nun zu klären, wie sich die abstrakte Konstruktion des Subjekts mit ihren vier Strukturebenen in ein ‚lebendiges Modell' einbringen lässt, das uns zeigt, *Wie wir zu dem werden, was wir sind* (Garz/Zizek 2015).

Bisher wissen wir, dass wir Menschen nicht wie andere Lebewesen allein durch eine ‚Biogrammatik' bestimmt sind, vielmehr setzt die menschliche Lebensform den Erwerb einer ‚Soziogrammatik' voraus. Der Begriff Soziogrammatik verweist auf die Strukturebene I des im vorigen Kapitel dargestellten Subjektmodells. Vereinfacht gesagt wurde dort der Mensch als Lebewesen bestimmt, das auf eine regelgeleitete Sozialität angewiesen ist. Wir werden also im Prozess der Sozialisation zu dem, was wir sind, indem wir im sozialen Miteinander und im Umgang mit der Welt Regeln lernen.

Hierbei muss nun auf eine für die (strukturale bzw. soziologische) Sozialisationstheorie wichtige Unterscheidung hingewiesen werden. Nach Oevermann ist Regellernen nämlich zum einen in eine Verinnerlichung von Inhalten (= *Internalisierung*) und zum anderen in eine Verinnerlichung von Strukturen (= *Interiorisierung*) zu differenzieren. Auf die weiter oben bereits eingeführte Unterscheidung Searles in regulative und konstitutive Regeln bezogen, geht es im ersten Fall um das Erlernen von historisch wandelbaren Regeln bzw. Normen (z. B. Benimmregeln: für Veränderungen leicht zugängliche Oberflächenstrukturen) und im zweiten Fall um das Erlernen, besser Entwickeln, universeller, genetischer Strukturen (z. B. Sprach-Kompetenz: für Veränderungen schwer zugängliche Tiefenstrukturen).

Wiederum auf das Vier-Ebenen-Modell des Subjekts bezogen heißt dies, wir werden zu dem, was wir sind, indem wir auf Ebene II jene „allgemeinen formal-logischen

Strukturen und Kompetenzen, der logischen, moralischen und sprachlich-pragmatischen Urteilskraft" *interiorisieren* und auf Ebene III jene für unser Handeln relevante, historisch geltenden Normen, Regeln und Wertemuster *internalisieren*. Zugleich werden in diesen Lern- und Entwicklungsprozessen auf Ebene II und Ebene III die ebenfalls bereits beschriebenen Erzeugungs- und Auswahlparameter herausgebildet, mit denen wir alle als Personen unsere Lebenspraxis gestalten (vgl. Abbildung 2.7).

Ebene IV des Subjektmodells repräsentiert letztendlich den eigentlichen Ort der Entstehung des empirisch konkreten Subjekts. Das Werden dieses konkreten Subjekts – der je einzigartigen Person – zu dem, was es ist, bezeichnet Oevermann als Prozess der Individuierung. Anders formuliert kann dieser Prozess auch als Bildungsprozess der Person bezeichnet werden. Individuiertheit als Ergebnis dieses Bildungsprozesses, also das, was die Einzigartigkeit einer Person ausmacht, findet ihren Ausdruck in der je besonderen Art und Weise, wie sie – entsprechend der spezifischen Ausprägung von Erzeugungs- und Auswahlparameter – ihre lebenspraktischen Krisen bewältigt.

Wie lässt sich nun die statische Betrachtungsweise des Vier-Ebenen-Modells des Subjekts in eine dynamische Betrachtungsweise überführen? Anders gefragt: Wie genau sieht nun das oben angesprochene ‚lebendige Modell' des Bildungsprozesses eines Subjekts aus?

3.1 Sozialisation: Bildungsprozess des Subjekts, eine Praxis, in der Neues entsteht

Im Begriff der Sozialisation sieht Oevermann zwei, für das Überleben der Gattung Mensch fundamentale Aufgaben verknüpft. Sozialisation hat dafür zu sorgen, dass (1) einzelne Subjekte hervorgebracht werden, die in der Lage sind, die sie erwartenden Herausforderungen und Probleme der eigenen Lebensbewältigung zu meistern, um so zugleich (2) den Fortbestand der Gesellschaft zu sichern. Sich der eigenen offenen und der ebenso offenen Zukunft der Gesellschaft stellen zu können, erfordert einen Bildungsprozess, der dem werdenden Subjekt eine Ausstattung an Kompetenzen zuteilwerden lässt, die es ihm erlaubt, seinen Lebensalltag zu meistern, aber auch den neuen krisenhaften Ereignissen mit neuem Wissen und Handeln zu begegnen. Ein solcher Bildungsprozess des Subjekts (Ontogenese) kann nicht einfach nur von biologischen Prägungs- und Reifungsvorgängen bestimmt sein. Auch nur auf bloße Wissensvermittlung ausgerichtete Lernprozesse – seien sie noch so umfassend und differenziert – können eine solche Ausstattung nicht hervorbringen.[32]

---

32 Dass Bildung sich nicht in Lernen erschöpft, macht Oevermann (2004a, S. 26f.) an zwei Kriterien fest: „Zum einen wäre es wenig sinnvoll zu leugnen, daß (...) programmierbare

3.1 Sozialisation: Bildungsprozess des Subjekts

Vielmehr bedarf es hier eines Sozialisationsbegriffs, der von einer sozialen Konstitution ontogenetischer Entwicklungsprozesse ausgeht. Soziale Konstitution individueller Entwicklung im Rahmen dieses Modells bedeutet hier nicht mehr und nicht weniger als eine, in soziale Beziehungen eingebettete Hervorbringung von neuen Strukturen durch das sich entwickelnde Subjekt selbst. Im Mittelpunkt dieses soziologischen Sozialisationsmodells steht der Gedanke der *Erzeugung des Neuen* durch Krisenbewältigung.

Bevor wir uns in einem zweiten Schritt der sozialen Konstitution humaner Entwicklungsprozesse durch die *Praxis sozialisatorischer Interaktion* zuwenden, soll zunächst in einem ersten Schritt noch einmal kurz an die drei oben ausführlich dargestellten Krisentypen erinnert werden. Dies geschieht vor allem im Hinblick auf die dabei entstehenden Erfahrungen und deren unterschiedliche Relevanz für den Sozialisationsprozess des Subjekts.

Dass Erfahrungen überhaupt für sozialisatorische Entwicklungsprozesse von Bedeutung sind, liegt – so die krisentheoretische Annahme Oevermanns – daran, „dass sich Erfahrungen nur in Krisen konstituieren, nie in dem Gegenteil von ihnen; den Routinen. In der Ausführung von Routinen wendet man Erfahrungen nur an, die in Krisenkonstellationen gemacht wurden" (Oevermann 2015, S. 63).[33]
Der Typus (1), die traumatischen Krise, trifft das Erfahrungssubjekt vollkommen unerwartet. Kommt das krisenerzeugende Ereignis aus der Außenwelt des die Krise erfahrenden Subjekts – etwa die Berührung eines Kindes mit Brennnesseln – konstituiert sich dabei eine Naturerfahrung. Kommt das Ereignis aus der Innenwelt – etwa wenn das Kind einen plötzlichen Bauchschmerz empfindet – konstituiert sich eine Leiberfahrung. Solche und andere traumatische Krisenerfahrungen (z. B. der Verlust eines Spielzeugs oder ein Sturz mit dem Fahrrad etc.) kommen bei kleineren Kindern sehr häufig vor. Kinder sind – wie Oevermann sehr treffend formuliert –

> aus ihrer Sicht beständig mit Krisen und Katastrophen konfrontiert, deshalb weinen sie auch so viel. Grundsätzlich befinden sie sich dann in Krisen nach dem traumatischen Typ, in der Konfrontation mit ‚brute facts', aus denen sie sich selbständig herauszuhelfen lernen müssen (Oevermann 2004, S. 170).

Maschinen lernen können, aber vermessen, ihnen Bildungsprozesse zuzuschreiben im Sinne der Aneignung von Subjektivität. – Zum anderen verlaufen die meisten Lernprozesse, vor allem die institutionalisiert und didaktisch herbeigeführten, in sich routinehaft und routinisiert, wohingegen Bildungsprozesse sich vor allem dann verdichten, wenn es um die autonome Krisenbewältigung geht, die ein Subjekt herausfordert und dazu bringt, neue Stufen der Strukturtransformation zu erreichen".
33 Wir zitieren hier nach der vorläufigen Druckfassung; evtl. können sich die Seitenzahlen für diesen Aufsatz noch leicht verschieben.

Ein solches Lernen, aus überraschend auftauchenden Krisen, sich selbständig heraushelfen zu können, erfordert, „daß Situationen ‚mittlerer Diskrepanz' zwischen kindlicher Erwartung sowie Fähigkeit und tatsächlicher Anforderung hergestellt werden" (ebd.). Damit solche Situationen entstehen können, sollten Eltern ihre sozialisatorische Praxis einerseits danach ausrichten, ihren „Kindern unnötige traumatische Krisen vorausschauend zu ersparen bzw. sie so weit zu mildern, wie es geht" (ebd.). Andererseits dürfen sie ihre Kinder nicht vollständig von solchen Krisen abschirmen, weil ansonsten „ein Lernen auf der Grundlage von Scheitern und Widerstand nicht mehr stattfinden, die Genese von Autonomie durch selbständige Krisenbewältigung erstickt werden" würde. Gefordert ist also, dass Eltern eine „Dosierung der Konfrontation mit Krisen (...) in ihrer Fürsorge vornehmen" (ebd.), die eine Autonomie fördernde Entwicklung der Kinder ermöglicht.[34] Krisentypus (1) ist dennoch keineswegs als Leittypus für sozialisatorische Entwicklungsprozesse anzusehen.

Krisentypus (2), die Entscheidungskrise, resultiert aus der Tatsache, dass ein Subjekt eine Entscheidung zwischen Alternativen treffen muss, obwohl es hierbei weder für die eine noch die andere Alternative ein rational eindeutiges Argument gibt. So etwa wenn ein Kind entscheiden muss, welchen seiner beiden besten Freunde es auf einen Ausflug unter der Voraussetzung mitnehmen will, dass nur ein Platz im Fahrzeug der Familie frei ist. Sehr oft wird eine solche Entscheidung dann von den Erwachsenen übernommen werden, weil das Kind damit (noch) überfordert ist. In eigenständig zu bewältigenden

> Entscheidungskrisen gerät man erst dann, wenn man schon so viel Autonomie erworben hat, daß man in nennenswerter Gewichtigkeit seine offene Zukunft bewußt antezipieren und konstruieren kann und wenn auch Entsprechendes von einem erwartet wird (ebd., S. 171).

Erst mit im Laufe einer fortgeschrittenen Entwicklung kognitiver und moralischer Kompetenzen wird also das Kind mehr und mehr in der Lage sein, mit solchen Entscheidungskrisen eigenverantwortlich umzugehen. Obwohl die in diesem Krisentypus (2) sich konstituierenden Erfahrungen von maßgeblicher Bedeutung für die Fähigkeit einer erwachsenen Person sind, autonom und selbstverantwortlich

---

34 Würden die Eltern in der Badeszene im weiter unten angeführten empirischen Beispiel streitschlichtend ein ‚Machtwort' sprechen, würden sie genau die hier gemeinte Dosierungsproblematik insofern verfehlen, als ihr Eingreifen „ein Lernen auf der Grundlage von Scheitern und Widerstand nicht mehr stattfinden" ließe. Die von dem vierjährigen Kind im Beispiel gezeigte entwicklungsförderliche Rekonstruktionsleistung hätte so nicht stattfinden können.

3.1 Sozialisation: Bildungsprozess des Subjekts

Handeln zu können, ist auch die Entscheidungskrise nicht der für den Sozialisationsprozess zentrale Krisentypus.
Als den für den Prozess der sozialisatorischen Entwicklung dominanten Krisentyp bezeichnet Oevermann vielmehr den Typus (3), die Krise durch Muße. Wird nämlich

> der erkennende Verstand in den Zustand der Muße versetzt, und darin des Entscheidungsdrucks enthoben, (kann er) sich einem Gegenstand seines Interesses um dessen selbst willen „interesselos" mit allen seinen Sinnen so öffnen (...), daß die Wahrscheinlichkeit exponentiell zunimmt, an ihm überraschende, unerwartete Sachverhalte wahrzunehmen (Oevermann 2015, S. 64).

Das bedeutet, dass insbesondere Kinder in solche Krisen wie von selbst geraten, weil sie den Dingen der Welt noch mit der ihnen eigenen fundamentalen Neugier begegnen wollen und können. Wie das weiter oben bereits dargestellte ‚Ameisenbeispiel' (vgl. Kapitel 2.3) sehr treffend gezeigt hat, sind sie – wenn die verantwortlichen Erziehungspersonen es zulassen – umstandslos in der Lage, sich einem Gegenstand ihres Interesses um dessen selbst willen, eben ‚interesselos' mit allen ihren Sinnen zu öffnen, um Neues zu erkennen und diesem Neuen einen vorläufigen Platz in ihrer gedanklichen Welt zuzuweisen. Vorläufig bleibt der Platz deshalb, weil die im Verlaufe der weiteren Sozialisation sich ausweitende Kapazität, die Dinge dieser Welt zu verstehen, dazu führen wird, der alten Interpretation der Dinge das vorher noch nicht verstandene hinzuzufügen. Das ehedem Neue wird durch neue Erkenntnisse ergänzt oder revidiert und gerät so auf einen anderen Platz in der gedanklichen Welt der Person.

Die Erzeugung des Neuen durch Krisenbewältigung gilt schon für den absoluten Anfang des humanen Bildungsprozesses, denn schon die Einnistung der befruchteten Eizelle kann als eine erste erfolgreiche Krisenbewältigung betrachtet werden. Mit dieser erfolgreichen Einnistung hat sich zugleich auf biologischer Ebene eine Erzeugung des Neuen durch die Rekombination des je einzigartigen Genoms des Elternpaares vollzogen. Diese „biologische Erzeugung des Neuen wiederholt sich gesteigert auf der sozio-kulturellen Ebene", denn in der Paarbeziehung rekombinieren und synthetisieren sich „zwei Lebenswelten und Lebensläufe, die von den Partnern verkörpert werden, zu einem jeweils neuen, einzigartigen und so zuvor nicht dagewesenen konkreten sozialisatorischen Milieu" (Oevermann 2004, S. 157).

Diese, vom werdenden Subjekt aus betrachtet eher als passives Geschehen zu bewertenden Vorgänge wandeln sich schon im Mutterleib zu mehr und mehr interaktiven Vorgängen zwischen Mutter und Kind, die Einfluss auf die noch biologisch dominierte Entwicklung des Neuen, d. h. der embryonalen Person, nehmen können. So stellt es einen krisenhaften Eingriff in diese intrauterine Beziehungspraxis dar, wenn eine toxische Belastung z. B. durch Einnahme von Medikamenten erfolgt.

U. U. können sich aktivitätsdämpfende Wirkungen von Medikamenten und sonstigen Drogen, aber auch traumatisierende Ereignisse während der Schwangerschaft im Körpergedächtnis des Kindes niederschlagen und in der nachgeburtlichen Phase das Interaktionsgeschehen in der Mutter-Kind-Symbiose negativ beeinflussen. Unterbleiben von außen einwirkende negative Einflüsse und verläuft die Schwangerschaft harmonisch, kann das Neugeborene seine im Mutterleib bereits begonnene Auseinandersetzung mit der Welt, die nun noch reichhaltiger geworden ist, fortsetzen. Der nun beginnende Prozess sozialisatorischer Interaktion hat zwar eine eindeutige Zielrichtung, hin zu Autonomie und Handlungsfähigkeit des Subjekts. Weniger offensichtlich ist jedoch der ‚Mechanismus' der sozialisatorischen Interaktion, also jene Abläufe, Kräfte und Wirkungen, die das Erreichen dieses Ziels überhaupt ermöglichen.

3.2 Der Prozess der sozialisatorischen Interaktion

Der Prozess sozialisatorischer Interaktion folgt einer inneren Logik: Diese Logik ist als eine Abfolge von Schritten zu verstehen, die dazu führt, dass das an der Interaktion teilhabende werdende Subjekt seine Sinn-Interpretationskapazität – für einen immer eigenständiger werdenden Umgang mit der sozialen und dinglichen Welt – erweitern kann.

Ausgangsbasis hierfür ist zum einen, dass Menschen ihr Handeln generell mittels universeller und historischer Regelstrukturen erzeugen. Zum anderen ist für den (entwicklungsbedingten) Erweiterungsvorgang der Interpretationskapazität das auf George Herbert Mead zurückgehende Verständnis grundlegend, dass im sozialen Handeln stets mehr *Sinn* erzeugt wird, als von den beteiligten Subjekten intendiert worden ist bzw. erfasst werden kann. Im Vollzug der Handlung entsteht eine *latente objektive Sinnstruktur* gewissermaßen hinter dem Rücken des Handelnden, die nur insoweit subjektiv verfügbar ist, als sie in eine sogenannte *subjektiv-intentionale Repräsentanz* überführt werden kann. Dieser abstrakte, sozialisatorisch aber hoch wirksame Vorgang soll in einem Beispiel erläutert werden:

Ein von Malstiften und Papier angeregter dreijähriger Junge – nennen wir ihn Max – malt mit noch ungelenken Strichen ein Gebilde, das einem Gebäude ähnelt. Max zeigt sein ‚Gemälde' freudestrahlend seinen Eltern. Diese betrachten es interessiert und kommentieren das Dargestellte. Sie interpretieren den etwas höheren Teil des gezeichneten Gebildes als einen Turm und die unregelmäßigen Vierecke im Restgebilde als Fenster einer Ritterburg. Ebenfalls sichtbare gezackte Linien werden

3.2 Der Prozess der sozialisatorischen Interaktion

als Zinnen und zwei gewellte Linien als eine Fahne im Wind gedeutet. Dazu wird erzählt, wie die Ritter gelebt haben und welchen Zweck ihre Burgen erfüllen sollten. Mit ihrer reichhaltigen Interpretation der Zeichnung unterlegen die Eltern das Produkt der kindlichen Handlung mit Sinn. Es entsteht so, ohne dass die Eltern dies bewusst bezweckt haben, die objektive Sinnstruktur ‚Leben in einer Ritterburg'. Indem sie mit ihrer Erzählung eine historische Welt darstellen, die Max noch nicht bzw. nur teilweise verstehen kann, überfordern sie zwar den Jungen, eröffnen ihm aber auch – ohne dass ihnen das bewusst ist – eine Chance für die Weiterentwicklung seines Sinn-Interpretationspotentials. Sie geben dem „Kind – bezogen auf dessen (…) Interpretationskapazität – ‚überschüssig' strukturiertes Erfahrungsmaterial (vor), das im Verlauf der Lebensgeschichte nachträglich mit subjektivem, der objektiven Struktur adäquaten Sinn aufgefüllt wird" (Oevermann et. al. 1976b, S. 372f.).

Auf unser Beispiel bezogen heißt dies: In späteren Malversuchen wird Max immer wieder auf das von den Eltern angebotene ‚Sinnmaterial' (‚überschüssig' strukturiertes Erfahrungsmaterial) zurückgreifen, wenn er dann versucht, eine „richtige' Ritterburg zu malen und das über das Ritterleben Erzählte – z. B. an Hand von Bilderbüchern – besser zu verstehen. Diese von Max geleistete Auseinandersetzung mit dem angebotenen Sinnmaterial (die objektive Sinnstruktur) führt nach und nach zu dem, was Oevermann als subjektiv-intentionale Repräsentanz bezeichnet, nämlich ein Vertraut-sein-mit, und ein Verfügen-können über ein Wissen vom ‚Leben in einer Ritterburg'.

Die in diesem Beispiel exemplarisch zum Ausdruck gebrachte *Prozesslogik der sozialisatorischen Interaktion* lässt sich wie folgt generalisieren:

1. Vom Erwachsenen wird dem Kind mehr (durch Regelkompetenz erzeugtes) Erfahrungsmaterial vorgegeben, als es aktuell, entsprechend seines Entwicklungsstandes bzw. seiner Sinninterpretationskapazität, verarbeiten kann.
2. Das überschüssige, noch nicht verstehbare Material geht nicht verloren, sondern wird für eine spätere Bearbeitung als Erinnerungsspur im Gedächtnis gespeichert.
3. Das Erfahrungsmaterial besteht aus in Interaktionssituationen vom Erwachsenen – stellvertretend für das Kind – vorgenommenen Handlungen und Deutungen.
4. Auf die entsprechend seines Entwicklungsstandes noch nicht oder nur partiell begreifbaren Handlungen bzw. Deutungen (überschüssig strukturiertes Erfahrungsmaterial) greift das Kind dann zurück und versucht, den objektiven latenten Sinn der ursprünglichen Interaktion (in einem ähnlichen Situationskontext) rekonstruktiv zu begreifen. Dabei vollzieht es eine eigentätige Überführung von objektiv latentem Sinn in subjektiv intentionalen Sinn. Damit verknüpft

werden zugleich die vom Erwachsenen gebrauchten universellen Regelstrukturen interiorisiert und jeweils historisch geltende inhaltliche Normen und Wertemuster internalisiert.
5. Die gelingenden Rekonstruktionsleistungen führen so – als Folge „einer sukzessiven Verinnerlichung von Konstruktionen" (Oevermann 2000, S. 32) zur Transformation der bisherigen Interpretationskapazität auf ein höheres Niveau.

Oevermann verdeutlicht an Hand eines empirischen Beispiels, wie diese hinter dem Rücken des familialen ‚Erziehungspersonals' platzgreifende Strukturlogik der sozialisatorischen Interaktion ihre Wirkung zeigt. Betrachten wir die folgende Situation:

> Zwei Geschwister im Alter von vier und sechs Jahren sitzen abends gemeinsam in der Badewanne. Der Ältere hat dem Jüngeren sein Spielzeug, eine Ente mit Rädern, weggenommen, um ihn zu ärgern. Der Jüngere verlangt das Spielzeug zurück mit den Worten: ‚Gib mir mein Rädchen wieder, das ist meins!' Darauf der Ältere in einer von der berechtigten Forderung des Jüngeren ablenkenden und zugleich ihn als Person degradierenden Kommentierung: ‚Ha, ha, das ist ja gar kein Rädchen, das ist eine Ente'. Das läßt der Jüngere nicht auf sich sitzen, und er antwortet: ‚Da kann man auch Rädchen zu sagen' (Oevermann 2000a, S. 30f.).

Im Streit um sein Spielzeug wählt der jüngere, körperlich unterlegene der beiden Brüder eine argumentative Strategie, um seine Interessen zu behaupten. Er verwendet dabei eine metasprachliche Konstruktion (‚Da kann man auch Rädchen zu sagen'.), obwohl er dazu auf Grund seines altersbezogenen kognitiven Reifegrades noch gar nicht in der Lage sein dürfte. Insofern schießt „die objektive Struktur der Praxis des Kindes (...) weit über seine Sinninterpretationskapazität hinaus" (ebd., S. 32). Dass es dennoch zu dieser strategischen Argumentation greifen kann, liegt – vereinfacht gesagt – daran, dass es auf verinnerlichte, von Erwachsenen benutzte Konstruktionen zurückgreifen kann. Indem das Kind die von Erwachsenen in ihren Äußerungen erzeugten objektiven Sinnstrukturen gewissermaßen rekonstruktiv, in einem ‚trial and error-Verfahren', problemlösend einzusetzen versucht, überführt es die objektive Sinnstruktur probehalber in eine subjektiv-intentional verfügbare Sinnstruktur.

Aus der zuvor vollzogenen, ebenso knappen, wie vereinfachenden Darstellung der Prozesslogik der sozialisatorischen Interaktion dürfte, insbesondere durch die Punkte vier und fünf der Auflistung, deutlich geworden sein, warum *Sozialisation als Praxis, in der Neues entsteht,* verstanden werden muss.

Vergegenwärtigt man sich noch einmal das oben dargestellte fiktive Ritter-Beispiel und die daraus in fünf Punkten abgeleiteten Verallgemeinerungen, wird aber ebenso deutlich, dass sozialisatorische Interaktion durch eine Reihe von Struktureigenschaften gekennzeichnet ist. Abgesehen von der dort explizit behandelten

Eigenschaft der Differenz von objektiver latenter Sinnstruktur und subjektivem, intentional repräsentierten Sinn, sind diese bisher allenfalls indirekt angeklungen.

3.3 Die Struktureigenschaften der sozialisatorischen Interaktion

Eine weitere Struktureigenschaft, die für die latente Sinnstruktur der sozialisatorischen Interaktion' wesentlich ist, liegt darin, dass Eltern ihre Kinder von Anfang an als interaktionskompetenten Partner behandeln.[35] Sie tun dabei spontan – ohne sich dessen bewusst zu sein – so, *als ob* Kinder bereits mehr können, als dies in ihrem tatsächlichen Handeln zum Ausdruck kommt.

> Die Eltern brauchen da gar nicht lange nachzudenken: es geschieht naturwüchsig, dass immer schon sehr viel mehr an Bedeutung fiktiv in das Handeln der Kinder hineingedeutet wird, als von der psychischen Struktur, von der inneren Realität der Kinder her tatsächlich dechiffrierbar oder auch produzierbar ist (Oevermann 1981, S. 30).

Die auf diese Weise dem Kind im o. a. Beispiel von den Eltern angebotenen Deutungen konstituieren eine objektiv latente Sinnstruktur („Leben in einer Ritterburg'), auf die es in sinnähnlichen Interaktionskontexten – wiederum unbewusst – zugreifen kann, wenn es selbst eine mit subjektiven Sinn unterlegte Handlung erzeugen will.

---

35 „Kinder werden spätestens von ihrer Geburt an zumindest von ihren Müttern, gewöhnlich von allen anderen Erwachsenen, mit denen sie zu tun haben, ebenfalls, begrüßt und damit in die Reziprozität der praxiseröffnenden Begrüßung einbezogen. Ob sie als Säuglinge selbst schon zurückgrüßen ‚können' bzw. ob ihre Reaktion als Rückgruß oder als Grußverweigerung interpretiert werden kann, darf dabei zunächst ruhig offen bleiben. Entscheidend ist, daß die begrüßenden Erwachsenen das Verhalten der Säuglinge in diesem Schema des Begrüßens eindeutig interpretieren, d. h. als Rückgruß oder als Grußverweigerung gelten lassen können und sich entsprechend daraufhin verhalten. Durch dieses Verhalten, das einem ‚als ob'-Handeln in gewisser Weise gleich kommt, erfüllt sich die Eröffnung einer gemeinsamen Praxis, und es ergibt sich die Strukturiertheit einer voll reziproken Sozialität selbst dann, wenn wir rein entwicklungspsychologisch davon ausgehen müßten, daß in dem Bewußtsein oder in den mentalen Zuständen des Säuglings dem Vollzug einer Grußhandlung noch nichts oder nur wenig entspricht. Es ist genau dieser Überschuß an Strukturierung der sozialisatorischen Interaktion, gemessen am ‚Vermögen' des Kindes, der die Entwicklung des Subjekts sozial konstituiert, indem er die sozialstrukturellen Gegenstände der Erfahrung erzeugt, die über den Weg der teilhabenden Interiorisierung zu dem kognitiven Bewußtsein führen, das dann eine autonome Herstellung von sozialer Praxis später ermöglicht" (Oevermann 2000, S. 28).

Ein solches Sinn-unterlegen-wollen, so z. B., wenn Max mit einem Freund ‚Ritter' spielt, erfolgt dabei nicht intentional, sondern unbewusst. Gleichwohl haben – trotz der Unbewusstheit dieser Vorgänge – subjektive Faktoren wie Motive, Erwartungen und Intentionen der Eltern eine wichtige interaktionsauslösende Funktion. Auf unser obiges Beispiel bezogen heißt dies, das Deuten der Zeichnung und das Erzählen vom Ritterleben ist sehr wahrscheinlich von dem impliziten Motiv der Eltern getragen, ihr Kind durch ihr Interesse und ihr aufmunterndes Lob generell anzuregen und speziell, sich auch weiterhin mit den historischen Gegebenheiten menschlicher Lebensformen zu beschäftigen. Sie wollen, dass ihr Kind lernt und nutzen die Gelegenheit, es zu unterstützen. Mit ihrem Verhalten verweisen die Eltern in unserem Beispiel auf eine weitere Struktureigenschaft sozialisatorischer Interaktion.

Vor dem Hintergrund der Unterscheidung zwischen objektiv-latenter Sinnstruktur und subjektiv-intentionaler Repräsentanz von Sinn bekommt der Begriff *Lernen* nämlich eine andere – von psychologischen Lerntheorien abweichende – Konturierung. Aus Oevermanns struktualer Sicht lässt sich das in sozialisatorischen Interaktionen stattfindende Lernen „als zunehmende subjektiv-intentionale Realisierung von Lesarten der latenten Sinnstrukturen von Interaktionen" (Wagner 2004, S. 51) definieren. Lernen wird so zu einer primär vom lernenden Subjekt ausgehenden Leistung, es bedarf seiner aktiven Rekonstruktion objektiv gegebenen Sinns. Lernen ist eben nicht bloße passive Aufnahme neuer Inhalte, oder von außen gesteuerter Dressur neuen Verhaltes. Es leistet vielmehr die für die Entwicklung des Subjekts notwendigen Strukturtransformationen.

In welchem Maße es zu strukturverändernden Lernen kommt, in welchem Maße es dem Kind also gelingt, seine Sinninterpretationskapazität durch Überführen von objektiv Latentem in subjektiv Intentionales zu erweitern, ist vor allem abhängig von den Eltern. Es sind deren Sinninterpretationskapazität und deren Angebote an möglichst passenden stellvertretenden Deutungen des objektiven Sinns von Handlungen, die dieses Maß bestimmen. In diesem Sinne agierten die Eltern in unserem obigen Beispiel vorbildlich.

Eine weitere – für das Vorhaben einer soziologischen Sozialisationstheorie, vielleicht die wichtigste – grundlegende Struktureigenschaft sozialisatorischer Interaktion ist, dass sie sich im Medium diffuser Sozialbeziehungen zwischen Eltern und Kind vollzieht.[36] Diffus ist die Eltern-Kind-Beziehung u. a. deshalb, weil sie

---

36 „Für die Eltern-Kind-Beziehungen wie die Gattenbeziehungen gilt gleichermaßen, daß ihr konkretes Personal nicht wie in Rollenbeziehungen substituierbar ist, ohne daß sich die Beziehungen als solche auflösen oder grundlegend verändern. Diese Nicht-Substituierbarkeit ergibt sich aus den vier grundlegenden Strukturbedingungen, wonach diese diffusen Sozialbeziehungen auf einer für sie konstitutiven Körperbasis aufruhen, durch

durch eine uneingeschränkte wechselseitige affektive Bindung getragen wird, die im Grundsatz nicht aufkündbar ist. Ausdrücklich ist zu unterstreichen, dass sozialisatorische Interaktion sich nicht im Medium spezifischer Sozialbeziehungen, d. h. rollenförmiger Beziehungen vollzieht (vgl. hierzu auch die Ausführungen in Kapitel fünf zu den Eigenschaften professionellen Handelns). Interessant und scheinbar paradox ist dabei, dass – wie in Punkt fünf der generalisierten Prozesslogik angedeutet – die Entfaltung der ‚harten' universellen Strukturen des epistemischen Subjekts (Sprache, Kognition, Moral) und die Individuierung des Kindes zu einem autonom handlungsfähigen, mit sich identischen Subjekt, im Medium ‚weicher', konkret partikularistischer, diffuser und affektiv strukturierter Sozialbeziehungen stattfindet.

Bisher haben wir dargelegt, dass der Prozess der sozialisatorischen Interaktion einer ‚Entwicklungslogik' folgt und dass dieser Prozess von verschiedenen Struktureigenschaften geprägt wird. Es wurde auch bereits zu Beginn dieses Kapitels darauf hingewiesen, dass die Entwicklung des Menschen mit einer Entstehung des Neuen durch Bewältigung krisenhafter Aufgaben in der Auseinandersetzung mit der Welt gleichzusetzen ist. Wir haben gezeigt, dass mit der Bewältigung dieser Aufgaben Strukturtransformationsprozesse einhergehen, die eine Entfaltung der in jedem Kind angelegten Potentiale bewirken. Im weiteren Verlauf der Argumentation wenden wir uns nun jenen ‚großen' Krisen zu, die jedes Kind, überall auf der Welt, auf seinem Weg zu einem autonomen handlungsfähigen Subjekt zu bewältigen hat. Diese Krisen sind gewissermaßen Wegmarken auf dem Weg zur Autonomie, dem zentralen Ziel der Sozialisation. Zudem soll verdeutlicht werden, dass der Familie, genauer dem familialen Beziehungssystem, eine zweifache Bedeutung zukommt. Dieses Beziehungssystem eröffnet nicht nur einen auf eine lange zeitliche Distanz angelegten Entwicklungsraum, es sorgt vielmehr auch für die Dynamik der dort stattfindenden Transformationsprozesse.

3.4 Auf dem Weg zur Autonomie: Die Bewältigung der vier zentralen ontogenetischen Ablösungskrisen

Auf seinem Weg zur autonomen Person durchlebt jeder menschliche Organismus eine Abfolge verschiedener Entwicklungsphasen. Es sind dies vom System der Familie ‚garantierte' Schonräume, in denen Entwicklung möglichst störungsfrei

---

eine nicht formalisierbare Form der bedingungslosen Vertrauensbildung fundiert sind, grundsätzlich lebenslang bzw. unbefristet gelten, also nicht kündbar sind und durch eine generalisierte Affektbindung geprägt sind" (Oevermann 2004, S. 172f.).

gehalten werden soll. Am Ende der jeweiligen schützenden, aber auch Abhängigkeit bedeutenden Phase ist dann eine je spezifische Auflösung des Abhängigkeitsverhältnisses durch Bewältigung einer der vier großen Ablösungskrisen der Ontogenese zu leisten. Oevermann (2001, S. 107) fasst deren Bestimmung wie folgt zusammen:

1. Die biologische Geburt als die Krise der Ablösung von der ursprünglichen biologischen Symbiose in der Schwangerschaft;
2. die Ablösung von der primären Mutter-Kind-Symbiose, die schon mehr ist als nur eine biologische und den Eintritt in die phallische Phase mit der nachfolgenden ödipalen Vergemeinschaftungsform und damit in die spätere ödipale Krise mit sich bringt;
3. die Ablösung von der Vergemeinschaftung in der ödipalen Triade nach der ödipalen Krise mit dem Eintritt in die Latenzphase und die damit verbundene Vergemeinschaftung der ‚peer-group';
4. die Ablösung von der Herkunftsfamilie in der Adoleszenzkrise mit dem nachfolgenden endgültigen Eintritt in das Erwachsenenalter.

Der hier zusammengefasste Prozess der Ontogenese ist also ein Prozess der Ablösung aus unterstützenden, aber auch Abhängigkeit bedeutenden Bedingungen. Die beiden ersten Phasen sind von den engen Beziehungen des Kindes zur Mutter (biologische bzw. soziale Symbiose) geprägt. In der dritten Phase erweitern sich die Beziehungen des Kindes zur Welt. Zunächst findet die ‚innerfamiliale Vergemeinschaftung' (Beziehungen Mutter-Vater-Kind) und dann – mit der Ablösung aus der ödipalen Triade – die ‚außerfamiliale Vergemeinschaftung' (‚peer-group'-Beziehungen) statt.

Diese Prozesse der Vergemeinschaftung werden auch als ‚soziale Geburt' des Menschen bezeichnet. Das Kind beginnt dann in der Latenzphase, sich Schritt für Schritt und probehalber aus der Abhängigkeit von der familialen Gemeinschaft zu lösen. Den endgültigen Schritt der Ablösung von der Familie, hin zur vollen Autonomie, vollzieht das Kind bzw. der jugendliche Mensch dann mit der erfolgreichen Bewältigung der Adoleszenzkrise.

Bevor im Folgenden auf die einzelnen Entwicklungsphasen und die mit ihnen gekoppelten Ablösungskrisen ausführlicher eingegangen wird, soll zunächst in Exkurs 4 auf die beiden soziologischen Grundbegriffe *Gemeinschaft* und *Gesellschaft* eingegangen werden. Die Differenz zwischen diesen Begriffen findet in den Sozialwissenschaften allgemein zu wenig Beachtung, weil – wie Oevermann kritisch anmerkt – mikrosoziologischen Fragen, dem gegenwärtig vorherrschenden Trend zur makrosoziologischen Forschung entsprechend, zu wenig Beachtung geschenkt wird.

Exkurs 4: Gemeinschaft und Gesellschaft

Wie in dem zuvor bereits gebrauchen Begriff der ‚Vergemeinschaftung' zum Ausdruck kommt, werden Kinder nach ihrer Geburt zunächst Mitglieder einer Gemeinschaft – genauer der Gemeinschaft Familie – und erst Jahre später werden sie zu Mitgliedern der Gesellschaft. Schon darin zeigt sich das typische Verhältnis, das zwischen allen überschaubaren Vergemeinschaftungen (Familie, Verwandtschaft, Stammesverband oder traditionale Gemeinde) und zumeist größeren gesellschaftlichen Gebilden (Aktiengesellschaft, Behörde oder Krankenhaus) gilt: Gesellschaftliche Strukturen sind in gemeinschaftlichen fundiert und nicht umgekehrt. Gattungsgeschichtlich liegt es auf der Hand, dass die ersten Menschen in Gemeinschaften lebten und gesellschaftliche Strukturen sich erst sehr viel später – nach langwierigen Rationalisierungsprozessen – entwickeln konnten. Aber nicht nur dieses Fundierungsverhältnis kennzeichnet den Unterscheid zwischen den Begriffen Gemeinschaft und Gesellschaft. Beziehungen in Gemeinschaften (Eltern-Kind-Beziehungen, Gattenbeziehungen) sind Beziehungen zwischen ganzen Menschen. Beziehungen in Gesellschaften sind hingegen Rollenbeziehungen, wobei eine Person eine Vielzahl von Rollen zugleich verkörpern kann. Beziehungen zwischen ganzen Menschen sind diffuse, d.h. nicht eindeutig definierbare Sozialbeziehungen.[37] Für rollenförmig strukturierte Beziehungen gilt genau das Gegenteil, sie müssen so exakt wie möglich definiert werden, um Missverständnisse zu vermeiden und Fehlhandlungen sanktionierbar zu machen.

---

37 „Diffuse Sozialbeziehungen konstituieren Gemeinschaften als Kollektive von ganzen Menschen und spezifische Sozialbeziehungen bilden Gesellschaften als Kollektive von Rollenträgern, Vertragspartnern und marktvermittelten Tauschpartnern. Der für die Soziologie zentrale Gegensatz von Gemeinschaft und Gesellschaft verbindet sich hier systematisch mit dem zwischen diffusen und spezifischen Sozialbeziehungen. (...) Die bürgerliche Kernfamilie, die die äußere Erscheinungsform der ödipalen Triade in den entwickelten Gesellschaften ist, muß man also, im übrigen in bester Übereinstimmung mit den nach wie vor aktuellen theoretischen Bestimmungen der Familie in Hegels Rechtsphilosophie, als eine Vergemeinschaftung von diffusen Sozialbeziehungen betrachten, als ein Gebilde, das zu Systemen von rollenförmigen Beziehungen in schärfstem Gegensatz steht. Die gängige Familiensoziologie, die sich nach wie vor mit dem rollentheoretischen Ansatz der Soziologie begnügt, geht deshalb an dem, was die Familie als sozialisatorische Praxis konstituiert, in einem Kategorienfehler vollständig vorbei. Rollentheoretisch läßt sich Familienhandeln nur fassen, wenn es schon gescheitert ist, wenn es nur noch um die Rechte und Pflichten von Unterhaltszahlungen und Besuchsregelungen bei entzogenem Sorgerecht geht" (Oevermann 2001, S. 85f.).

Diese Bestimmung der sozialen Beziehungen in familialen Gemeinschaften als diffuse Beziehungen ist von grundlegender Bedeutung für den Prozess der Bewältigung aller im Folgenden noch zu erläuternden Ablösungskrisen.

Exkurs Ende

3.4.1 Die Schwangerschaft und die Geburt als erste Ablösungskrise

In obigem Abschnitt *Sozialisation als Praxis in der Neues entsteht* wurde erwähnt, dass bereits die Einnistung der befruchteten Eizelle als eine für den humanen Bildungsprozess initiale Krisenbewältigung angesehen werden kann. Die weitere embryonale Entwicklung erfolgt dann im ,Schonraum' der bio-psychischen Symbiose, in der Hauptsache als ein biologischer Reifungsprozess, aber auch als eine erste, quasi ,innere' sozialisatorische Praxis.[38] Diese Praxis vollzieht sich i. d. R. in einem Modus ,paradiesischer Rundum-Versorgung', den zu verlassen – so scheint es – manchen Kindern schwerfällt, etwa, wenn der Geburtstermin sich wesentlich über den errechneten Zeitpunkt hinaus verschiebt.

Die Geburt kann als krisenhaftes Ereignis bezeichnet werden, das den gereiften Embryo zwingt, sich „von der Symbiose der fötalen Lebensweise abrupt (zu) trennen" (Oevermann 2004, S. 163). Sie „ist ein latentes Trauma, weil a) der Geburtsvorgang für den Säugling ein schmerzhaftes Durchzwängen durch den Geburtskanal bedeutet und b) der Stoffwechsel aufgrund der Nabelschnur umgestellt wird auf Atmung und Nahrungszufuhr von außen" (Oevermann 1995/96, S. 33). Der Geburtsvorgang ist im Übrigen auch für die Mutter ein höchst krisenhaftes, vor allem schmerzhaftes Ereignis. Zudem wird durch die Geburt – mit all ihren positiven (z. B. Erfüllung eines lang gehegten Kinderwunsches) wie negativen Konsequenzen (z. B. Schlafentzug) – auch ihr Leben dramatisch verändert.

---

38 Gemeint sind hier jene frühen interaktiven Erfahrungen, die der Embryo im Mutterleib macht, indem er das Fruchtwasser schmeckt, die Wandung der Gebärmutter spürt, oder den wiegenden Schritt der Mutter erlebt. Im Sinne negativer Interaktionserfahrungen kann der mütterliche Organismus aber auch psychische und physische Stress- bzw. Mangelerscheinungen mit dem Embryo teilen.
Diese frühen interaktiven Vorgänge zwischen mütterlichem und embryonalem Organismus sind vor allem für die Entwicklung des kindlichen Gehirns von Bedeutung. Sie schaffen nämlich – zusammen mit dem genetisch vorgegebenen Potential – jene ungeheure Menge neuronaler Verbindungen und synaptischen Verschaltungen, die dann in den nachgeburtlichen Entwicklungsphasen zur vollen Leistungsfähigkeit ausgeformt werden können.

Ist der Geburtsvorgang – die Reise aus der ‚geschlossenen Welt' des Mutterleibes in die ‚offene Welt' – ohne nennenswerte Komplikationen verlaufen, ist also die erste Ablösungskrise erfolgreich bewältigt, ist dies, im wahrsten Sinne des Wortes, von fundamentaler Bedeutung. Mit dem erfolgreichen Verlauf der Geburt hat sich nämlich – wie Oevermann sagt – „die Positivitätsformel des Lebens, die basale Habitusformation eines ‚strukturellen Optimismus'" (Oevermann 2004, S. 164) in das Körpergedächtnis eingesenkt. Diese Grundhaltung, die im Falle einer schwierigen bzw. zu frühen Geburt (Frühchen) auch die Form eines ‚strukturellen Pessimismus' annehmen kann, ist gewissermaßen Ausdruck einer ersten traumatischen Beziehungskrise. Für diese Frühchen

> ist traumatisierend, daß ihre Geburt ganz eng mit dem Todesthema verknüpft ist, daß sie gewissermaßen bei ihrer Geburt dem wahrscheinlichen Tod von der Schippe gesprungen sind und daß der mütterliche Organismus sein Versprechen, im Krisenfalle schon dafür zu sorgen, daß es gut gehen wird, nicht eingehalten hat. Denn die mütterliche Symbiose muß gelesen werden als eine elementare frühe Realisierung der Strukturlogik des Sprechaktes des Versprechens (ebd.).

Weil die Mutter dieses elementare Versprechen, für den weitgehend noch hilflosen Organismus bedingungslos da zu sein, ‚gebrochen' hat, setzt sich im Körpergedächtnis ein verunsicherndes Erfahrungsmuster fest, das den Verlauf der Bewältigung der folgenden ontogenetischen Entwicklungskrisen negativ beeinflusst. Diese Beeinflussung betrifft jedoch nicht nur die Bewältigung der weiteren zentralen Entwicklungskrisen, sondern auch die Art und Weise der Bewältigung der im Verlaufe des Lebens immer wiederkehrenden lebenspraktischen Krisen, die Oevermann in seiner Typologie (vgl. Kapitel 2) auf den Begriff gebracht hat.

Zusammenfassend kann hier festgehalten werden, dass beide mit dem Geburtsvorgang einhergehenden, prinzipiell möglichen Konsequenzen der Bewältigung der Geburtskrise – sowohl in ihrer positiven (struktureller Optimismus) als auch in ihrer negativen (struktureller Pessimismus) Variante – einen tief greifenden Einfluss auf das Gelingen des Sozialisationsprozesses haben. Mit der vollzogenen Geburt lässt das Neugeborene also den bio-psychischen Schonraum hinter sich und taucht in den neuen Schonraum der psycho-sozialen Mutter-Kind-Symbiose ein.

3.4.2 Die Mutter-Kind-Symbiose als zweite Ablösungskrise

Die neue Lebenswelt des Kindes tritt nun vor allem in Gestalt der Mutter in Erscheinung, indem sie das mit der gelungenen Geburt gegebene Versprechen, „für den weitgehend hilflosen neugeborenen Organismus (...) bedingungslos da zu sein" (ebd.), unverzüglich einlöst.

Sie stellt durch ihre allgegenwärtige Fürsorge ein für den Säugling entwicklungsförderndes, emotional (= liebevolle Zuwendung) und material (= Nahrung, Kleidung) gesättigtes Klima bereit, in dem dessen eigentätige, interaktive Erschließung dieser Welt mehr und mehr Platz greifen kann. Obwohl die neue Beziehung zwischen Mutter und Kind am Anfang noch sehr stark von bio-physiologischen Elementen dominiert wird, ist sie nun unaufhaltsam auf dem Weg, eine primär soziale Beziehung zu werden. Der zunächst noch dominierende biophysisch-symbiotische Charakter der Mutter-Kind-Beziehung schlägt am Ende der Entwicklungsphase in einen primär sozial-dyadischen Charakter um. Die Mutter-Kind-Dyade wird so zur Keimzelle der weiteren Entwicklung des neuen Lebens zu einer eigenständigen Person.

Um die im Schonraum der sozialen Mutter-Kind-Symbiose stattfindenden Entwicklungen zu bestimmen und theoretisch auszuleuchten, greift Oevermann auf Elemente der Bindungstheorie John Bowlbys und der psychoanalytischen Triebtheorie Sigmund Freuds zurück. Nach Bowlby basiert die Bindung des Kindes an seine Bezugsperson – in erster Linie natürlich die Mutter – auf den fünf angeborenen sozialen Reflexen des Lächelns, Saugens, Blickverfolgens, Klammerns und Schreiens. Mit diesen Reflexen nimmt das Neugeborene seine Kontakte zur Mutter und zur Welt auf, um gewissermaßen seine sozialen Bedürfnisse zu befriedigen. Das zweite starke Motiv der Kontaktaufnahme zur Mutter und zur Welt ist in der Befriedigung der den Trieben ähnlichen physiologischen Bedürfnissen (Hunger, Durst, Wohlbefinden) zu sehen. Beide Bedürfnisformen unterscheiden sich darin, dass physiologische Bedürfnisse durch Inkorporation befriedigt werden, während soziale Bedürfnisse sich ausschließlich an Menschen richten und nur durch Betätigung befriedigt werden können (vgl. Oevermann 2012, S. 45).

Wie durchgreifend jedoch in dieser symbiotischen Entwicklungsphase schon die Komponente des Sozialen an Einfluss auf den Entwicklungsprozess gewinnt, verdeutlicht Oevermann am Vorgang des vordergründig triebdominiert erscheinenden Saugens.

> So lehnt sich zwar das Saugen an das Nahrungsbedürfnis an, aber seine Befriedigung fällt keineswegs mit der Befriedigung des Nahrungsbedürfnisses zusammen. Bei der Flaschenernährung kann das zum Problem werden, wenn nämlich ängstliche Mütter das Loch im Schnuller zu groß machen, was dann dazu führt, daß die Säuglinge zu viel Nahrung aufnehmen, weil der Saugreflex noch nicht befriedigt ist, während der Hunger schon lange gestillt ist (ebd.).

Wenn die Mutter dann den lauten Protest des vermeintlich noch hungrigen Kindes zum Anlass nimmt, eine weitere Flasche zuzubereiten, und dies zur Gewohnheit wird, entsteht einerseits Überernährung sowie die Gefahr einer sozial induzierten Fettleibigkeit. Andererseits kann dieses Handlungsmuster zu psychopathologischen Fehlentwicklungen führen, weil es die Erfahrung ‚voller' Befriedigung von Bedürfnissen verhindert, was im späteren Leben zu Versuchen extensiver Triebbefriedigung (Suchtverhalten) führen kann.

Die in obigem Zitat deutlich gewordene Wechselwirkung zwischen angeborenen sozialen Reflexen einerseits und triebgesteuerten Bedürfnissen andererseits, sowie die Bedeutung der ebenfalls angesprochenen sozialen Steuerung der Befriedigung dieser Bedürfnisse, sind das Hauptthema der von Oevermann vorgenommenen soziologischen Rekonstruktion der Phasenabfolge der freudschen Triebtheorie.[39]

Oevermann sieht die drei psychoanalytischen Phasen – die orale, die anale und die phallische Phase – als in die Mutter-Kind-Symbiose eingebettet an, wobei er davon ausgeht, dass „zumindest die orale und anale Phase (…) noch in die Mutter-Kind-Symbiose (fallen) (und die) phallische Phase (…) zeitlich ungefähr mit der Ablösung von der Mutter-Kind-Symbiose und dem Eintritt in die ödipale Krise zusammen(fällt)" (Oevermann 1995/96, S. 35).

In der *oralen Phase* findet der unbewusste Wunsch des Säuglings, noch immer mit der Mutter eins zu sein – bedingt durch Geruch, Geschmack und Herzschlag – eine zumindest temporäre, wenn auch zweitbeste Erfüllung. Das lustvolle Saugen und Begreifen der mütterlichen Brust endet aber mit einer erneuten traumatischen Krise. Das Entwöhnungstrauma, genauer seine Bewältigung, bewirkt jedoch einen wichtigen Entwicklungsschritt des kindlichen Organismus. Es findet nämlich „eine Form der Selbst-Anderer-Trennung" statt, die „schon (als) eine Stufe der Ablösung von der Mutter-Kind-Symbiose" (ebd.) angesehen werden kann.

In der *analen Phase* ist das für das Kind ebenfalls lustvolle Erleben des Ausscheidens von Urin und Kot Anlass für ein weiteres, Ablösung beförderndes, Entwöhnungstrauma. Das einsetzende, oftmals väterlicherseits nachdrücklich unterstützte, Reinlichkeitstraining – es geht dabei, „wenn man es von der Körperseite her betrachtet, (um) die Beherrschung der Innen-Außen-Abgrenzung bezüglich des Verdauungstraktes [Stichwort: Schließmuskel]" (ebd.) – kann durchaus auch als ein Schritt in Richtung Ablösung aus der Mutter-Kind-Symbiose betrachtet

---

39 „Das heißt: Die Entwicklungsphasen werden (…) nicht von körperlichen Reifungsvorgängen her charakterisiert – dies ist immer noch der Ausgangspunkt für die psychoanalytische Entwicklungstheorie –, auch nicht von Stufen der kognitiven Entwicklung (Problemlösungsleistungen des Kindes) oder von psychischen Formationen her, sondern von strukturellen Ausformungen der sozialisatorischen Interaktionspraxis her" (Oevermann 1995/96, S. 35).

werden. Beide hier angedeuteten Schritte der Ablösung finden in den drei ersten Lebensjahren statt.

Das differenzierter gewordene Erkennen anderer Personen und die Entdeckung der eigenen Geschlechtlichkeit durch das Kleinkind (etwa ab dem Alter von vier Jahren) leitet dann die von Freud postulierte *phallische Phase* ein. Sie fällt, wie bereits erwähnt, zeitlich ungefähr mit der eigentlichen Ablösung von der Mutter-Kind-Symbiose zusammen. Das Kind erkennt im Verlauf der phallischen Phase „Vater und Mutter als zwei klar getrennte Figuren (...), d.h. es nimmt jetzt die Polarität der Gattenbeziehung wahr" (ebd., S. 33).

Mit dem Eintritt in die „Sozialform der ödipalen Triade" (Oevermann 2004, S. 164)[40] eröffnet sich zugleich ein weiterer geschützter Entwicklungsraum, in dem allerdings der Bildungsprozess des Kindes hin zur autonomen Persönlichkeit eine – wie noch zu zeigen sein wird – entscheidende Dynamisierung als Folge der zuvor bereits erwähnten Polarität der Gattenbeziehung erfährt.

3.4.3 Die Sozialform der ödipalen Triade als dritte Ablösungskrise

Bisher kannte das Kind nur die Sozialform der Dyade, zunächst aus seiner Beziehungspraxis mit der Mutter, in die aber mehr und mehr der Vater eintreten konnte. So z.B., wenn der Vater an Stelle der Mutter das Kleinkind fütterte und windelte oder zur Kita brachte und abholte. In beiden Fällen war es die eine klare, verlässliche und zunächst auf konkurrenzloser Zuneigung basierende Praxis. Das Kind bemerkt sehr bald aber auch, dass Vater und Mutter unterschiedliche Ansprüche an es richten und auf diesen mit Nachdruck beharren können.

Das Kind muß jetzt lernen, beiden gleichzeitig in ihrer unzerstörbaren Verschiedenheit zuzuhören. Es muß jetzt mit sich selbst klären, warum es jetzt a und nicht

---

40 Oevermann ist es im Zusammenhang seines krisentheoretisch begründeten Sozialisationsansatzes wichtig, darauf hinzuweisen, dass das Konzept der ödipalen Triade – wie von manchen Kommentatoren angenommen – keine bloße Übernahme des freudschen Ödipus-Theorems darstellt. Vielmehr verwendet er „den Term ‚ödipal' natürlich im Anschluß an Freuds Entwicklungstheorie, um damit die strukturellen Ambivalenzen jener Strukturdynamik einzufangen. Aber ich argumentiere in der Verwendung dieses Terms nicht psychoanalytisch, sondern soziologisch-strukturanalytisch. Denn das Gebilde, das als ‚ödipale Triade' bezeichnet wird und das den Strukturkern der Familie als sozialisatorischer Praxis ausmacht, wird hier als soziale Struktur mit einer sozialen Dynamik begriffen, die unabhängig von den konkreten psychischen Formationen der Beteiligten eigengesetzlich operiert" (Oevermann 2001, S. 84).

b folgt. Und man muß a so folgen, daß man es sich dabei nicht grundsätzlich mit b verscherzt. Es ist also jetzt erstmals wirklich auf sich selbst gestellt. Deshalb ist die ödipale Krise der Urpunkt der Autonomie (Oevermann 1995/96, S. 33).

Das Kind kann diesen Konflikt und die Pluralität der sozialen Beziehungen zu den Eltern deshalb aushalten, weil es zum Zeitpunkt des Eintritts in die Entwicklungsphase ödipalen Triade schon ein körperlich und psychisch stabiles Selbst entwickelt hat. Es ist nun in der Lage zu erkennen, dass es nicht nur bipolare Beziehungen zwischen ihm und der Mutter sowie dem Vater gibt, sondern auch zwischen Vater und Mutter. Und mit dieser Erkenntnis realisiert es nach und nach, dass es zwar Teil der Mutter-Kind-Dyade und der Vater-Kind-Dyade ist, aber nicht Teil der Vater-Mutter-Dyade sein kann.

Um dieses Erleben des Kindes und die Bedeutung der Sozialform der ödipalen Triade für die sozialisatorische Interaktion schärfer herauszuarbeiten, sollen nun statische und dynamische Merkmale der triadischen Strukturkonstellation beleuchtet werden. Anders gesagt geht es hier nun um den inneren Zusammenhang von Logik und Dynamik – um die Strukturgesetzlichkeit – der ödipalen Triade (vgl. ebd., S. 38). Bildlich gesprochen könnte man vom Konstrukt der Strukturgesetzlichkeit als dem ‚Kraftwerk' sprechen, das den weiteren Bildungsprozess des werdenden Subjekts vorantreibt.

3.4.3.1 Die Strukturlogik und Dynamik der ödipalen Triade

Oevermann betrachtet die Sozialform der ödipalen Triade unter einem statischen und einem dynamischen Gesichtspunkt. Als statische Strukturkonstellation existiert diese Sozialform seit der Geburt des Kindes. Mit dem Eintritt des Kindes in die bipolare Paarbeziehung entsteht die tripolare Beziehungskonstellation einer Familie, mit den Strukturpositionen Vater, Mutter und Kind. Diese Strukturpositionen wiederum lassen drei logisch mögliche Beziehungspraxen zu, nämlich die zwischen Mutter und Kind, Vater und Kind, sowie zwischen Mutter und Vater. Für alle diese dyadischen Beziehungstypen (Prototypen diffuser Sozialbeziehungen) gelten die gleichen Bedingungen:

1. „Alle familialen Dyaden sind unkündbar. Dem widerspricht nicht, daß sie getrennt werden können und auch häufig getrennt werden" (Oevermann 2001, S. 87). Zwar können Dyaden im konkreten Fall praktisch scheitern, wie z. B. im Falle einer Ehescheidung. Damit ist aber nicht das theoretische Modell als solches gescheitert, sondern eine einzelne Ausformung des Modells.

2. Für alle familialen Dyaden ist eine von den Beteiligten anerkannte Körperbasis konstitutiv (vgl. ebd., S. 88). So gelten z. B. im familialen Raum andere Schamvorstellungen als in öffentlichen Räumen.
3. Alle dyadischen Beziehungen erfordern in ihrem Vollzug ein bedingungsloses Vertrauen. „Jegliche Bindung an allgemeine Bedingungs- oder Erfüllungskriterien wie bei Rollen- oder Vertragsbeziehungen bedeutete in sich schon zerstörerisches Mißtrauen" (ebd.).
4. „Die wechselseitige Bindung in diesen Beziehungen beruht auf einer generalisierten wechselseitigen Affektbesetzung, die lange Zeiten der Trennung überdauert" (ebd.). Dies ist z. B. der Grund, warum Eltern, auch im Falle einer von ihrem erwachsenen Kind begangenen schweren Straftat, zu ihm halten.

Diese vier dargestellten strukturellen Gemeinsamkeiten kennzeichnen also alle drei o. a. Formen familialer Dyaden (Mutter-Kind, Vater-Kind, Vater-Mutter). Eine dieser Dyadenformen ist jedoch von den beiden anderen so zu unterscheiden, dass sie als zwei gegensätzliche Typen zu gelten haben. Die für die Beziehungsformen typenbildende Kategorie sieht Oevermann in der Sexualität. Während für Typus I – die Elternbeziehung – die körperlich ausgelebte Sexualität der bestimmende Normalfall ist, gilt für Typus II – die Eltern-Kind-Beziehung – genau das Gegenteil. Denn jedwede sexuelle Praxis zwischen Eltern und Kindern ist moralisch und juristisch als Missbrauch tabuisiert. So würde der Begriff der Elternliebe geradezu pervertiert, würde man ihn – wie in einschlägigen Gerichtsakten nachzulesen – von Täterseite dazu benutzen, familialen sexuellen Missbrauch zu bemänteln. Genau an dieser Stelle ist später anzusetzen, wenn man klären will, wie aus dem statischen Gerüst der ödipalen Triade ein dynamisch-generatives System werden kann.

Zunächst muss aber noch darauf hingewiesen werden, dass das Sozialisationssystem Familie eine ‚widersprüchliche Einheit' ist. Das ist deshalb so, weil mit jeder dyadischen Beziehung ein Ausschließlichkeitsanspruch verbunden ist. D. h. in jeder Dyade (Vater-Kind, Mutter-Kind, Vater-Mutter) müssen beide Personen als Ganze verfügbar sein, wenn sie in eine Beziehung eingetreten sind. Zugleich heißt das, dass beide in der Beziehung involvierten Personen (z. B. Vater und Kind) für die dritte Person (Mutter) in diesem Moment nicht mehr als ganze Personen verfügbar sind, obwohl sie das in der (diffusen) Sozialform Familie prinzipiell sein müssten. Eine widersprüchliche Einheit ist die Familie also deshalb, weil einerseits ‚Koalitionsfreiheit' herrscht und andererseits ein Anspruch auf ‚Exklusivität' in der konkret entstandenen Beziehung besteht.

Dies ist so, weil für jede der an der ödipalen Triade beteiligten Person für das Eingehen einer dyadischen Beziehung, so Oevermann, folgende Maßgaben gelten:

1. Jeder muß seinen Partner in jeder dyadischen Beziehung mit einem Dritten teilen.
2. Jeder muß diese Teilung bei zwei Partnern gleichzeitig hinnehmen, also zweimal sich gefallen lassen.
3. Jeder muß sich selbst reziprok bezüglich zwei Partnern spalten (Oevermann 1995/96, S. 32).

Betrachtet man nun diese für das Eingehen einer dyadischen Familienbeziehung prinzipiell geltenden ‚Spielregeln' vor dem Hintergrund der oben eingeführten gegensätzlichen Beziehungstypen I und II, öffnet sich der Blick für die Strukturdynamik der ödipalen Triade. Die prinzipiell geltenden Regeln treffen nämlich im Falle des verdeckten (latenten) Kindeswunsches nach einer Partnerbeziehung zu Vater oder Mutter nach dem Muster einer auch körperlichen Liebesbeziehung faktisch nicht zu.[41] Dies bedeutet, das Kind ist nicht nur aus einer dyadischen Beziehung ausgeschlossen, sondern aus einem ganzen Typus von Dyade, dem Typus der durch sexualisierte Liebe geprägten Elternbeziehung (vgl. Oevermann 2001, S. 91).

Daraus erwächst die enorme Antriebsspannung, diesen Ausschluß, der in seiner Dialektik bedeutet, daß die geliebten Eltern, die zugleich die Mächtigen sind, etwas miteinander teilen, was offensichtlich begehrenswert ist, was aber dem angeblich geliebten Kind grundsätzlich verschlossen bleibt, so schnell wie möglich zu überwinden (ebd.).

Es ist also die durch die Taburegel bestimmte menschliche Sexualität, die die Strukturkonstellation der ödipalen Triade – in Folge der in ihr enthaltenen gegensätzlichen Beziehungstypen I und II – zu einer widersprüchlichen Einheit werden lässt. Und aus dieser widersprüchlichen Einheit leitet sich letztlich die Dynamik der weiteren sozialisatorischen Entwicklungsprozesse ab. Die zunächst statische Betrachtungsweise der Strukturkonstellation der ödipalen Triade schlägt um in eine dynamische. Die diese Dynamisierung auslösende innere Spannung der Triade bezeichnet Oevermann als *Strukturelle Eifersucht*, die keineswegs als Ausdruck einer pathologischen Psychodynamik bewertet werden darf, sondern sie ist, wie zuvor hergeleitet, dem Familiensystem quasi natürlich eigen. Diese strukturelle Eifersucht bewirkt, „daß das Kind seinerseits in sinnlogischer Vorwegnahme auf der Basis der inneren Ablösung von den Eltern als zukünftiger Erwachsener sich auf die Aufnahme einer Beziehung mit einem heterosexuellen Partner vorbereitet" (ebd.).

---

41 Das Kind kann in diesem Entwicklungsstadium „noch nicht differenzieren zwischen den beiden Formen der Liebe, Eltern-Kind-Liebe und der Gattenliebe. Dadurch aber verstrickt es sich in (infolge) der Wunsch-Phantasie des Begehrens des gegengeschlechtlichen Elternteils in die Inzestproblematik" (Wagner 2004, S. 373).

Mit anderen Worten heißt dies: Das Kind erlebt die objektive Sinnstruktur einer gelingenden elterlichen Partnerschaft. Weil es nicht an die Stelle von Vater oder Mutter treten kann, ist es gezwungen, sich aus der Triade mit den Eltern zu lösen. Es muss im weiteren Verlauf seiner Entwicklung zum autonomen Subjekt die von den Eltern vorgelebte Sinnstruktur rekonstruieren, um selbst eine, der elterlichen Partnerschaft entsprechende vollwertige sexuelle Beziehung gestalten zu können. Diese Rekonstruktionsprozesse verlaufen keineswegs automatisch und sind von vielfältigen Begleiterscheinungen beeinflusst, die oftmals diese Versuche behindern und im schlimmsten Fall verhindern können (Stichworte sind hier: kulturell bedingte Körperfeindlichkeit, rigide religiös motivierte Moralvorstellungen etc.).

Mit dem Abschied des Kindes von der ihm verwehrten (unbewussten) Vorstellung, in das Innere der Elternbeziehung vordringen zu können, ist die Ablösung von der ödipalen Triade eingeleitet. Das Kind hat erlebt, dass Eltern sich als Partner verweigern und trotzdem liebevoll und verlässlich sein können. Es hat die grundlegende Erfahrung gemacht, dass soziale Beziehungen mehrdeutig und widersprüchlich sein können, obwohl sie im fürsorglich bindenden Rahmen des Familiensystems eingebettet sind. Es hat gelernt, Widersprüchlichkeit auszuhalten und damit umzugehen, indem es eigenständige Entscheidungen zu treffen beginnt. Es öffnet sich nun jener sozialisatorische Schonraum der Latenzphase, an deren Ende die Schwelle zur Adoleszenz auftaucht und die Bewältigung der letzten der vier zentralen ontogenetischen Ablösungskrisen ansteht.

Bevor im Anschluss auf die Latenzphase näher eingegangen wird, muss noch auf einen weiteren, im Kontext der familialen Triaden-Konstellation auftauchenden wichtigen Zusammenhang, nämlich zwischen der ödipalen Krisendynamik und dem (soziologischen) Generationen-Begriff, in aller Kürze hingewiesen werden.

Exkurs 5: Begriff der Generation als Abfolge bzw. familiäre Abstammung

Biologisch betrachtet, ist mit der Zeugung und der Geburt des Kindes eine neue Generation entstanden. Einer soziologischen Betrachtung hält dieser schlichte Generationenbegriff jedoch nicht stand. Aus dieser Perspektive ist aus der Paarbeziehung der Eltern (die mehr ist, als eine biologische Vereinigung zweier gegengeschlechtlicher Exemplare einer Gattung) ein Kind hervorgegangen, das nun in die Familiengemeinschaft mittels sozialisatorischer Interaktion integriert werden muss. Durch diese sozialisatorische Interaktion, genauer, durch das mit der ödipalen Triade einhergehende Erleben der strukturellen Eifersucht und der dem

Exkurs 5

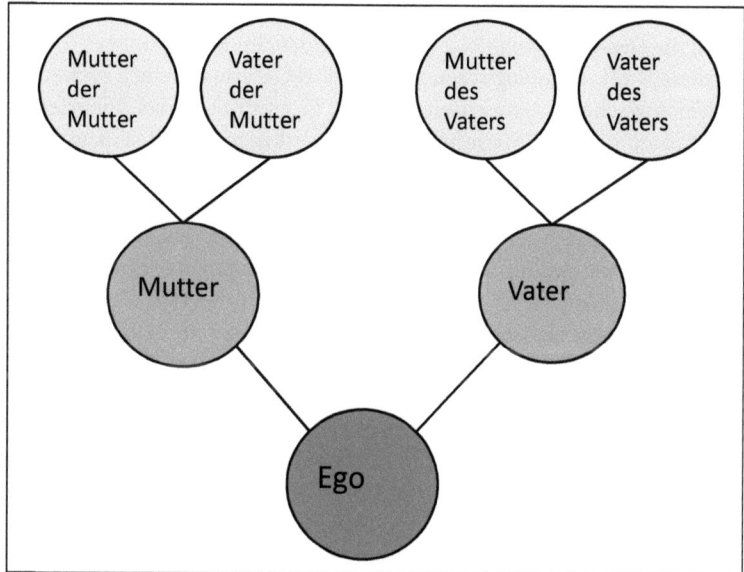

Abb. 3.1 Drei-Generationen-Modell der Heptade[42]

latenten Wunsch nach einer vollständigen Gattenbeziehung folgenden Ablösung von dieser, ist aber auch der Grundstock für die nachfolgende Generation gelegt.

Unter dem leitenden Gesichtspunkt menschlicher Sozialisation sind bisher also die Generation der Eltern und die Generation der neugeborenen Kinder sichtbar geworden. Für ein vollständiges Modell der Reproduktion der Gattung Mensch und dessen Sozialisation ist jedoch – wie Abbildung 3.1 zeigt – eine dritte Generation einzubeziehen, die Generation der Großeltern.

Damit nämlich die Eltern des Kindes (Kind = Ego)

> Gatten werden konnten, mußten sie selbst in ihrer eigenen ödipalen Triade erfolgreich sozialisiert worden sein. Wenn man also die ganze ‚Geschichte' der Erzeugung von Ego vor sich bringen will, muß man diese beiden ödipalen Triaden der Eltern einbeziehen als konstitutive Komponenten eines vollständigen Generierungsprozesses. Dann hat man eine Heptade vor sich, die aus 7 Personen besteht: 4 Großeltern, 2 Eltern und einem Ego, aus drei Generationen und aus drei ödipalen Triaden, die ihrerseits jeweils aus drei Elementen bestehen (Oevermann 2015, S. 54).

---

42 Unter Heptade versteht man eine aus sieben Elementen bestehende Einheit.

In dem hier zum Ausdruck gebrachten Generationenbegriff stehen die Beziehungen, die durch die Generationenabfolge gestiftet werden, im Mittelpunkt. Von diesem mikrosoziologischen unterscheidet Oevermann einen zweiten – eher makrosoziologischen – Generationenbegriff. Er greift dazu das Kohorten-Konzept des Soziologen Karl Mannheim auf und verknüpft es mit seinem Konzept der ontogenetischen Ablösungskrisen. In diesem Sinne wird eine Gruppierung (annähernd) Gleichaltriger (Kohorte[43]) zu einer Generation, durch die Art und Weise, wie sie gleichartige Strategien und Lösungsmuster entwickelt und nutzt, um die historisch je spezifischen Färbungen der Ablösungskrisen zu bewältigen. Um das hier Gemeinte zu verdeutlichen, dürfte der Hinweis auf die jeweils gänzlich verschiedenen sozialisatorischen Milieus – etwa des von Obrigkeitsdenken und rigiden Moralvorstellungen geprägten wilhelminischen Zeitalters und der Epoche der libertären und antiautoritären Einstellungen der sog. 68er-Bewegung – genügen, in denen Geburtskohorten ihre Ablösungskrisen durchlaufen müssen. Bei dieser Vorstellung von Generation ist „vor allem von Interesse, was eine historisch folgenreiche Generation als kollektives Gebilde in einer jeweils konkreten Gesellschaft inhaltlich geprägt hat und worin ihre Eigenart historisch besteht" (Oevermann 2001, S. 79f.). Auf diesen zweiten Generationenbegriff wird später im Abschnitt über die Adoleszenz-Phase (sowie in Kapitel 4) noch Bezug genommen, wenn es um die für die Identitätsbildung des erwachsenen Subjekts prägenden Habitusformationen geht.

Exkurs Ende

3.4.3.2 Die Latenzphase

Mit dem Beginn der Latenzphase sieht sich das Kind neuen Herausforderungen gegenüber, die es nun auf sich selbst gestellt, zu bewältigen hat. Es muss sich nun sowohl im Spiel mit anderen Kindern als auch in der Gemeinschaft der Schule als Gleiches unter Gleichen behaupten. Dabei festigt es seine, durch die erste Ablösung von der Familie gewonnene Autonomie im Umgang mit Handlungsproblemen, in denen der widersprüchlichen Einheit von Entscheidungszwang und Begründungsverpflichtung genüge zu leisten ist. Waren es also im o. a. Beispiel noch die Eltern, die für das noch nicht genügend in seiner Autonomie entwickelte Kind entschieden haben, welcher der beiden Freunde am Ausflug teilhaben kann, ist dies nun ein Handlungsproblem, das von dem in die Latenzphase eingetreten

---

43 Als Kohorte wird eine Gruppe von Personen bezeichnet, deren Gemeinsamkeiten aus zeit- und kulturspezifischen Merkmalen bestehen. In der demographischen Forschung z. B. spricht man von Geburts- oder Jahrgangskohorten.

3.4 Auf dem Weg zur Autonomie

Kind selbst bewältigt werden kann. Die Eltern sollten sich dabei auch nur dann einmischen, wenn sie ausdrücklich darum gebeten werden, damit das Üben des Umgangs mit schwierigen Entscheidungen und deren Rechtfertigung nicht be- bzw. verhindert wird.

Waren in der Phase der ödipalen Triade die Regelung der familialen Binnenbeziehungen das Hauptthema des Kindes und die Regelung der Außenbeziehungen Sache der Eltern, sind letztere nun ein Entscheidungsbereich geworden, der vom Kind mehr und mehr selbst zu verantworten ist. Damit verlässt das Kind erstmals eigenständig den von diffusen Beziehungen geprägten Sozialraum der familialen Gemeinschaft und bewegt sich in den von rollenförmigen Beziehungen dominierten Sozialraum der Gesellschaft. So lernt das Kind nach und nach in Rollen zu handeln, etwa als Schüler in der Schule, als Pfadfinder in einem Fähnlein, oder als Spieler in einer Fußballmannschaft. Von besonderer Bedeutung sind hier die Lernerfahrungen in der ‚peer group' mit ihrer neuen ‚Interaktionskultur'. Der Umgang miteinander ist nun nicht mehr von einem Durchsetzungsgefälle – wie dem zwischen Eltern und Kind – bestimmt. Im Eltern-Kind-Verhältnis, in dem das Bezweifeln von Aussagen, kritische Äußerungen oder das Fordern von Beweisen stark eingeschränkt waren, galt letztendlich das Wort der Eltern. Jetzt hingegen kann und muss das Kind lernen, gleichberechtigt mit den anderen Kindern der Gruppe z. B. über die Regeln und den Fortgang eines Spiels zu bestimmen oder über ein strittiges Thema zu diskutieren, um einen Konsens auszuhandeln, der ein weiteres Miteinander ermöglicht.[44] Diese neuen Bedingungen des Umgangs miteinander lassen sich sehr gut anhand eines Vergleichs von Kindergartenkindern und Schulkindern belegen. Wenn Kindergartenkinder ein Sandkastenspielzeug nicht hergeben wollen, kommt es sehr schnell zum Streit, in dem der – zumeist körperlich – ‚Stärkere' sich durchsetzt und der ‚Schwächere' wütend in Tränen ausbricht. Bei Schulkindern kann zwar auch ‚das Recht des Stärkeren' eine Rolle spielen, aber eher mittelbar, weil ein Streit um eine Sache zunächst argumentativ ausgetragen wird und eine gewaltsame Regelung zudem – auch gegenüber den anderen Klassenkameraden bzw. ‚peer-group'-Mitgliedern – einer plausiblen Rechtfertigung bedarf.

Oevermann (1995/96, S. 39) spricht von der Latenzphase als einem für das Erwachsenwerden besonders wichtigen Moratorium, also einer

---

44 Etwa im Alter von sechs Jahren kommt es also „zu einer ersten Ablösung von der Abhängigkeit gegenüber den Eltern und anderen Autoritäten und zur Kooperation unter Gleichberechtigten in der ‚peer group'. Hier wird der ursprünglich autoritär erworbene *Respekt vor geltenden Normen auf die Abmachungen übertragen*, die im Sinne von Spielregeln in der kooperierenden Gruppe selbst getroffen werden" (Oevermann 2000, S. 25; Hervorhebung im Original).

Phase, in der man schon aus der tendenziell zwangsstrukturierten Interaktion innerhalb der Familie bzw. ödipalen Triade entlassen ist (d. h. aus der Familie schon herausgehen kann), aber noch nicht selbstverantwortlicher Erwachsener ist (…). Man kann sich in der Latenzphase noch auf die Eltern stützen, die für einen versorgungsmäßig da sind.

Und weiter bezeichnet er die Latenzphase als „die einzige Phase im Leben, in der man das Ideal der vollständig interesselosen Kooperation, d. h. des ‚zwanglosen Zwangs des besseren Arguments' (Habermas) einüben kann" (ebd.). Das Einüben des Kindes in dieses Ideal ist zudem eine wichtige Voraussetzung dafür, dass es später als Erwachsener seine Interessen nicht allein egoistisch, sondern auch mit dem Blick auf andere verfolgen kann. Es lernt sozusagen, dass es neben der berechtigten Sorge um das Eigenwohl auch das Gemeinwohl nicht aus dem Auge verlieren darf. Diesen Blick für das Gemeinwohl kann man in der (partikularen) Familiengemeinschaft nicht erwerben, dort lernt man „nur die Zugehörigkeit zur ‚eigenen Brut', (…) aber keine universalistische Solidaritätsbindung" (ebd., S. 40).

Aber nicht nur Rollenübernahme- und Diskursfähigkeit werden in der Latenzphase geübt. Auch die für die Ablösung von der ödipalen Triade so bedeutsame Frage der Sexualität kehrt nun als Entdeckung der gegengeschlechtlichen Beziehungen zwischen Jungen und Mädchen wieder. Zwar finden in der Latenzphase die meisten ‚peer-group'-Aktivitäten zunächst nach Geschlechtszugehörigkeit getrennt statt, aber es kommt nach und nach auch zu Kontakten zwischen einzelnen Jungen und Mädchen. In diesen ersten eher freundschaftlichen Beziehungen werden mit fortschreitendem Alter auch zunehmend sexuell gefärbte Annäherungen erprobt. Parallel zu der in diesen Annäherungen zum Ausdruck kommenden psycho-sexuellen Entwicklung findet die biologische Geschlechtsreifung statt. Mit der Pubertät am Ende der Latenzphase beginnt dann die neue Lebensphase der Adoleszenz. In diesem psycho-sozialen Moratorium ist es die Aufgabe des jugendlichen Menschen, eine stabile Identität zu entwickeln, die es ihm letztlich ermöglicht, einen – seinen Vorstellungen entsprechenden – Platz in der Gesellschaft zu finden und zu behaupten.

3.4.4 Die Adoleszenz als vierte Ablösungskrise (Ablösung von der Herkunftsfamilie)

Im Schonraum der Adoleszenz setzen die Jugendlichen die in der Latenzphase ansatzweise erprobte partielle Eigenständigkeit fort. Sie nutzen das Moratorium (ohne, dass sie sich dessen bewusst sein müssen), um unterschiedliche Formen des Erwachsenenlebens auszuprobieren. Nicht selten führt dies zu erheblichen Umwegen in einer biographischen Entwicklung, wenn z. B. einem speziellen Ideal

3.4 Auf dem Weg zur Autonomie

bedingungslos gefolgt wird, das dann – auf besserer Einsicht beruhend – spät aber nicht zu spät aufgegeben wird. Bei diesem Ausprobieren dürfen nicht zu viele Entwürfe scheitern, um nicht eine ‚strukturelle Verunsicherung' zu erzeugen. Das Leben als Erwachsener erfordert nämlich eine stabile Persönlichkeitsstruktur, um den z. T. widersprüchlichen Anforderungen gesellschaftlicher Rollen genügen zu können (z. B. die Rolle einer Studierenden und – weil das Studium finanziert werden muss – die einer Aushilfskraft im Supermarkt). Um hierbei erfolgreich zu sein, muss jeder junge Mensch einen ‚Entwurf von Einzigartigkeit' ausgebildet und verinnerlicht haben.

> Einen solchen Entwurf von Einzigartigkeit kann man stabil nicht ausbilden und festhalten, wenn man nicht zuvor die Zeit der Adoleszenz genutzt hat, verschiedene Entwürfe, auch gewagte, auszutesten und an der Realität zu prüfen (Oevermann 2001, S. 108).

Dieser Prozess des Austestens von Entwürfen hat immer etwas mit der Abgrenzung von Normalitätsvorstellungen vorangegangener Generationen zu tun. Als Mitglied einer ‚peer-group' ist man Teil einer Jugendkultur, die zeigen will, dass sie in der Lage ist, neue Normalitätsvorstellungen zu kreieren, zu leben und zu etablieren. So herrscht hierbei

> die eigentümliche Paradoxie des verbindlichen Zwangs zur Konformität mit einer eigenen Rebellion und Widerstand signalisierenden Symbolik, die provozieren soll. (…) Die Jugend muß also in differenzierten Gesellschaften innovativ und provokativ sein. Das darin zum Ausdruck kommende Maß an vermeintlicher Non-Konformität mit den herrschenden Normen des Erwachsenenlebens ist sozial geradezu vorgeschrieben (ebd., S. 109).

Für eine gelungene Vorbereitung auf das Erwachsenenleben ist es letztendlich wichtig, die Adoleszenz als Moratorium zu nutzen, die richtige Dosis zwischen Eigenständigkeit und Anpassung zu finden und diese als eigene Identität zu stabilisieren. Es gehört auch zu dieser Identitätsfindung, dass der junge Mensch nicht nur ein hinreichendes Maß an Durchsetzungsvermögen, sondern auch ein diesem Vermögen entsprechendes Maß an Gerechtigkeitsempfinden, entwickelt. Nur dann kann der Erwachsene, wenn es im ‚Ernstfall' um die Verteidigung eigener Interessen und die Wahrung berechtigter Interessen anderer geht, gute und für alle akzeptable Entscheidungen treffen. Im späteren Verlauf des Adoleszenz-Moratoriums muss es nicht zuletzt deshalb dazu kommen, dass (um ihrer selbst willen) provokante Verhaltensmuster und die Verweigerung von Rollenzumutungen aufgegeben werden. Dazu bedarf es einer zunehmenden Akzeptanz legitimer, diskursiv begründeter Kritik und einer wachsenden Bereitschaft zur Kompromissbildung.

In diesem für den einzelnen Jugendlichen nicht einfachen Prozess ist es wichtig, sich in der Gemeinschaft mit anderen Heranwachsenden, die ähnliche Probleme zu bewältigen haben, aufgehoben zu sehen. Es ist diese kollektive Unterstützung der jeweils sich herausbildenden Generation, die dem einzelnen Adoleszenten hilft, sich von seinen Eltern besser abgrenzen zu können. Unter Berufung auf das, was auch die anderen als Kritik an der Generation der Eltern vorzubringen haben, lässt sich die (Abgrenzung erzeugende) Kritik an den eigenen Eltern einfacher begründen und besser durchhalten. Für den einzelnen wie für die sich herausbildende Generation geht es dabei letztlich darum, eine eigene individuelle bzw. kollektive Identität zu entwickeln, die es ermöglicht, sich von den jeweiligen Fehlern und Unzulänglichkeiten der Elterngeneration zu distanzieren, um eigene Wege in eine eigene Geschichte zu eröffnen.

Im Verlaufe dieser nicht selten sehr kontrovers verlaufenden Identitätsbildungsprozesse formen sich sog. Habitusformationen heraus. Es sind dies tiefsitzende Denk- und Handlungsmuster, die für jede Generation einen einzigartigen und typenbildenden Charakter haben. Für den einzelnen Generationszugehörigen und dessen Identität bedeutet dies, dass er diesen Denk- und Handlungsmustern, i. d. R. bis zu seinem Lebensende, treu bleibt. Damit gibt er dann zugleich der nachfolgenden Generation den Anlass, selbst zum Gegenstand für deren Abgrenzungsprozesse zu werden.

Am Ende des Adoleszenzmoratoriums, das sich eigentümlicher Weise immer weiter nach hinten zu verschieben scheint, sollte der junge Erwachsene in der Lage sein, sein Leben autonom zu gestalten. Dazu muss er vor allem fähig sein, eigenständige Entscheidungen zu treffen und sich den drei zentralen Aufgabenfeldern des Erwachsenenlebens zu stellen.

Abschnitt 3.4 zusammenfassend, hat der werdende Mensch auf seinem Weg zur Autonomie die folgenden Wegmarken passiert:

Die biologisch-symbiotische Mutter-Kind-Beziehung endet mit der Ablösungskrise der Geburt. Das Neugeborene tritt nun in eine sozial-symbiotische Beziehung zur Mutter ein. Durch das allmähliche krisenauslösende Auftauchen der Vaterfigur wird die Ablösung von dieser engen Beziehung bewirkt, und es entsteht die ödipal-triadische Struktur der (modernen) Kernfamilie.[45] Deren vollständige sozialisatorische Wirkung setzt eine gelungene Ablösung der Eltern

---

45 Oevermann (2015, S. 42) macht darauf aufmerksam, dass die (von der Strukturgesetzlichkeit der ödipalen Triade vorangetriebene) soziale Konstitution der Ontogenese, „keineswegs mit der manifesten Erscheinung der Klein- oder Kernfamilie zusammen(fällt)". Der Struktur der Kernfamilie ist also keineswegs ein (Ideologie verdächtiger) universeller Anspruch zuzuweisen. Es ist vielmehr so, dass die strukturgesetzliche Dynamik der ödipalen Triade es ist, „die als solche universal ist und hinter der menschheitsgeschichtlichen

3.4 Auf dem Weg zur Autonomie

von ihren Eltern voraus (ödipale Heptaden-Struktur). Die Bewältigung der Ablösungskrise der ödipalen Triade mündet dann in die Latenz-Phase, an deren Ende die Adoleszenz-Phase beginnt. Mit der Bewältigung der den Sozialisationsprozess abschließenden Adoleszenzkrise ist aus dem ehedem abhängigen ein autonomes Subjekt geworden, das selbst in der Lage ist, für seinen Unterhalt zu sorgen, eine Familie zu gründen und seinen Beitrag für die Gemeinschaft zu leisten. In diesen, dem autonom gewordenen Subjekt sich stellenden existenziellen Aufgabenfeldern, müssen sich alle Menschen bewähren. Was es mit dieser Bewährungsproblematik auf sich hat, wird im anschließenden Kapitel behandelt.

Entwicklung steht, die zur manifesten Ausdifferenzierung der Kernfamilie zunehmend geführt hat".

4 Bewährung: Historische Generation und Religion

4.1 Die Bewährung des autonomen Subjekts

Das gegen Ende des letzten Kapitels beschriebene Konzept der Ablösungskrise der Adoleszenz soll hier noch einmal aufgegriffen und im Hinblick auf die Frage nach der Bewährung (des eigenen Lebens) diskutiert werden; dazu wird es auch nötig, es in den zuvor bereits angesprochenen Kontext von Generation und den der Religion zu stellen. Die folgende Beobachtung lässt sich als Ausgangspunkt der Verbindung von Bewährung, Generation und Religion verstehen: Die beschriebene, in der Regel krisenhafte Ablösung von der Herkunftsfamilie ist nämlich in verschiedenen Hinsichten äußerst folgenreich. Sie

> ist ihrerseits immer von der Schuld der undankbaren Abkehr von demjenigen verbunden, der sich als Eltern oder andere Bezugsperson aufopfernd um einen gekümmert hat. Sie muss um der Eroberung einer offenen Zukunft willen auf sich genommen werden (Oevermann 2001, S. 106f.).

Das bedeutet, die Person, die subjektiv, um autonom zu werden, den elterlichen ‚Schutzraum' verlässt, der ihr einen Entwicklungs- und damit Bildungsprozess allererst ermöglichte, erweist sich, objektiv gesehen, als undankbar.

Doch treten wir zunächst noch einmal einen Schritt zurück, um einen umfassenderen Blick einnehmen zu können. Dann wird nämlich deutlich, dass sich die vierte Krise in einigen wesentlichen Hinsichten von den bereits ausführlich dargestellten drei ersten Entwicklungskrisen unterscheidet, so dass ihr eine Sonderstellung zukommt. Die vorliegenden Differenzen lassen sich dabei summarisch wie folgt zusammenfassen (vgl. Oevermann 2009, S. 41ff.).

1. Die Adoleszenzkrise unterteilt das Leben in eine ‚Phase der Vorbereitung' sowie eine Phase des ‚Vollzugs' einer autonomen Lebenspraxis. Mit anderen Worten: "in die Probezeit und in die Bewährungszeit" des menschlichen Lebens (ebd., S. 41).
2. Es handelt sich im Vergleich zu den anderen Ablösungskrisen um eine relativ lang andauernde und weniger „scharf konturierte Lebensphase, eine Übergangsphase mehr als eine Ablösungsgrenze" (ebd., S. 41f.); also um ein Moratorium, das kürzer oder länger ausfallen kann.
3. Das lässt sich u. a. daran verdeutlichen, dass die Adoleszenzkrise im Unterschied zu den anderen Krisen in stärkerem Maße kulturabhängig ist. In ‚archaischen' Kulturen kann sie kurz, ja, auf einen (raumzeitlichen) Punkt (in einem Übergangsritus) gebracht sein, während in modernen Gesellschaften die zeitliche Spanne des Übergangs weit ausgedehnt ist – gegenwärtig bis in die späten 20er Jahre hinein.
4. Im Gegensatz zu den anderen Krisen spielt die Ablösungskrise der Adoleszenz aber auch deshalb eine besondere Rolle, weil sie von den Gesellschaften, in denen die Jugendlichen heranwachsen, ‚in Rechnung gestellt' wird; d. h. die Gesellschaft ‚weiß', dass sich Jugendliche in dieser Zeit in besondere, nur ihnen vorbehaltene Räume absondern (müssen) und räumt ihnen diese Spielräume für den Übergang in das Erwachsenenalter ein; man denke nur an die Vielzahl der Jugendfreizeiteinrichtungen. Welche Probleme hier entstehen können, hat Oevermann am Beispiel Ostdeutschlands nach der Wende 1989 beschrieben.

> So scheint z. B. für die Krise der Jugendlichen in Ostdeutschland nach der Wende – Stichwort: Empfänglichkeit für Rechtsradikalismus – ein wichtiger Umstand gewesen zu sein, daß die Möglichkeiten zu einer Vergemeinschaftung von Jugendlichen in der „peer-group" der Latenzphase vor der Pubertät und der Adoleszenzphase nach der Pubertät extrem beschränkt waren, nachdem die Dachorganisation der FDJ und der Jungen Pioniere, unter deren Fittichen sich vor der Wende gleichgeschaltet alle Vergemeinschaftungsangebote zu begeben hatten, ersatzlos von einem Tag auf den anderen fortfiel und eine leere Wüstenei der Jugendorganisationen zunächst hinter sich ließ: Es gab weder vereins- noch religions- oder kulturgemeinschaftliche Jugendgruppen noch Jugendgruppen der politischen oder gewerkschaftlichen Vereinigungen mit einer unabhängigen, eigenständigen Vorgeschichte, die nach der Wende hätten ihre selbständige Arbeit fortsetzen können (Oevermann 2001, S. 110f.).

5. In der Adoleszenzkrise kommt es dann auch zu einer einzigartigen „Kombination biologischer und soziokultureller Krisenbedingungen" (Oevermann 2009, S. 42). Diese wird eingeleitet durch das Einsetzen der biologischen Geschlechtsreife, die dann allerdings in den Rahmen der (jeweiligen) Kultur ‚eingebettet' und entsprechend verändert wird. Selbstverständlich spielt hierbei die vorhergehende Latenzphase als ‚Zeit der Muße' eine hervorragende Rolle.

6. Schließlich, und das führt mitten in die Überlegungen zum Problem der Bewährung hinein, gilt doch, dass am Ende der Adoleszenz, „unerbittlich" (ebd., S. 43) der Übergang in das Erwachsenenalter erfolgen muss – „im Fall des Gelingens mit dem Anspruch auf Autonomie", „im Fall des Misslingens mit der Inanspruchnahme von Fürsorge" (ebd., S. 43). Der junge Erwachsene muss, „als Staatsbürger, (…) eine eigene Position beziehen", so dass es zu einer „Verknüpfung von ontogenetischer Stufenbildung und makro-sozialer historischer Lage" (ebd.) kommt mit der Folge, dass sich aus „jeweils ungefähr altersgleichen Adoleszenten die historischen Formationen von soziokulturell homogenen Generationen (…) bilden" (ebd.).

Dieser Zusammenhang wird uns im Folgenden beschäftigen: Wie zeigt sich dieser Übergang, und welche Aufgaben sind es, die konkret bewältigt werden müssen? Anders gefragt: Was bedeutet in diesem Zusammenhang Bewährung, und im Hinblick woraufhin muss sich der Adoleszente im Verlauf des sich ausbildenden Erwachsenenseins, also der ‚emerging adulthood', bewähren?

Die Adoleszenz ist offensichtlich jener Zeitabschnitt, der die Betroffenen nicht nur mit der Frage nach, sondern mit den tatsächlichen Aufgaben der Bewältigung und Bewährung im Hinblick auf das eigene Leben konfrontiert. War es für den Jugendlichen bis dahin eine Zeit der Probe und des Experimentierens, so muss er sich nach dem Eintritt in das Erwachsenenalter als eben dieser bewähren. Er muss sich auf Bestimmtes festlegen und anderes vernachlässigen, so dass Entscheidungen getroffen werden, die das weitere Leben bestimmen. Weichen werden in eine bestimmte Richtung gestellt und damit andere Pfade verschlossen, so dass „immer mehr ‚points of no return' hinter sich gelassen werden" (ebd., S. 44).[46] Aus der Vielzahl dieser Entscheidungen ragen dabei drei, welche die zentralen Bereiche des Lebens Erwachsener in der Gegenwart bestimmen, in einem besonderen Maße hervor. Dies sind die Bereiche

a. des Berufs,
b. der Partnerschaft, Familie und Elternschaft sowie
c. die den Jugendlichen umfassende Gemeinschaft mit der Erwartung einer staatsbürgerlichen Gemeinwohlorientierung.

Es sind diese drei Bereiche, in denen sich Erwachsene bewähren, also ‚erfolgreich' sein müssen, so dass es in ihrer biographischen Entwicklung zu ‚Bewährungskarri-

---

[46] Diese ‚points of no return' bezeichnet Oevermann an anderer Stelle als Folge „von unwiederbringlich ausgeschiedenen Handlungsoptionen, von ‚kleinen Toden' also" (2001a, S. 314). Über den Tod als endgültigen ‚point of no return' und das damit entstehende biographische Spannungsverhältnis vgl. den nächsten Abschnitt.

eren' kommen kann. Diese Überlegung lässt sich im Hinblick auf ihren empirischen Gehalt und die Ausprägung leicht überprüfen, insofern man Autobiographien auf die in ihnen geschilderten Themen hin analysiert. Um ein Beispiel zu geben: In den von uns seit annähernd 20 Jahren untersuchten Autobiographien von (politischen) Migrantinnen und Migranten aus dem nationalsozialistischen Deutschland finden sich genau diese Erzählungen über den Beruf, über Partnerschaft und Familie sowie das Verhältnis zum Staat. Da die Betroffenen ja gezwungen waren, Deutschland zu verlassen und einen Ort der Emigration zu suchen, scheint der zuletzt genannte Bereich natürlich in seinem krisenhaften Ausmaß auf, gefolgt von Darstellungen der beruflichen Entwicklung und Karriere. Erzählungen über die Familie und Kinder finden sich in erster Linie bei Frauen, die ja zu dieser Zeit im Sinne einer gesellschaftlichen Festschreibung (überwiegend) auf diesen Bereich festgelegt waren. Selbstverständlich variieren die unterschiedlichen Bereiche in ihrer Betonung und der lebensgeschichtlichen Relevanz. Und schließlich kommt es in der Regel auch zu Überschneidungen und Verknüpfungen dieser Lebensthemen, d. h. dass alle drei Bereiche, wenn auch in unterschiedlichem Ausmaß, angesprochen werden.[47]

Es sind also diese drei Bereiche, in denen sich Menschen als Erwachsene bewähren müssen, wie Oevermann, die Diskussion zusammenfassend, festhält. „Für Lebenspraxis ist generell gesehen konstitutiv, dass sie ihre Autonomie in der Bewährung erzeugt, die sie in der Bewältigung von Krisen besteht" (Oevermann 2003, S. 348).

4.2 Generation als historisches Konzept

Wir haben bereits die Besonderheit der Verknüpfung, ‚Amalgamierung', wie Oevermann sagt, in der Bewältigung der Adoleszenzkrise angesprochen. Im Folgenden soll uns daher der Begriff der Generation nicht als Abfolge bzw. familiäre Abstammung (wie in Kapitel 3) beschäftigen, sondern im Mittelpunkt dieses Abschnitts steht das Konzept der historischen Generation im Sinne der Verschmelzung, einerseits, „von individual-psychischer Entwicklungskrise und gesamtgesellschaftlich-historischer Lage" (Oevermann 2001, S. 103), andererseits. Die Jugend, so hält Oevermann bei der Betrachtung zeitgenössischer Gesellschaften zunächst fest, „hat die Funktion,

---

47 Typisch für diese Zeit und ein bestimmtes männlich geprägtes Milieu, nämlich Professionelle, namentlich Ärzte und Anwälte, die in den uns vorliegenden Autobiographien zahlreich vertreten sind, ist die Darstellung, die das eigene Berufsleben, beginnend mit dem Studium, in großer Ausführlichkeit und Hingabe schildert, lediglich am Rande die Familie nach dem Muster erwähnt: ‚Ich habe 1924 geheiratet, wir haben zwei Kinder', und schließlich, 1933, völlig von den politischen Umbrüchen überrascht wird.

4.2 Generation als historisches Konzept

rebellisch und innovativ zu sein" (ebd., S. 109). Wie drückt sich das aus? Oevermann nennt als herausragende Beispiele, deren ‚textiles und kosmetisches ‚outfit', die Insider-Sprache sowie die bevorzugten Musikstile' (vgl. ebd.). Und schließlich: „Das Herausfinden der richtigen Dosis davon gehört zu den zentralen Aufgaben der Krisenbewältigung, ebenso generell das Erproben des richtigen Maßes und Modus an Aggressivität" (ebd.).[48]

Dieses Verhalten, also das Austesten von Grenzen, dient somit dazu, sich schrittweise in die für den Erwachsenen charakteristische Position von Autonomie, Authentizität und Einzigartigkeit ‚hineinzuarbeiten' und diese Position dann auch ausfüllen zu können: *Wo Fremdbestimmung war, muss Selbstbestimmung werden.* Der Weg, um zu dieser Einzigartigkeit zu gelangen, d.h. der Fähigkeit, ‚Ich' zu sich selbst sagen zu können, kann, da die Eltern, von denen man sich ja lösen will und muss, als ‚Verbündete' nicht zur Verfügung stehen und dieser Weg sich nur schwerlich allein beschreiten lässt, allein unter Rückgriff auf andere, von außen kommende Beistandsleistungen beschritten werden.[49] Es bedarf dann „der kollektiven generationsinternen und -typischen Unterstützung: dieser Entwurf von Einzigartigkeit muss also zugleich eine Verwurzelung im Kollektivitätsentwurf der Adoleszenten als einer eigenen Generation erhalten" (ebd.). Vergegenwärtigt man sich diese Konstellation der Verknüpfung des sich entwickelnden, aus der Familie herausstrebenden Jugendlichen[50], der mit einer spezifischen gesamtgesellschaftlichen Situation konfrontiert wird, lässt sich erkennen, dass die Identifikation mit besonde-

---

48 Jürgen Habermas hat darauf hingewiesen, dass nicht jede neue Generation und die von ihr eingesetzten Tabubrüche sich als erfolgreich erweisen müssen. „Die Narren von heute sind nicht immer die Helden von morgen, viele bleiben auch morgen die Narren von gestern" (Habermas 1983, S. 41).

49 Oevermann verweist auf zeitgenössische Probleme, die in diesem Übergangsprozess entstanden sind, so die „eigentümliche Kombination von Berufsjugendlichkeit und Frühverrentung bzw. -vergreisung" (Oevermann 2001, S. 108). In jüngster Zeit wird darüber hinaus die Problematik der ‚boomerang-kids', also der Jugendlichen, die ins Elternhaus zurückkehren, oder auch derjenigen, die es erst gar nicht verlassen (‚Nesthocker im Hotel Mama'; d.h. aus dem in der Sozialisations- und Familienforschung bisher beschriebenen Modell des ‚empty nest' wird ein ‚crowded nest') diskutiert.

50 Vgl. dazu nochmals die Idee, dass der Jugendliche sich dabei strukturell undankbar verhalten muss. „Jede erfolgreiche und gelingende Ablösung (geht) zugleich mit einer unvermeidbaren Schuldverstrickung einher, die ganz einfach daraus resultiert, dass man diejenigen, die einen bis zur Selbstaufopferung beschützt haben, ersatzlos verlässt, ohne ihnen für die Selbstaufopferung, die sie gleistet haben, etwas zurückgeben zu können" (Oevermann 2006, S. 114). Diese Aussage wirft auch ein Licht auf den sogenannten Generationenvertrag. Er „ist eben nicht ein symmetrischer Ausgleich zwischen den Generationen, sondern eine irreversible, asymmetrische Weitergabe in Stafettenlogik. Was wir von unseren Eltern erhalten haben, geben wir an unsere eigenen Kinder weiter usf." (ebd.).

ren, gesamtgesellschaftlich relevanten Inhalten prägend für die weitere biographische Entwicklung sein wird und zwar, so Oevermann, „bis an deren Lebensende" (ebd.). Bevor wir genauer auf das Konzept der Generation eingehen, soll vorab beispielhaft ein Hinweis auf den empirischen Ort erfolgen, an dem es innerhalb der Forschungspraxis eine hervorgehobene Rolle spielt: Das Konzept spielt insbesondere dann eine bedeutende Rolle, wenn es bei der Interpretation von biographischen Materialien darum geht, die Entwicklung einer Person konkret

> in die Lebenswelt einzubetten. (…) Dann wird man darauf gestoßen, daß zu dieser sozio-kulturellen Lebenswelt nicht nur sozial-räumlich die Region, die konkrete Subkultur, das Milieu gehören, aus dem der Fall herkommt, sondern sozial-zeitlich auch die mit dem Geburtsjahr gegebene Generationen-Zugehörigkeit (Oevermann 2001, S. 103).

Mit dem Geburtsjahr weiß man zugleich, welcher Generation die Person zugerechnet werden kann. Was aber ist nun genau unter einer Generation zu verstehen?

Historischer Exkurs I

Nach wie vor bietet sich für einen Einstieg in die Beantwortung dieser Frage ein Blick in den bereits 1928 erschienen Aufsatz über *Das Problem der Generationen* von Karl Mannheim an, auf den sich auch Ulrich Oevermann bezieht. Den Kern dieser sehr ausführlichen Diskussion bilden die drei Begriffe Generationslagerung, Generationszusammenhang sowie Generationseinheit (vgl. Mannheim 1928, S. 309ff.):

- Zur *Generationslagerung* gehören demnach alle Personen, die innerhalb eines bestimmten Zeitabschnitts geboren wurden (in anderen (statistischen) Zusammenhängen wird hier von einer Kohorte gesprochen);
- Ein *Generationszusammenhang* formiert sich aber erst dann, wenn bestimmte Personen mit bestimmten Ereignissen innerhalb eines bestimmten, gemeinsam geteilten Zeitabschnitts konfrontiert werden, d. h. wenn sie ein gemeinsames Schicksal im Sinne der Partizipation an einer „historisch-aktuellen Problematik" (ebd., S. 311) bzw. an einem sozialen (‚Groß-) Ereignis' (z. B. die Nachkriegsgeneration) teilen;
- Unterschiedliche *Generationseinheiten* können sich in der Folge wiederum als Strömungen innerhalb dieses Generationszusammenhangs und als Reaktion auf dieses wichtige Ereignis herausbilden; so kann es z. B. dazu kommen, dass ‚romantisch-konservative' oder ‚liberal-rationalistische' politische Strömungen entstehen (vgl. ebd., S. 310f.).

Exkurs Ende

4.2 Generation als historisches Konzept

Oevermann nimmt den von Mannheim geknüpften Faden auf und führt dessen Überlegungen

> vor allem im Hinblick auf zwei zentrale Aspekte weiter: Zum einen interessiert es ihn, wie es zur „Bildung dieser Generationen als (...) gegeneinander abgrenzbaren und historisch einzigartigen Typen kommt" (Oevermann 2001, S. 104). Zum anderen stellt er die Frage, was denn überhaupt deren „inneren Zusammenhang stiftet" (ebd.).

Um diese beiden Fragen beantworten zu können, sollen in den folgenden Abschnitten einige Überlegungen vorgestellt werden, die sich wiederum in den folgenden drei Fragen zusammenfassen lassen:

1. Welche ontogenetische Krise ist für die Bildung einer Generation von besonderer Relevanz?
2. Wie wird die Krise gelöst und in welcher Verbindung steht sie zur umgebenden Öffentlichkeit?
3. Woraus setzen sich Generationen zusammen, d. h. was bildet ihren Kern und wie grenzen sie sich voneinander ab?

Es wurde schon gezeigt, dass besondere Anforderungen in der Übergangszeit (dem Moratorium) vom Jugendlichen zum Erwachsenen entstehen, für deren Bewältigung der Adoleszente nicht mehr auf den bisherigen Schutz-, Schon- und Entwicklungsraum der Familie zurückgreifen kann. Er selbst muss sich bewähren. Probleme und Auseinandersetzungen, die in der Öffentlichkeit thematisiert werden, geraten dabei ‚in seinem Kampf um Einzigartigkeit' unvermeidlich in den Blick, und er muss den von außen kommenden Anforderungen gegenüber eine spezifische Haltung zunächst herausbilden und dann einnehmen. Handelt es sich um größere Probleme, die das Kollektiv, „die Totalität einer Schicksalsgemeinschaft", so Oevermann (ebd., S. 113), insgesamt betreffen, wird er dies ebenso tun, wie andere junge Erwachsene, die sich in seiner krisenhaften Lage befinden, auch. Insofern erfährt er von dort Beistand; d. h. es kommt zu einer „kollektiven generationsinternen und -typischen Unterstützung: dieser Entwurf von Einzigartigkeit muß also zugleich eine Verwurzelung im Kollektivitätsentwurf der Adoleszenten als einer eigenen Generation erhalten" (Oevermann 2001, S. 109). Insofern handelt es sich um eine Form der Vergemeinschaftung, die ihre Rahmung in der umgebenden Sozialität findet.

Bei dieser von Generation zu Generation jeweils neuen Form der Gemeinsamkeit handelt es sich allerdings um keine Gruppe in einem engeren Sinn – wie schon die von Mannheim gewählte Charakterisierung als ‚Generationszusammenhang' deutlich macht. Dann ist aber zu fragen, worin denn der spezifische, gemeinsam geteilte Inhalt besteht, der eine Gruppierung in etwa gleich alter Personen allererst zu einer Generation macht?[51] In jeder Generation, so Oevermanns Antwort, finden wir „wiedererkennbare, typische ‚Muster'" (ebd., S. 115), die sie von der vorhergehenden ebenso wie von der nachfolgenden unterscheidet. „Diese ‚Muster'", das eint die Gruppierung und stellt deren Zusammenhang her, „sind für die Angehörigen einer Generation in abgekürzter Symbolik chiffrierte und wiedererkennbare Gebilde, deren Angemessenheitsregeln und Angemessenheitsurteile sie praktisch als ‚Insider' beherrschen" (ebd.). Wir erinnern hierzu noch einmal an die von uns bereits eingangs eingeführten, von Oevermann hervorgehobenen Merkmale, zu denen vor allem „textiles und kosmetisches ‚outfit', die Insider-Sprache sowie die bevorzugten Musikstile" (ebd., S. 109) gehören.

Es bleibt, abschließend auf die Frage einzugehen, über welchen Zeitraum sich eine Generation erstreckt – was sich durchgehend als schwierig erweist. Im Hinblick auf die familiale Abfolge lässt sich zwar sagen und damit ein Kriterium angeben, dass eine Generation etwa den Zeitraum von 30 Jahren umfasst, bevor eine nächste geboren wird; damit hat man dann zumindest das obere zeitliche Limit für eine Generationseinteilung erfasst. Aber historische Generationen werden ja, unabhängig davon, im Wechselspiel von „universellen Krisen der Ontogenese und den jeweilig zeitgleichen gesellschaftlichen Krisen" (ebd., S. 104) generiert, so dass sich eindeutige Zeitspannen im Vorhinein nicht angeben lassen. Die Dauer einer historischen Generationsabfolge hängt vielmehr von den äußeren Umständen ab. In krisenarmen Zeiten ist die Zeitspanne der Generationen eher lang, in Zeiten von Konflikten, Umbrüchen und Wenden etc. ist sie eher kurz.

Oevermann beschreibt die historische Abfolge von Generationen in der Bundesrepublik Deutschland wie folgt:

> Die deutsche Geschichte des 20. Jahrhunderts war (…) eine äußerst krisenhaft bewegte und bot entsprechend Anlaß für eine dichte Abfolge von historischen Generationen. Besonders krisenhafte Ereignisse sind darin: Der Erste Weltkrieg; die unmittelbare Notzeit danach; die Wirtschaftskrisen der Weimarer Zeit; die politischen Krisen und Kämpfe der Weimarer Republik; die Heraufkunft der nationalsozialistischen Diktatur, die von der Mehrheit der Bevölkerung begrüßt wurde; der vermeintliche Modernisierungsschub und Aufschwung in den Anfängen der nationalsozialistischen

---

51 An dieser Stelle wird besonders deutlich, wie wichtig es wäre, auf geschlechtsspezifische Unterschiede zurückgreifen zu können. Hierzu liegt nur wenig Material vor. „Daß die Generationenbildung in hohem Maße geschlechtsspezifisch verläuft und vor allem in der Vergangenheit verlaufen ist, liegt auf der flachen Hand, wenn man die berufliche und die familiale Bewährungskarriere gegeneinanderstellt. Über das Ausmaß von Differenz und Gemeinsamkeit in der spezifisch weiblichen und spezifisch männlichen Generationenbildung wissen wir verbindlich und sicher nicht viel" (Oevermann 2001, S. 119).

4.2 Generation als historisches Konzept

Herrschaft und die gleichzeitige Steigerung des Totalitarismus und des Rassenterrors; die damit verbundene kollektive Bewußtseinsspaltung in der Wahrnehmung der nationalsozialistischen Herrschaft; die Provokation des Zweiten Weltkrieges; der Verlauf dieses Krieges bis zur endgültigen, totalen Katastrophe; die Folgen dieser Katastrophe mit ihrer enormen Zerstörungswut; die Anomie und Anarchie der unmittelbaren Nachkriegszeit; die Entwurzelung und Integration der Flüchtlinge aus dem Osten; die ersten Phasen des Wiederaufbaus; die Integration der Spätheimkehrer aus der Kriegsgefangenschaft; das Wirtschaftswunder; die erste Rezession der Nachkriegszeit und das Ende der sogenannten Restauration; die Zeit der Republikanisierung am Ende der Großen Koalition; die Welle der Enttraditionalisierung, die mit 1968 beginnt; die Zeit der Reformen; die Krise der Atomindustrie und die Öko-Krise; die Abrüstungskrise; die Krise um die Ostpolitik; die Wende; die Krise der Ost-West-Integration (Oevermann 2001, S. 118).

Ulrich Oevermann hat mit seinen MitarbeiterInnen ein Beispiel für die historische Abfolge von Generationen in der Bundesrepublik Deutschland ausgearbeitet. Im Rahmen der intensiven Beschäftigung mit Biographien entstand so eine Typologie der Generationenabfolge (vgl. ebd., S. 122f., Fn. 26):

- Tonangebend war demzufolge lange Jahre, fast bis heute, die ‚Nie-wieder-Generation' (etwa die Jahrgänge von 1925-1934), für die sich stellvertretend und verkürzt Jürgen Habermas und Günter Grass als in der Öffentlichkeit besonders bekannte und wirksame Personen benennen lassen; sie haben die intellektuelle Auseinandersetzung und das öffentliche Klima des westlichen Nachkriegsdeutschlands nachhaltig geprägt.
- Die etwa zwischen 1935 und 1944 Geborenen bezeichnet Oevermann als die ‚Stille Generation', die sich arbeitsam um den Aufbau der Bundesrepublik bemüht, aber zugleich politisch enthaltsam verhält.
- Auf diese Generation folgt die sog. 68er Generation, der zwischen etwa 1945 und 1954 Geborenen, die mit zum Teil heftigen Protestformen in eine extrem kritische Position gegenüber Staat und Gesellschaft eintrat.

Die ‚stille' Generation, der auch Ulrich Oevermann angehört, kann als ‚Sandwich-Generation' bezeichnet werden, die eingezwängt ist zwischen den jeweils lautstarken, den Diskurs dominierenden Generationen davor und danach. Darauf hinzuweisen ist auch an dieser Stelle, dass Frauen in den genannten Generationsformationen keine besondere Rolle spielten; das änderte sich erst im Rahmen der Frauenbewegung bzw. mit der Gründung der Partei der ‚Grünen', also nach 1968. – Schließlich: Würde man systematisch so vorgehen und nach und nach die Eigenheiten der Generationen herausarbeiten, erhielte man ein Nachschlagewerk der Generationen-Zuordnung (vgl. ebd., S. 103).

4.3 Religion als Antwort auf die Fragen nach der Identität, der Herkunft und der Zukunft des Menschen

Religion bzw. Religiosität ist, damit knüpfen wir an die zentrale Aussage des zweiten Kapitels an, eine Form der Lebenspraxis. Diese Praxis wird, wie wir beschrieben haben, generell und unausweichlich herbeigeführt durch die Notwendigkeit, Entscheidungen in Angesicht einer offenen Zukunft treffen zu müssen. Wir können uns, auch und gerade in schwierigen Situationen, nicht nicht-entscheiden, andernfalls ‚entscheidet die ‚Umwelt' für uns': Liegt mir ein Wohnungsangebot vor, und ich weiß nicht, was ich tun soll, wird mir ‚die Entscheidung abgenommen', und jemand anderes zieht in die Wohnung ein. Diese Form der Entscheidungsmöglichkeit und die damit einhergehende Krise lassen sich gut durch das Sprichwort ‚Wer die Wahl hat, hat die Qual' verdeutlichen.

Aus einer phylogenetischen, also gattungsgeschichtlichen Perspektive wird diese Möglichkeit zu Entscheiden durch den Übergang von der Natur zur Kultur markiert. Die Menschen folgen nicht länger einem angeborenen ‚Biogramm', sie sind nicht länger als Teil der Natur in die Natur eingebettet, sondern sie entwickeln sich, prozesshaft gesehen, von der Natur in die Kultur hinein mit der Gelegenheit, unter unterschiedlichen Optionen wählen zu können. Dies wird vor allem durch den Erwerb der (gesprochenen) Sprache herbeigeführt und verstärkt.[52] Indem Menschen über Sprache verfügen, leben sie nicht nur, wie die Tiere, in der Welt des ‚Hier und Jetzt', sondern sie verfügen zugleich über ein ‚Bündel von Optionen', nämlich eine hypothetisch konstruierbare ‚Welt von Möglichkeiten' – es eröffnet sich ein Spielraum über jenen Teil von uns hinaus, der Natur ist bzw. an diese gebunden ist und bleibt. Der Endlichkeit des Lebens steht in diesem anthropologischen Modell die Unendlichkeit an Möglichkeiten gegenüber.

Folgt man diesen Überlegungen, wird man darauf gestoßen, dass es etwas geben muss, das das Alltagsleben bzw. die Gegenwärtigkeit der Lebenspraxis überschreitet (transzendiert). Zunächst gehören dazu trivialerweise alle menschlichen Planungen, Absichten und Entwürfe, die ja immer in die Zukunft hineinreichen. Aber: Dazu zählt dann letztendlich auch die fundamentale (und häufig erschreckende) Einsicht in die Endlichkeit des eigenen Lebens. Es gab und gibt einen Anfang, und es wird für uns alle auch ein Ende geben. Es handelt sich, in den Worten Ulrich Oevermanns, „um das Skandalon des Todes" (Oevermann 2003, S. 342). Genau an dieser Stelle kommt auch die Religion ins Spiel:

---

52 Weitere Aspekte, die für diesen Übergang stehen, sind, so Oevermann, die ‚Familiarisierung des Vaters', also die (langfristige) Bindung des Vaters an Mutter und Kind, sowie die rituelle Bestattung der Toten (vgl. Oevermann 2003, S. 341).

4.3 Religion als Antwort auf Fragen

Die eigentliche Funktion der Religionen ist es (...), für die Bewältigung der grundsätzlich nicht still stellbaren Bewährungsproblematik jeder konkreten Lebenspraxis eine Hoffnung zu eröffnen, konkret ausgedrückt; das Skandalon des Todes zu bewältigen (Oevermann/Franzmann, 2006, S. 79).

Damit ist ein Sachverhalt angesprochen, der jeden von uns betrifft und uns, häufig implizit, manchmal explizit, angeht. Insbesondere ältere Menschen sehen sich immer wieder – vor allem dann, wenn sie eine ‚Bilanz' ihres Lebens ziehen – mit der Frage konfrontiert, ob sie vor sich, den anderen und letztlich (falls sie kirchengläubig sind) vor Gott eine zufriedenstellende Bestätigung ihrer ‚Lebensleistung' finden. Die Beschäftigung mit der Endlichkeit des Lebens ist deshalb zugleich auch eine Grundfrage und damit ein Grundproblem der Religionen, die dort auch eine Antwort findet. Für das Subjekt lässt sich diese Einsicht in den drei fundamentalen Fragen, denen wir in unserer Lebenspraxis nicht entgehen können, nach der Gegenwart, der Vergangenheit sowie unserer Zukunft zusammenfassen:

- Wer bin ich (sind wir)?
- Woher komme ich (kommen wir)?
- Wohin gehe ich (gehen wir)? (Oevermann 1995, S. 64)

Sich mit diesen Fragen auseinanderzusetzen, bedeutet für Oevermann, religiös zu sein; woraus sich dann ebenfalls ergibt, und das zeichnet seine Religionssoziologie aus[53], dass Religion, in einem strukturellen Sinn verstanden, universell ist. Sie ist etwas, das alle betrifft und nicht nur diejenigen, die an einen Gott glauben. Glauben im Sinne von ‚Kirchengläubigkeit', z. B. als Christ, Jude oder Moslem, stellt dann nur den speziellen, einen inhaltlich gebundenen Fall einer allgemeinen Religion dar.[54]

Wir wollen uns nach diesem einführenden Überblick, in einem zweiten Schritt, der Problematik (Religion als universell Gegebenes) noch einmal nähern und dabei durchgehend die von Ulrich Oevermann benutzte Begrifflichkeit verwenden: Zentral sind hierbei seine Ausführungen zur Bewährungsdynamik, zum Bewährungsmythos sowie zu dessen ‚Evidenzsicherung'.

---

53 Wir gehen auf die Religionssoziologie Oevermanns nur im Hinblick auf die Entwicklungs- bzw. Bewährungsaufgaben der Adoleszenz ein; für einen Blick auf das Konzept insgesamt vgl. vor allem Oevermann 1995, 2001a, 2003, 2006 sowie Oevermann/Franzmann 2006.

54 Aus dieser Überlegung heraus kann Oevermann auch darauf verweisen, dass der gegenwärtig in vielen (westlichen) Ländern festzustellende Prozess der Säkularisierung, also Verweltlichung, nicht zu einer Abkehr von der Sinnfrage geführt hat – man denke etwa an die Bewegung ‚Gottesdienst ohne Gott und Kirche'.

Dieses Modell besteht dementsprechend „aus drei sequentiell in einer dynamischen Abfolge aufeinander bezogenen Problemen, die sich auseinander zwangsläufig ergeben und in einem kohärenten Zusammenhang eine Lösung erfahren müssen" (Oevermann 1995, S. 63). Dieser Überlegung folgend, konzentrieren wir uns in den nächsten Abschnitten auf:

a. Die drei für Religiosität konstitutiven Probleme bzw. Problembereiche (oder ‚Phasenmomente'),
b. welche aufeinander folgen bzw. sich auseinander ergeben,
c. so dass eine unvermeidliche (nicht still stellbare) Dynamik entsteht,
d. die zu einer Lösung drängt,
e. die wiederum (i. d. R.) von einer Gruppe ‚abgesichert' wird.

1. Problembereich: „Aus der Endlichkeit des Lebens folgt ebenso zwingend das Problem einer nicht stillstellbaren Bewährungsdynamik" (Oevermann 2003, S. 341).

Es ist, wie bereits betont, die Sprache, die den Menschen aus dem für das Tier gültigen Handlungsraum des natürlichen Hier und Jetzt, dem einzig die Gegenwart entspricht, herausträgt und die es ihm ermöglicht, über Vergangenheit und Zukunft zu kommunizieren, d. h. Vermutungen und Hypothesen aufzustellen, mithin auch gegen das Bestehende, d. h. kontrafaktisch, zu denken. Aus dem biologisch eingeschränkten Handlungsraum entwickelt sich ein biographisch offener Spielraum an Möglichkeiten. Damit ergibt sich dann aber auch das immer krisenhafte Bewährungsproblem in einer, auch nach jeder getroffenen Entscheidung jeweils erneut offenen bzw. sich öffnenden Zukunft: Innerhalb der Lebenspraxis lässt sich jeder Schritt, und sei er noch so klein und vom Subjekt unbemerkt, als Krise deuten. Besonders bedeutsam, im Sinne von einen biographischen Weg weisend, sind allerdings bestimmte (herausragende) Entscheidungskrisen, so die Heirat, die Zeugung eines Kindes, die Berufswahl, die Migration oder auch eine Scheidung. Radikalisiert wird diese krisenhafte Entwicklung aber dann noch einmal, so Oevermann, „in der Antezipation des Todes" (Oevermann 1995, S. 63).

Aus der Erkenntnis unserer Sterblichkeit ergibt sich nämlich, dass der immer wieder (krisenhaft) erzeugten Offenheit der Zukunft nun zugleich das Bewusstsein um die Endlichkeit unseres Lebens gegenübertritt. Obwohl also, lebenslang, zunächst eine Krise auf die nächste folgt, ist es zugleich offensichtlich, dass dieser Prozess mit dem Tod an sein Ende kommen wird – ‚rien ne va plus', nichts geht mehr. Das Spannungsfeld, das sich hiermit auftut, liegt also zwischen dem jeweils nach vorne strebenden krisenhaften Entwicklungsprozess des Subjekts in eine offene Zukunft

4.3 Religion als Antwort auf Fragen

hinein und dem gleichzeitigen Bewusstsein um die Endlichkeit seines Lebens, die aus der „Knappheit von Lebenszeit" (Oevermann 2009, S. 40) resultiert. Aus diesen beiden sich strikt gegenüberstehenden Polaritäten heraus entspringt die nicht still stellbare Dynamik des sich Bewähren-Müssens: Vergegenwärtigen wir uns dies am Beispiel einer an der „Lebenspraxis orientierte(n) Lebenslaufanalyse" (ebd., S. 46): Der Begriff der Bewährung einer Lebenspraxis verweist dann, einerseits, auf die Möglichkeit, aber auch auf „das Problem der Füllung von offener Zukunft" (Oevermann 2003, S. 350) nach dem Motto: ‚Was ist zu tun'? Die Kraft oder auch die Macht, die uns dazu antreibt und die diese Entwicklungs- und damit ‚Bewährungs-Dynamik' allererst erzeugt, liegt, andererseits, in dem Bewusstsein davon, dass unser Leben endlich ist. Da dieses Spannungsfeld für unser Leben bzw. den Ablauf unserer Lebenspraxis konstitutiv ist, kann es eben nicht dazu kommen, dass der Prozess der Bewährungsdynamik an sein Ende gelangt und gelöst, d. h. still gestellt wird. Lassen wir dazu noch einmal zusammenfassend Ulrich Oevermann zu Wort kommen.

> Wegen des grundsätzlich gegebenen Bewußtseins von der Endlichkeit der Praxis – (…) von der kleinsten Sequenzstelle bis zur gesamten Lebensspanne – liegt unhintergehbar das *Bewährungsproblem* der offenen Zukunft und einer darauf bezogenen nicht stillstellbaren Unsicherheit, also die Permanenz der potentiellen Krise vor (Oevermann 1995, S. 63; Hervorhebung i. O.).

2. Problembereich: Für die Bewältigung dieses universellen Strukturproblems kann es „keine Lösung mit Aussicht auf Gewissheit, sondern nur eine Hoffnung geben, die in einem (…) Bewährungsmythos verbürgt ist" (Oevermann 2009, S. 40).

Wie sieht nun die Antwort auf das Bewährungsproblem, verkörpert in einem Bewährungsmythos, aus? Ein klassisches Beispiel für einen weit verbreiteten Bewährungsmythos findet sich mit der protestantischen bzw. Leistungsethik; sie ist „auf dem historischen Boden der Lutherschen Berufsethik der älteste und prominenteste säkularisierte Bewährungsmythos des Okzidents" (Oevermann/Franzmann 2006, S. 74).[55] Diese vor allem von Max Weber in seinen Untersuchungen herausgearbeitete protestantische Ethik (Arbeitsethik) impliziert, dass der Mensch schon auf Erden Gott durch seine asketische und fleißige Arbeitshaltung ehren kann und soll.

---

55 In der Fortsetzung des Zitats geben Oevermann und Franzmann den wichtigen Hinweis, dass sich der leistungsethische Bewährungsmythos „bis heute durchgehalten hat, [dass er] allerdings durch die Krise der Arbeitsgesellschaft tendenziell seine universale Geltungsbasis zu verlieren droht" (Oevermann/Franzmann 2006, S. 74).

Welche Möglichkeiten haben nun Subjekte generell, um auf Konstellationen des Sich-Bewähren-Müssens als unvermeidbaren, durch die Bewährungsdynamik bedingten Krisen zu antworten? Die Reaktionen auf diese Herausforderung sind innerhalb von drei unterschiedlichen Kontexten angesiedelt, die auch eine historische Abfolge bei zum Teil gleichzeitigem Nebeneinanderbestehen bilden. Sie können

a. magisch, („magisch beschworen"),
b. religiös („als Bewährung vor transzendenten Mächten, als Gehorsam gegenüber göttlichen Geboten") oder
c. säkular („als Erfolg im nicht endenden Kampf um die Souveränität der Lebensgestaltung") (Oevermann 1995, S. 64) bestimmt sein.

Das heißt, dass auf das für alle geltende (universell-anthropologische) Bewährungsproblem Antworten aus unterschiedlichen Kontexten, also spezifisch-unterschiedliche möglich sind. Die Antworten selbst nehmen die Form des Glaubens an einen (kollektiv bereitgestellten) Bewährungsmythos an. So kann beispielsweise „die jüdisch-christliche Tradition (...) als die wohl differenzierteste Ausarbeitung des Bewährungsproblems, vor allem mit der Dialektik des Sündenfalls und ihrer Folge vom Dogma der Erbsünde, gelten" (Oevermann/Franzmann 2006, S. 52). Aber auch andere (Kirchen-)Religionen stellen Bewährungsmythen in den Mittelpunkt ihres Glaubens. Eine universell gültige Bewährungsdynamik muss sich jedoch auch im Hinblick auf nicht-kirchenreligiöse (säkulare) Ausdrucksformen zeigen und nach Antworten verlangen.

Um diese weltlichen Ausprägungen zu untersuchen, greift Oevermann (vgl. auch sehr ausführlich Franzmann 2012) auf eine Reihe von empirischen Untersuchungen im Sinne von Fallrekonstruktionen mit Personen zurück, die als ‚religiös indifferent'[56] bezeichnet werden können; die also „der Überzeugung (sind), daß nach dem irdischen Tode kein weiteres Leben, welcher Art auch immer, zu erwarten ist" (Oevermann/Franzmann 2006, S. 80). Lässt sich hier, wie vom Modell beansprucht, eine nun säkularisierte, also weltliche Form des Bewährungsmythos finden? Mit anderen Worten: Gibt es eine „Religiosität unter den Bedingungen der säkularisierten Welt"? (ebd.). Diese Frage stellt sich natürlich vor allem dann, wenn man davon ausgeht, dass in zeitgenössischen Gesellschaften immer weniger kirchenreligiöse Inhalte zu Verfügung stehen bzw. diese immer seltener abgerufen werden. Konkret lautet die zu beantwortende Fragestellung dann, „welche säkularisierten Bewährungsmythen dem modernen Subjekt angesichts der unaufhaltsamen Verdampfung religiöser Inhalte für die Bewältigung seiner Bewährungsproblematik überhaupt zur Verfügung stehen" (ebd., S. 74).

---

56 Vgl. Glossar.

4.3 Religion als Antwort auf Fragen

In ihrem Aufsatz *Strukturelle Religiosität auf dem Wege zur religiösen Indifferenz* (2006), aus dem wir einige theoretische Stellen bereits zitiert haben, arbeiten Oevermann und Franzmann anhand von Fallrekonstruktionen vor allem zwei weltliche (‚laiische') Bewährungsmythen heraus: Einmal den einer jungen Frau, die „in ausgesprochen strenger Form dem Bewährungsmythos der Leistungsethik folgt" (S. 74), also den klassischen Pfad einer Bewährung über den Beruf ergreift; dem steht der Bewährungsmythos eines Mannes gegenüber, der als Zinsderivatenhändler bezeichnet wird, also eine hoch risikobehaftete Tätigkeit im Bankensektor ausübt. Bei diesem zeigt sich zwar eine ebenfalls weltliche, aber dennoch in maximaler Distanz zur Leistungsethik stehende biographische Entwicklung, da sich der Befragte „einen ästhetischen Bewährungsmythos der Lebenserfüllung durch neugierig distanzierte Welterfahrung zu eigen gemacht" (ebd.) hat. Die Neugierde ist für diesen Befragten so zentral wichtig, dass sie ihn in seiner Lebensführung antreibt; zugleich benennt er damit für sich einen Bereich bzw. „die Triebfeder, welche die Menschheit eigentlich vorantreibt" (ebd., S. 73). Damit ist eine neuartige Form der Bewährung, die die Offenheit zum Prinzip erhebt, benannt (vgl. S. 76).

Zusammenfassend lässt sich als Ertrag der Diskussion in diesem Abschnitt das Folgende festhalten. „Mit den Antworten des Bewährungsmythos ist die Bewährungsdynamik zwar nicht still gestellt, aber der Umgang mit ihr praktisch lebbar gemacht worden" (Oevermann 1995, S. 65). Es zeigt sich also, wie Lebenspraxen mit der Herausforderung der Endlichkeit des Lebens umgehen können; sei es in kirchenreligiöser, sei es in weltlicher Form – auf jeden Fall aber in einer unvermeidlichen Art und Weise.

3. Problembereich: „Die Evidenz des Mythos aufgrund einer vergemeinschafteten Praxis" (Oevermann/Franzmann 2006, S. 53)

Wir haben bisher kennengelernt, wie auf das universelle Bewährungsproblem unter Rückgriff auf bzw. mithilfe eines Bewährungsmythos geantwortet werden muss, wobei die Ausprägung des letzteren sehr unterschiedlich (von spezifisch religiös bis absolut weltlich) sein kann. Dabei wurde auch deutlich, dass es für dessen Bewältigung ja keine Gewissheit, sondern immer nur eine Hoffnung geben kann, also eine schwache Form einer Zukunftserwartung. Daraus ergibt sich dann in letzter Konsequenz die Frage, weshalb sich dennoch so etwas wie eine Sicherheit, ja eine Handlungsanleitung, ergeben kann. Die Sicherheit oder Wirkkraft, Oevermann spricht von Evidenz oder Geltung, bezieht der Kirchengläubige, denken wir beispielsweise an die protestantische oder katholische Kirche, aus der Gemeinschaft bzw. durch die die subjektiv Erfahrung überschreitende Vergemeinschaftung, die er mit anderen Gläubigen teilt. So ist z. B. für den kirchenreligiösen

Glauben an Erlösungslehren (...) die Evidenzsicherung durch eine verbindliche vergemeinschaftete Praxis in diesem Glauben, bestärkt durch Riten und kultische Kollektivhandlungen und gestützt durch eine kollektiv verbindliche Symbolik, geradezu konstitutiv (ebd., S. 75).

Allerdings ergibt sich dann daraus das Folgeproblem, wie es um diese Evidenzsicherung bestellt ist, sobald der Rahmen einer Kirche bzw. der Mitgliedschaft in einer Kirche nicht mehr zur Verfügung steht. Woher beziehen „die individuierten, säkularisierten Subjekte der Moderne die Evidenz für ihre impliziten Bewährungsmythen"? (ebd.). Schauen wir uns dazu die Ergebnisse der Fallrekonstruktionen an. Während für den Fall der jungen Frau, die sich in ihren Aussagen auf die Leistungsethik bezieht, eine Antwort mit Hinweis auf das überwiegend noch bestehende Vorherrschen der Arbeitsethik im Sinne eines kollektiv geteilten Weltbildes nahe liegt, fällt die Antwort im Hinblick auf den ‚Zinsderivatenhändler' nicht so einfach aus.

Sein Bewährungsmythos der Welterfahrung in distanzierter Neugierde entbehrt jeglichen dogmatischen oder normativen Inhalts, jeglicher inhaltlichen Festlegung. Die Offenheit ist zum Prinzip erhoben. Und sie auszuhalten, darin genau besteht die Bewährung (ebd., S. 76).

Aus Gottvertrauen ist, so lässt sich vielleicht pointiert sagen, dann Selbstvertrauen geworden, das als Preis den Bezug auf sich selbst fordert. Biographisch gesehen muss sich alsdann „diese Neugierde (...) auf das eigene Selbst und dessen Geschichte in seinen Irrwegen unvoreingenommen richten und sich in dieser Neugierde immer wieder von neuem in Frage stellen" (ebd., S. 78). Dieses dritte Strukturmoment erweist sich damit „sowohl universell, was die Vergemeinschaftung als Struktur anbetrifft als auch kulturspezifisch, was ihre (...) soziale Ausformung anbetrifft" (ebd., S. 53).

Was heißt dies nun alles für die Problematik der Adoleszenz und der mit ihr einhergehenden Krisen? Die Lösung liegt jetzt ‚auf der flachen Hand'; lassen wir abschließend Ulrich Oevermann zu Wort kommen. „Die Adoleszenzkrisenbewältigung ist genau dann beendet, wenn der Adoleszent sich grundsätzlich dem Problem der Bewährung gestellt und es sich zu eigen gemacht hat" (Oevermann 2009, S. 40). Wenn er also im Hinblick auf die Bereiche Beruf, Partnerschaft, Familie und Elternschaft sowie Staatsbürgerschaft und Gemeinwohlorientierung einen, nämlich seinen einzigartigen Weg gefunden hat. Unterstützt durch die Generation der Gleichaltrigen, die ihm zur Ablösung von den Eltern verhilft, und getragen von der Hoffnung auf Bewältigung der anstehenden Probleme, die durch einen, sei es kirchenreligiösen, sei es weltlichen Rückgriff auf einen Bewährungsmythos ermöglicht wird, kann der nun Erwachsene seinen weiteren Lebensweg beschreiten.

Professionalisierung[57]

5

Der bisherige Verlauf der Argumentation hat gezeigt, dass voll sozialisierte Subjekte – also empirisch konkrete Subjekte der Ebene vier des o.a. Subjektmodells – ihre Lebenspraxis dadurch gestalten, dass sie in der Lage sind, in krisenhaften, zukunftsoffenen Entscheidungssituationen autonom zu handeln. Weiterhin haben wir in Kapitel drei dargelegt, dass der Erwerb autonomer Handlungskompetenz im Sozialisationsprozess selbst krisenhaft verläuft, d. h. es müssen auf dem Weg zur Autonomie Strukturtransformationsprozesse vollzogen und die zentralen Ablösungskrisen erfolgreich bewältigt worden sein. Eine solche erfolgreiche Bewältigung ist jedoch sehr voraussetzungsreich und alle am Prozess Beteiligten sind gegebenenfalls auf Unterstützung – auf stellvertretende Krisenbewältigung – angewiesen.

Stellvertretende Krisenbewältigung ist jedoch keineswegs nur auf dem Weg hin zu autonomer Handlungs- und Entscheidungsfähigkeit notwendig, auch prinzipiell über Autonomie verfügende (erwachsene) Personen sind im Falle ‚echter', ihre pri-

---

57 Für die Rezeption des professionstheoretischen Ansatzes Oevermanns ist sein 1996 erschienener, umfangreicher Aufsatz *Theoretische Skizze einer revidierten Theorie professionalisierten Handelns* von zentraler Bedeutung. Schon in diesem Titel wird darauf hingewiesen, dass es sich um eine andere Betrachtungsweise der Professionsthematik handelt. Diese rückt das professionalisierte Handeln – besser die Spezifik dieses Handelns – und nicht die gesellschaftliche Rolle spezieller Berufe in den Focus der soziologischen Analyse. Genau darin drückt sich auch das ‚Revidierungsbedürftige' der klassischen professionssoziologischen Theorien aus.
Diese grundlegende Differenz zum herrschenden Denken der Professionssoziologe unterstreicht Oevermann bereits 1990 in einem Vorlesungsskript zur ‚Professionalisierungstheorie': „Bei der Professionalisierungstheorie handelt es sich um ein eigentlich klassisches Gebiet der Soziologie. (...) In dem Wort Professionalisierungstheorie statt Professionssoziologie soll schon ausgedrückt sein, daß nicht so sehr die Betrachtung der Professionen als institutionalisierte Berufe im Vordergrund steht, sondern vielmehr die konkrete Tätigkeit, das praktische Handeln, das diese Berufe kennzeichnet" (Oevermann 1990, S. 1f.).

mären Bewältigungspotentiale überfordernder Krisen, auf Hilfeleistungen Dritter angewiesen, um das Scheitern ihrer Lebenspraxis zu verhindern. Diese von Oevermann auch als sekundäre Ebene der Krisenbewältigung bezeichnete Unterstützung ist das Handlungsfeld professioneller, genauer gesagt professionalisierter Berufe. In diesem Sinne kann stellvertretende Krisenbewältigung mit dem Handeln von Professionellen gleichgesetzt werden und der besondere gesellschaftliche Status von Professionen ist – wie noch zu zeigen sein wird – aus deren überlebenssichernden Funktionalität, sowohl für einzelne Menschen als auch für die menschliche Gattung als Ganze, abzuleiten.

5.1 Von der klassischen zur revidierten Theorie professionalisierten Handelns

Der von Oevermann entwickelte Ansatz nimmt Bezug auf die Theorien der klassischen Berufssoziologie. Seine revidierte Professionalisierungstheorie hat den Anspruch, nicht nur deren Schwächen aufzudecken, sondern auch zugleich den Weg zur Überwindung dieser Schwächen zu weisen. Es ist deshalb für die weitere Darstellung der Oevermannschen Vorstellungen sinnvoll, zunächst in einem Exkurs und in aller Kürze, die wesentlichen Überlegungen der klassischen Theorieansätze zu skizzieren.

Historischer Exkurs II

Klassische berufssoziologische Theorien thematisieren den Entwicklungszusammenhang von überlebensnotwendiger Arbeit, deren Organisation in Berufen und den aus letzteren entstehenden Professionen:
So sichert Arbeit im Sinne materieller Reproduktion – neben der sexuellen Reproduktion – die Existenz der Individuen und der Gattung. Die aus dem Vollzug von Arbeit abgeleitete Herausbildung von Berufen ist als zentraler Bestandteil eines gesellschaftlichen Modernisierungsprozesses zu sehen, an dessen Spitze, etwa seit Beginn des 20. Jahrhunderts, eine besondere Form von Berufen in den Blick gerät, die als *Profession* bezeichnet wird. Grob zusammengefasst kann gesagt werden: aus dem Prozess der *Verberuflichung* – der „Institutionalisierung von Arbeit als Beruf" (Oevermann 1999, S. 1) – entstand – durch Verwissenschaftlichung und Akademisierung bestimmter beruflicher Tätigkeitsfelder – der Prozess der *Professionalisierung*.

Historischer Exkurs II

Die in engerem Sinn professionstheoretische Forschung „begann in den 1930er Jahren mit den Versuchen, Charakteristika oder besondere Merkmale (traits) zu identifizieren, die die Professionen von anderen Berufen unterscheiden" (Runté 1995; Übersetzung durch die Verfasser). Das sog. ‚Trait Model of Professionalism' versuchte also durch merkmalstheoretische Analysen prototypischer Berufe – wie Ärzte, Rechtsanwälte oder Geistliche – deren Besonderheit und gesellschaftliche Herausgehobenheit gegenüber anderen Berufen zu begründen. Die folgende Auflistung zeigt die in der klassischen Professionssoziologie immer wieder hervorgehobenen Merkmale (‚traits'), die einen Beruf als Profession ausweisen sollen:

- Eine lang andauernde und theoretisch fundierte, insbesondere wissenschaftliche Spezialausbildung (→ *Expertenwissen*)
- Die Bindung des beruflichen Handelns an bestimmte ethische Verhaltensregeln (→ *Professionsethik*)
- Das Bestehen eines Berufsverbandes mit Selbstverwaltung, Disziplinargewalt und Einfluss bei der Rekrutierung des Nachwuchses (→ *Selbstregulierung, Autonomie*)
- Eine Orientierung des beruflichen Handelns am Gemeinwohl (→ *Zentralwertbezug*)
- Eine relative Autonomie, insbesondere gegenüber organisatorischen Einflüssen und den Gesetzen des Marktes (→ *Konkurrenzfreiheit*)
- Ein gesetzlich zugesicherter monopolisierter Arbeitsbereich, der anderen Berufsgruppen verschlossen bleibt (→ *Monopolisierung*)
- Die Zuständigkeit und Kompetenz zur Wahrung wichtiger gesellschaftlicher Werte (→ *Legitimitätszuschreibung*) (nach Hesse 1968, S. 50f.)

Historisch betrachtet sind Professionen – wie die Merkmalskategorien Selbstregulierung, Monopolisierung und Konkurrenzfreiheit zum Ausdruck bringen – das Ergebnis eines erfolgreichen Kampfes um ein Dienstleistungsmonopol. Die Begründungen für das Erreichen solcher Monopolstellungen[58] und die damit verbundenen Privilegien sind jedoch – so die sich daran entzündende Kritik – nichts als reine Ideologie, die sich auf die funktionale Bedeutung der für die berufliche Praxis typischen Handlungsprobleme beruft.

Klassische strukturfunktionale professionstheoretische Ansätze (Parsons, Carr-Saunders, Hughes, Marshall, Goode), aber auch die diesen in den 70er und 80er Jahren des vorigen Jahrhunderts nachfolgenden sog. machttheoretischen An-

---

58 So dürfen z. B. nur Rechtsanwälte Mandanten vor Gericht vertreten. Hierfür bedarf es einer offiziellen Zulassung, die auch im Falle eines gravierenden Fehlverhaltens jederzeit entzogen werden kann.

sätze (Larson, Freidson) leisten zwar eine *merkmalstheoretische Deskription*, aber keine ideologieunverdächtige strukturanalytische Aufschließung des gemeinsamen Handlungsproblems (vgl. Oevermann 2002a, S. 22). Ohne eine solche Aufschließung kann jedoch die Professionalisierungsbedürftigkeit eines Berufsfeldes nicht zweifelsfrei bestimmt werden.

Exkurs Ende

Nach Oevermann genügt es also nicht – wie im Exkurs beschrieben – mittels merkmalstheoretischer Analysen prototypischer Berufe (Ärzte, Rechtsanwälte oder Geistliche) gemeinsame Merkmale zu identifizieren und zu Katalogen zusammenzufassen, um dann, in einem (subsumtionslogischen) Abgleich mit diesen, einen Beruf als Profession zu ‚adeln'. Dies wird vor allem in der immer wieder aufflackernden Diskussion deutlich, ob und in welchem Maße ein Berufsfeld überhaupt noch oder nicht mehr den Professionen zuzurechnen ist. Sind z. B. Pflegeberufe oder medizinische Assistenzberufe wie Physiotherapeuten oder Logopäden Professionen, oder sind sie den ‚Semi-Professionen' zuzurechnen, sind es eventuell aber auch Professionen im Wartestand? Vielmehr muss, um in dieser Diskussion Klarheit zu schaffen, die Struktur des jeweiligen beruflichen Handlungsproblems (rekonstruktionslogisch) mit geeigneten Verfahren (Objektive Hermeneutik) aufgeschlossen werden. Genau an dieser Stelle setzt Oevermanns krisentheoretisch untermauerte Vorstellung einer revidierten, strukturalen Theorie professionalisierten Handelns an. Diese sucht und identifiziert den eigentlichen Grund für die Sonderstellung von Professionen unter den Berufen in der *Strukturlogik der Handlung*, die trotz Verschiedenheit der Handlungsprobleme immer gleich ist.

Zu Beginn dieses Abschnittes haben wir bereits angesprochen, dass die *stellvertretende Bewältigung echter lebenspraktischer Krisen* einzelner Subjekte oder Gruppen – also der je verschieden aggregierten humanen Einheit des Lebendigen[59] – den Kern des Handlungsfeldes professioneller Berufe ausmacht.

> Stellvertretende Krisenbewältigung deshalb, weil es in diesen Tätigkeiten nicht um die für jede Lebenspraxis als Lebenspraxis konstitutive, selbstverständliche, deren Autonomie erst erzeugende primäre Bewältigung eigener Krisen geht, sondern um die Bewältigung von Krisen anderer, seien es konkrete andere partikulare Personen oder Gruppen, souveräne Vergemeinschaftungen oder gar zukünftige Generationen (Oevermann 2009a, S. 114).

---

59 Vgl. Kapitel 2.1.

Wenn also, wie im oben angeführten Beispiel der Krise des Paares, das ein Kind erwartet, es diesem nicht gelingt, einen Strukturtransformationsprozess eigenständig zu erzeugen, der eine neue Vorstellung ihrer zukünftigen Lebensgemeinschaft ermöglicht, muss es sich um professionelle Hilfe bemühen. Erteilt es z. B. einem Psychologen ein Mandat, ist dies der erste Schritt auf dem Weg zur Wiederherstellung ihrer Paarautonomie, indem dieser stellvertretend für das Paar das Neue entwirft und es diesem – in gemeinsamer Anstrengung – therapeutisch zugänglich macht. Der professionelle Therapeut tritt so vorübergehend an die Stelle der primären Lebenspraxis, um stellvertretend „als Agens, Strukturtransformationsprozesse der Erzeugung des Neuen" (Oevermann 2004, S. 157)[60] in einem *Arbeitsbündnis* mit dem Paar zu erzeugen.

Wie die Strukturlogik der Handlung von Professionellen aussieht und wie speziell stellvertretende Krisenbewältigung in einem Arbeitsbündnis genau von statten geht, soll in den nachfolgenden Abschnitten *Von der gestörten zur wiederhergestellten Autonomie der Lebenspraxis* und *Das Arbeitsbündnis als ‚Ort' professionalisierter Praxis* dargestellt werden.

Zuvor aber sind noch die Funktionsbereiche professionalisierter Praxis (= Funktionsfoci) stellvertretender Krisenbewältigung zu klären, d. h., es müssen jene – für den Fortbestand der Gesellschaft relevanten – professionalisierungsbedürftigen beruflichen Handlungsfelder identifiziert werden, in denen stellvertretende Krisenbewältigung zwingend indiziert sind.

5.2 Funktionsbereiche professionalisierter Praxis

Jedes Gemeinwesen hat – will es den eigenen Untergang nicht riskieren – dafür Sorge zu tragen, dass individuelles Leben und gemeinschaftliches Zusammenleben möglichst störungsfrei stattfinden können. Wenn es also um die Aufrechterhaltung von individuellem und sozialem Leben geht, sind nach Oevermann (2005, S. 26f.) drei Funktionsbereiche professionalisierter Praxis zu unterscheiden:

---

60 Im Therapeuten ist eine den Bewältigungsprozess vorantreibende Kraft (das Agens) zu sehen, deren Wirken einem Katalysator in chemischen Prozessen ähnlich ist. Genau wie im chemischen Prozess ist er der „Stoff, der durch seine Anwesenheit (…) Reaktionen herbeiführt oder in ihrem Verlauf beeinflusst, selbst aber unverändert bleibt" (Duden 1982, S. 388).

1. Der „Focus der Erzeugung und Aufrechterhaltung einer somato-psycho-sozialen Integrität der partikularen Lebenspraxis." (Gegenstand professionalisierter Praxis sind sogenannte *Integritätskrisen*)
2. Der Focus der „Erzeugung und Gewährleistung von Gerechtigkeit in der professionalisierten Rechtspflege." (Gegenstand sind sogenannte *Regularitätskrisen*)
3. Der Focus der „Erzeugung und die Gewährleistung der Geltung von Wissen." (Gegenstand sind sogenannte *Geltungskrisen*)

Zu 1.) Wenn im ersten der drei Funktionsbereiche professionalisierter Praxis von einer in die Krise geratenen *somato-psycho-sozialen Integrität der partikularen Lebenspraxis* gesprochen wird, heißt das, dass humanes Leben immer als Ganzes in eine Krise gerät, ganz gleich, ob eine körperlich-physische, eine psychische oder soziale ‚Gestörtheit' vorliegt. Natürlich ist z. B. die schwerwiegende Knieverletzung eines Fußball-Profis primär eine Störung der somatischen Komponente seiner personalen Integrität. Es ist aber unmittelbar einleuchtend, dass die beiden anderen Komponenten – spätestens, wenn sich der Heilungsprozess erheblich verzögert, oder gar das Karriereende droht – den Charakter der Krise, und damit den der therapeutischen Intervention als Ganzes, ebenso bestimmen werden.

Zu 2.) Im zweiten Funktionsbereich professionalisierter Praxis geht es um die stellvertretende Bewältigung von Regularitätskrisen, d. h. von Krisen, die die *intersubjektive Praxis autonom handlungsfähiger Personen bzw. Personengruppen* betreffen. So ist z. B. ein solcher Fall gegeben, wenn zwei Nachbarn in einen Streit über einen, vermeintlich, zu nahe an der Grundstücksgrenze wachsenden Baum geraten und die Regelung dieses Streits die ehedem gutnachbarliche Lebenspraxis überfordert. Die von beiden Seiten in Anspruch genommene professionelle anwaltlich-mediative[61] Praxis hat nun dafür zu sorgen, dass die durch den Streit entstandene Krise der Rechtsgemeinschaft beigelegt werden kann. Gleiches gilt auch, wenn eine Dorfgemeinschaft sich dagegen wehrt, bisher genutzte Waldwege nicht mehr begehen zu dürfen, weil der neue Eigentümer des Waldes dies untersagt hat. In beiden Fällen erfolgt die stellvertretende Bewältigung der Regularitätskrisen mittels Verfahren, die nach formal-rationalen Regeln (Gesetzestexte, Verordnungen etc.) prozedieren.

Zu 3.) In den beiden zuvor genannten Funktionsbereichen handelt der Professionelle – sei es der Arzt oder der Rechtsanwalt – auf der Basis seiner interventionspraktischen Expertise, die wiederum „ein methodisch bewährtes Wissen, bestehend aus

---

61 Die Mediation setzt zur Bewältigung von Konflikten auf unparteiische Beratung und eine Vermittlung zwischen den Interessen verschiedener Personen.

5.2 Funktionsbereiche professionalisierter Praxis

theoretisch-explanativen Argumenten einer Erfahrungswissenschaft, normativen Rechtfertigungen, aus Methoden und Praktiken (voraussetzt)" (ebd., S. 27). Da dieses Wissen nun – aufgrund der Dynamik der Wissensentwicklung und der permanenten Überprüfung der Gültigkeit gewonnener Erkenntnisse – in eine ‚Geltungskrise' geraten kann, wird die Sicherstellung der *Erzeugung und die Gewährleistung der Geltung von Wissen* selbst zu einem Funktionsbereich professionalisierter Praxis. D. h. also, weil das vom Professionellen anzuwendende Wissen in seiner Gültigkeit angezweifelt werden kann, bedarf es der (‚Meta'-)Profession des Wissenschaftlers, der in der Lage ist, Geltungsprobleme von Wissensbeständen zu überprüfen und gegebenenfalls neues Wissen zu erzeugen. Dazu ein weiteres Beispiel aus dem medizinischen Bereich: Neben chirurgischen Eingriffen waren Chemo- und Strahlen-Therapie, mit all ihren z. T. gravierenden, die Lebensqualität der Betroffenen stark beeinträchtigenden Nebenwirkungen, lange Zeit der ‚Goldstandard' in der Krebstherapie. In jüngster Zeit haben Fortschritte in der gentechnischen Forschung neue, auf den Patienten maßgeschneiderte Medikamente hervorgebracht, die, zumindest in manchen Fällen, die einschneidenden Therapieprozeduren ersetzen können. Dieses Beispiel soll verdeutlichen, dass professionalisierte Forschungspraxis bisher geltendes therapeutisches Wissen (experimentell) in Frage stellt, d. h. krisenhaft werden lässt, um es durch neues Therapie-Wissen ersetzen zu können.

Abbildung 5.1 fasst noch einmal die drei Funktionsbereiche professionalisierter Praxis, die jeweiligen Adressaten/Klienten der Unterstützungsleistung sowie die zum Zuge kommende zentrale Praxisform, zusammen.

Die allen Funktionsbereichen (I-III) professionalisierter Praxis gemeinsame Strukturlogik, also die Logik, die das Handeln des Fachmanns zu einem professionalisierten Handeln macht, verdeutlicht Oevermann am Funktionsbereich ‚Gewährleistung der somato-psycho-sozialen Integrität' bzw., wie er sagt, am ‚Focus von Therapie und Prophylaxe' (vgl. Oevermann 1996, S. 109ff.).

Funktionsbereich *(Focus)*	Adressat *(Klient)*	Praxisform *(Verfahren)*
Gewährleistung der somato-psycho-sozialen Integrität *(Integritätskrisen)*	Partikulare Lebenspraxis *(einzelne Subjekte oder Gruppen)*	Arbeitsbündnis *(interventionspraktische Expertise)*
Gewährleistung von Recht Gerechtigkeit *(Regularitätskrisen)*	Rechtsgemeinschaft *(kollektive Lebenspraxis als Schutzgemeinschaft partikularer Lebenspraxen)*	Verfahren nach formal-rationalen Regeln *(mediative Verfahrensweise)*
Methodische Bearbeitung von Geltungsansprüchen *(Geltungskrisen)*	Universe of Discourse (Wissensgemeinschaft) *(Bedeutungssystem, das für alle Beteiligten gilt)*	Methodische Kritik in herrschaftsfreiem Diskurs *(methodisch-wissenschaftliche Expertise)*

Abb. 5.1 Funktionsbereich (Focus), Adressat (Klient) und Form professionalisierter Praxis (vgl. Oevermann 2005 und 2009)

Zentraler Bezugspunkt seiner Überlegungen ist dabei der Begriff der Autonomie der Lebenspraxis. Dabei geht es einerseits um die *Entwicklung der Autonomie des Subjekts* im Prozess der Sozialisation (im Sinne prophylaktischer Erzeugung von Potentialen zukünftiger Krisenbewältigung) sowie andererseits um die *Wiederherstellung gestörter Autonomie* in einem Prozess der Re-Sozialisation (im Sinne von therapeutischer ‚Hilfe zur Selbsthilfe'). Von der Entwicklung der Autonomie war bereits Kapitel 3 ausführlich die Rede. Im Folgenden soll es um die Notwendigkeit und Möglichkeit der Wiederherstellung bereits vorhandener, aber gestörter, d.h. in eine Krise geratener Autonomie gehen.

5.3 Von der gestörten zur wiederhergestellten Autonomie der Lebenspraxis

Wir haben bereits erfahren, dass voll sozialisierte Personen den größten Teil ihrer tagtäglichen Handlungsprobleme mit Routinen, d.h. mit dem ihnen verfügbaren,

5.3 Von der gestörten zur wiederhergestellten Autonomie

bewährten Wissen bewältigen. Und weiter, dass auch die in geringerem Maße auftretenden ‚echten' Krisen – überwiegend sind dies Störungen der somato-psycho-sozialen Integrität – in der Regel durch primäre Krisenbewältigung gemeistert werden können. Wie diese Krisenbewältigung durch eigenständige Erzeugung des Neuen – man könnte das ‚Neue' auch als bisher nicht verfügbares Handlungswissen bezeichnen – stattfindet, lässt sich an einem fiktiven Beispiel aus der Praxis familialer Sozialisation anschaulich darstellen:

Eine junge Mutter hat zur gewohnten Abendstunde ihr neugeborenes Kind gestillt, gewindelt und in sein Bettchen gebracht. Wider Erwarten quengelt und schreit das zuvor liebevoll versorgte Kind, anstatt zu schlafen. So, wie sie es selbst erfahren bzw. von ihrer Mutter gelernt hat, nimmt die Mutter ihr Kind noch einmal aus dem Bettchen, spricht zu ihm beruhigend, kontrolliert noch einmal, ob die Windel an irgend einer Stelle zwickt, wiegt es noch eine Weile in ihren Armen und singt ihm beim erneuten zu Bett bringen nochmals ein Schlummerliedchen vor. Als auch dieses Procedere nicht den erwarteten Erfolg bringt, ist sie zunächst einige Momente ratlos, nimmt dann aber ihr Kind kurzerhand erneut aus dem Bett und beschließt – trotz ungewöhnlicher Zeit – einen kleinen Spaziergang zu unternehmen. Nach einer Viertelstunde Fahrt im Kinderwagen in der kühlen Abendluft ist ihr Kind eingeschlummert und lässt sich – wieder zu Hause – in sein Bettchen legen, um weiterzuschlafen. Der jungen Mutter ist es also nach dem Scheitern ihrer Routinen gelungen, mit dem ihr zur Verfügung stehenden Problembewältigungspotential, der ‚Einschlaf-Krise' mit einem neuen Handlungsmuster erfolgreich zu begegnen.

Anders gesagt, es hat eine primäre Krisenbewältigung stattgefunden, weil das Scheitern alten Wissens zum Anlass einer intuitiven Erzeugung neuen Wissens wurde, das, wenn es sich in der weiteren familialen Praxis des Öfteren bewähren sollte, von der Mutter ins routinisierte Handlungsrepertoire der Bewältigung zukünftiger ‚Einschlaf-Krisen' aufgenommen werden wird. Oevermann spricht hier von einer im lebenspraktischen Vollzug (durch die Mutter) erzeugten *materialen Rationalität*.[62] Würde die Überprüfung der neu gewonnenen materialen Rationalität nicht nur im lebenspraktisch-privaten Bereich erfolgen, sondern im Rahmen systematischer, methodisch-kontrollierter Bewährungsproceduren der Wissenschaft, entstünde – im Falle der erfolgreichen Bestätigung des neuen Wissens – unabhängig von der konkreten Lebenspraxis gültige *formale Rationalität*, die dann, möglicherweise in Form eines Fachbuchs, für andere junge Mütter verfügbar gemacht werden könnte.

Gleichwohl ist ein Scheitern primärer Krisenbewältigung, etwa, wenn im zuvor dargelegten Beispiel der Beginn einer ernsthaften Erkrankung für die ‚Einschlaf-Krise' des Kindes verantwortlich wäre, ein durchaus nicht seltenes Ereignis. Denn,

---

62 Vgl. hierzu auch Kapitel 2.4.

wie in Kapitel 2.3 (Krisentypen und ihre lebenspraktische Bedeutung) gezeigt, ist die humane Lebenspraxis prinzipiell krisenhaft und durch eine Zukunftsoffenheit bestimmt, für die selbst das bisher angesammelte Menschheitswissen niemals eine, jedem Einzelfall gerecht werdende, Bewältigungsstrategie bereitstellen kann.

Auf dieses unausweichliche, in der Unvorhersehbarkeit zukünftiger Lebenslagen angelegte Scheitern primärer Krisenbewältigung reagieren Gemeinschaften und mehr noch moderne Gesellschaften, mit der Institutionalisierung von Potentialen *sekundärer Krisenbewältigung*. Diese Potentiale finden ihren Ausdruck „in einer Stellvertretung aufgrund einer in einem bewährten Wissen wurzelnden Expertise" (Oevermann 2005, S. 23).[63] Diese Expertise wiederum manifestiert sich in handlungsfeldspezifischen professionalisierten Berufen, zu denen auch WissenschaftlerInnen und KünstlerInnen zu zählen sind.

Sollte also die junge Mutter in unserem Beispiel die ‚Einschlaf-Krise' mit den ‚Bordmitteln' ihres Bewältigungspotentials nicht in den Griff bekommen, wird die Sorge um das Wohlergehen ihres Kindes sie dazu bewegen, einen Kinderarzt aufzusuchen. Das Eingeständnis des Scheiterns eigener Problembewältigungsversuche und der dadurch entstehende *Leidensdruck* einerseits und das Wissen um die Expertise eines Kinderarztes andererseits, eröffnen ihr einen erfolgversprechenden zweiten Weg aus der Krise, eben durch eine sekundäre, stellvertretende Krisenbewältigung.

Was heißt das nun genau, dass erwartet werden kann, dass der Kinderarzt über eine Expertise verfügt, die in einem bewährten Wissen wurzelt?

Zunächst einmal leuchtet ein, dass es ein Wissen sein muss, das dem naturwüchsigen Erfahrungswissen der jungen Mutter und dem der Personen ihres sozialen Umfeldes (um Rat befragte Mutter, Freundin, Nachbarin etc.) überlegen sein muss. Ein solches Wissen ist vielmehr ein systematisches und methodisch-kontrolliert erzeugtes medizinisches – speziell kinderärztliches – Fach- und Methoden-Wissen, das verschiedenen humanwissenschaftlichen Disziplinen entstammt und in Fachliteratur sowie in eigens dafür eingerichteten, langwierigen Studiengängen als bewährtes Wissen verfügbar gemacht wird.

Wenn Expertise also in wissenschaftlich gesichertem Wissen ‚wurzelt', heißt dies aber noch lange nicht, dass dieses theoretische Wissen allein schon *professionelle* Expertise ausmacht. Es muss etwas hinzukommen, das dieses Wissen im professionalisierten Handeln fruchtbar werden lässt. Anders gesagt: Professionelle Expertise darf nicht als wissenschaftliches Expertentum missverstanden werden.

---

63 Eine zweite Quelle von Potentialen sekundärer Krisenbewältigung, auf die hier nicht näher eingegangen werden kann, gründet in *„einer Stellvertretung durch Delegation eines Kollektivs an Anführer"*. Idealtypisch hierfür sind (charismatische) Politiker, Unternehmer und Intellektuelle (vgl. ebd.).

5.3 Von der gestörten zur wiederhergestellten Autonomie

Sie ist vielmehr bestimmt durch eine *Dialektik von Theorie und Praxis*, die in zwei Komponenten im *professionalisierten Experten* ihren Ausdruck findet (vgl. Oevermann 2009a, S. 115f.)[64]:

Komponente I
- *(fach-)wissenschaftlich/methodische Kompetenz* (Theorieverstehen/Fachwissen) (a) sowie
- *(fall-)rekonstruktiv/diagnostische Kompetenz* (Fallverstehen/Fallwissen) (b)

Komponente II
- *interventionspraktische Kompetenz* [‚übersetzt' das Wissen der Komponente I (a) fallspezifisch, entsprechend Wissen (b)]

Der professionelle Experte muss also – entsprechend Komponente I – sowohl über ein umfassendes Fach- und Allgemeinwissen als auch über ein differenziertes Methodenwissen verfügen. Letzteres ermöglicht ihm nicht nur eine permanente kritische Auseinandersetzung mit diesen Wissensbeständen (Theorieverstehen), sondern auch die (rekonstruktive) Erzeugung von einzelfallspezifischem Wissen (Fallverstehen).[65] Allein die beiden hier angesprochenen Kompetenzen *(fach) wissenschaftlich/methodische Kompetenz* und *(fall)rekonstruktiv/diagnostische Kompetenz* genügen jedoch noch nicht, um den so ausgestatteten Experten zu einem handlungsfähigen Professionellen werden zu lassen. Hinzukommen muss die als Komponente II bezeichnete *interventionspraktische Kompetenz*, die darin zum Ausdruck kommt, dass der betreffende Experte in der Lage ist, allgemein gültige Wissensbestände – dem speziellen (diagnostischen) Wissen über den Fall entsprechend – in krisenbewältigendes Handlungswissen zu transformieren. Anders gesagt, ist mit dem Begriff ‚Professionelle Handlungskompetenz' jenes Vermögen des Professionellen gemeint, der *Dialektik von Theorie und Praxis* zu

---

64 „Auf der einen Seite muss er (der Professionelle, D.G./U.R.) sowohl über ein fachspezifisches und ein zu je einem aktuellen wissenschaftlichen Weltbild sich zusammenfügendes allgemeines Wissen als auch eine fachspezifische Methodik und vor allem eine fachübergreifende Methodologie der wissenschaftlichen Überprüfung der Geltung von Aussagen über die erfahrbare Welt verfügen. (...) Deshalb bedarf es einer zweiten, zur ersten im Gegensatz stehenden Kompetenz, der eigentlich interventionspraktischen, in der das Wissen der ersten Komponente je fallspezifisch ‚übersetzt' wird. Während die erste Komponente grundsätzlich auf Standardisierung und Verallgemeinerung ausgerichtet ist und sein muss, ist das Prozedieren in der zweiten Komponente grundsätzlich nicht standardisierbar" (ebd.).

65 Vgl. hierzu ausführlich Kapitel 6.4.

genügen, nämlich – wie Oevermann sagt – *ingenieuriales Wissen* fallangemessen in *interventionspraktisches Wissen* übersetzen zu können.⁶⁶

Um nun die Problematik dieser ‚Übersetzungsleistung' zu verdeutlichen, ist es notwendig zu klären, was es heißt, ‚fallangemessen', d. h. ‚nicht-standardisiert' zu handeln. Was also hat es mit der prinzipiellen *Nicht-Standardisierbarkeit* und – deshalb grundsätzlich – mit den *professionalierungsbedürftigen (Dienst-) Leistungen* auf sich?

Erinnern wir uns an das Fall-Beispiel der gescheiterten naturwüchsigen Krisenbewältigung der jungen Mutter. Indem sie einen Kinderarzt aufsucht, hofft sie darauf, dass dieser mit seinem theoretischen Wissen und praktischen Können das gesundheitliche Problem ihres Kindes und damit auch die Krise der familialen Lebenspraxis bewältigen kann. Damit der Kinderarzt erfolgreich therapeutisch intervenieren kann, muss er sich ein möglichst genaues Bild von seinem kleinen Patienten verschaffen. Die Diagnose der konkreten ‚Einschlaf-Störung' des Kindes erfordert deshalb auch eine Rekonstruktion des konkreten lebensgeschichtlichen Zusammenhangs der Familie. Denn, sollte es sich bei der ‚Einschlaf-Störung' tatsächlich um eine Erkrankung handeln, gilt für diese, was grundsätzlich für alle Krankheiten gilt: Nämlich, dass jede Krankheit „das Maß an Gesundheit (ist), das eine konkrete Lebenspraxis in ihrer Traumatisierungsgeschichte maximal in ihrem Überlebenskampf erreichen konnte" (Oevermann 2005, S. 25).

Diagnose im Sinne von Rekonstruktion aller für das Befinden von Personen einst und jetzt verantwortlichen Lebensverhältnisse muss dementsprechend „mehr sein als ein einer standardisierten TÜV-Überprüfung korrespondierender ‚Check'" (ebd.). Es genügt also nicht, mit Hilfe üblicher biometrischer Instrumente (Blutuntersuchungen, Temperaturmessungen, bakteriologische Tests etc.) eine bestimmte Datenlage zu erzeugen und damit eine (subsumtionslogische) Zuordnung der

---

66 Oevermann zeigt im Vergleich zwischen den beiden Berufen Automechaniker und Arzt zwei grundlegend verschiedene Modelle der rationalen Anwendung methodisierten Wissens:
- Der Mechaniker-Experte wendet bei der Reparatur eines Autos technologisches Wissen in standardisierten, zumeist schematischen Handlungsabläufen an (= *ingenieuriale Wissensanwendung*).
- Der Arzt hat es hingegen nicht mit mechanischen Defekten, sondern mit grundsätzlich nicht standardisierbaren Problemstellungen (Krisen) der Lebenspraxis zu tun. Deren Bewältigung erfordert eine fallspezifische (nicht-schematische) Anwendung wissenschaftlich gesicherten Wissens (= *interventionspraktische Wissensanwendung*).

Professionelle Expertise bzw. das interventionspraktische Handeln des Professionellen „muß auf die Wiederherstellung der beschädigten Autonomie der Lebenspraxis ausgerichtet sein, was über eine bloße Reparatur eines technischen Apparates hinausgeht" (Oevermann 2005, S. 24).

5.3 Von der gestörten zur wiederhergestellten Autonomie

‚Einschlaf-Störung' zu einem bestimmten Krankheitsbild vorzunehmen, um fallangemessene therapeutische Maßnahmen zu initiieren. Der Kinderarzt wird sich vielmehr – im Sinne eines umfassenden ‚Fall-Verstehens' – auch mit der Mutter über die bisherige ‚Krankengeschichte' (Anamnese) des Kindes und die familiale Lebenssituation ganz allgemein unterhalten, weil er nur im Zusammenhang dieser Informationen eine, der spezifischen Fallkonstellation gerecht werdende, interventionsbezogene Beurteilung der sonstigen (standardisiert ermittelten) Diagnoseparameter (Blutwerte, Temperatur etc.) vornehmen kann. In eben dieser Notwendigkeit eines umfassenden ‚Fall-Verstehens' liegt eine der Begründungen der Nicht-Standardisierbarkeit professionalisierter Dienstleistungen.

Eine zweite Begründung liegt im interventiven Handeln selbst. Ebenso wenig wie unser Kinderarzt sich allein auf standardisierte Diagnoseverfahren verlassen kann, wenn er den Grund der ‚Schlaf-Störung' entdecken will, kann er, nach erfolgter Diagnose, allein mit einem standardisierten Therapieverfahren – gewissermaßen schematisch – reagieren. Er muss vielmehr die ihm bekannten (standardisierten) Routinetherapien, gemäß der rekonstruierten Spezifik des Falles modifizieren. Anders gesagt, er muss Standardtherapien, damit sie „interventionspraktisch greifen, (...) in den konkreten lebensgeschichtlichen Zusammenhang des Klienten" (ebd.) rückübersetzen.

Diese Notwendigkeit der fallangemessen Rückübersetzung (*ingenieurialen Wissens* in *interventionspraktisches Wissen*) impliziert auch die dritte und nach Oevermann wichtigste Begründung der Nicht-Standardisierbarkeit stellvertretender Krisenbewältigung durch professionalisierte Berufe. Gelingt diese Rückübersetzung standardisierter Wissensbestände, entsteht nämlich zugleich eine mit dem Gelingen einhergehende Gefahr des Abhängig-Werdens, auf die der handelnde Professionelle wiederum fallspezifisch, also nicht-standardisiert reagieren muss. Oevermann bringt dieses dritte, die Nicht-Standardisierbarkeit stellvertretender Krisenbewältigung begründende Element, das er auch als *widersprüchliche Einheit von Autonomie und Abhängigkeit* kennzeichnet, wie folgt zum Ausdruck:

> In dem Maße nämlich, in dem die durch standardisiertes Wissen ermöglichte Hilfe der stellvertretenden Krisenbewältigung gewissermaßen technisch erfolgreich ist, korrumpiert sie zugleich das eigentliche Ziel ihrer Hilfe. Sie macht nämlich darin den Klienten als hilfsbedürftigen abhängig und zerstört in dem Maße dessen Autonomie, um deren Wiederherstellung es doch gerade gehen muß (ebd.).

Auf unser Beispiel der kinderärztlichen Behandlung der ‚Einschlaf-Störung' übertragen, lässt sich dieser dritte Grund für die Nicht-Standardisierbarkeit professionalisierten Handelns mit dem folgenden Szenario verdeutlichen: Nach eingehender Diagnostik vermutet der Kinderarzt den Grund für die Einschlafprobleme in einer

Mangelernährung und einer damit verbundenen Unterversorgung mit bestimmten Mineralien und Spurenelementen. Er verordnet eine Reihe verschiedener Präparate und empfiehlt der Mutter eine Umstellung der familialen Ernährungsgewohnheiten. Mit Hilfe der Medikamente bessert sich sehr bald die Symptomatik, das Kind ist weniger unruhig und schläft besser ein. Weil es die Mutter aber nicht schafft, die vom Arzt empfohlene parallele Ernährungsumstellung auf den Weg zu bringen, wird sie schon bald nach dem Aufbrauchen der Medikamente wieder beim Kinderarzt vorstellig, um eine erneute Verordnung der Präparate zu erbitten.

Dieses etwas holzschnittartige Szenario zeigt zunächst einmal, dass die verordneten Medikamente ein Ausdruck technisch erfolgreicher stellvertretenden Krisenbewältigung sind. Indem die Mutter sich aber anscheinend darauf auch in Zukunft verlassen will, korrumpiert diese ‚technische Lösung' zugleich das eigentliche Ziel der ärztlichen Hilfeleistung, die Wiederherstellung der Autonomie der familialen Lebenspraxis. Weil der zweite Aspekt der ärztlich-professionellen Intervention – die auf eine dauerhafte Krisenbewältigung ausgerichtete Ernährungsumstellung – von der Mutter bisher aus bestimmten Gründen ignoriert wurde, liegt es nahe, dass der Kinderarzt im anstehenden Gespräch mit der Mutter genau darauf Bezug nehmen wird. Anscheinend war dieser Teil der interventionspraktischen ‚Rückübersetzung' seines ingenieurialen Fachwissens noch nicht so gelungen, dass er von der Mutter auf- und angenommen werden konnte. Es muss eine erneute Thematisierung der Notwendigkeit der Übernahme des Neuen (Ernährungsumstellung) in die eigene Praxis erfolgen, in der eben auch das ‚Nicht-Standardisierbare', das ‚Fall-Angemessene' seiner stellvertretenden Krisenbewältigung zum Ausdruck kommt.

Dass es zu dieser erneuten Thematisierung der vorgeschlagenen interventionspraktischen Strategie kommt, zeigt auch, dass das Gelingen stellvertretender Krisenbewältigung durch professionelle Helfer nicht nur vom Handeln des ‚Therapeuten' abhängt. Es erfordert auch einen aktiven Part vom ‚Klienten'. Die Inanspruchnahme professioneller Hilfe erschöpft sich nicht in einer (Autonomie verhindernden) strikten Befolgung neuer Regeln, sondern sie erfordert auch eine vom Klienten selbst zu leistende ‚Transformation' dieser Regeln und eine aktive Aufnahme in das Handlungsrepertoire des Klienten. Damit Transformation und Aufnahme stattfinden können, muss der professionelle Helfer darauf achten, „die Selbstheilungspotentiale des Klienten im Verlaufe der Behandlung so zu wecken, daß er im Sinne der Selbsthilfe beteiligt ist" (ebd.). Unabdingbare Voraussetzung hierfür ist eine besondere Beziehungsstruktur zwischen Hilfebedürftigen und Helfer, die Oevermann mit dem weiter oben bereits angesprochenen Terminus *Arbeitsbündnis* auf den Begriff bringt.

Bevor wir uns mit diesem Arbeitsbündnis zwischen Klient/Patient und Helfer/Therapeut als einem ‚Ort', an dem die stellvertretende Bewältigung lebenspraktischer Krisen gestaltet und vollzogen wird, näher beschäftigen wollen, ist noch auf eine, für die revidierte Professionalisierungstheorie wichtige Unterscheidung zwischen der grundsätzlichen *Professionalisierungbedürftigkeit* und tatsächlichen *Professionalisiertheit* beruflicher Leistungen hinzuweisen. Wenn auf Grund erfolgter rekonstruktiver Analysen eines beruflichen Handlungsfeldes die Notwendigkeit einer nicht-standardisierbaren Interventionspraxis ersichtlich wird, ist zugleich eine grundsätzliche Professionalisierungsbedürftigkeit der jeweiligen beruflichen Tätigkeit zu konstatieren. Allerdings darf von einer solchen Professionalisierungsbedürftigkeit nicht automatisch auf eine faktische Professionalisiertheit beruflicher Praxis geschlossen werden (vgl. Oevermann 1996, S. 135f.).

Als Paradebeispiel gegebener Professionalisierungsbedürftigkeit und dennoch faktisch nicht vorhandener Professionalisiertheit kann der Lehrerberuf herangezogen werden. Einerseits leitet Oevermann die Notwendigkeit der im Bild des Geburtshelfers[67] symbolisierten nicht-standardisierbaren therapeutischen Dimension pädagogischen Handelns – und damit auch die Professionalisierungsbedürftigkeit pädagogischer Praxis – aus der noch nicht abgeschlossenen krisenhaften Persönlichkeitsentwicklung des Kindes ab. Andererseits sieht er in der Schulpflicht – und nicht wie verkürzt und fälschlich geschlossen werden kann, der Institution Schule selbst – den maßgeblichen Hinderungsgrund für eine faktische Professionalisiertheit pädagogischer Praxis im öffentlichen Schulbetrieb. Denn, so das zentrale Argument: Die Einrichtung eines pädagogischen Arbeitsbündnisses ist erheblich gestört, wenn nicht gar unmöglich, solange die gesetzliche Schulpflicht den Schüler in die Schule zwingt (vgl. Oevermann 2002a, S. 35ff.).

5.4 Das Arbeitsbündnis als ‚Ort' professionalisierter Praxis

Im Arbeitsbündnis ist der ‚Ort' des Vollzugs stellvertretender Krisenbewältigung zu sehen. Es ist gewissermaßen ein ‚geschützter Raum', wo alle Autonomie generierenden (erzeugenden) bzw. restituierenden (wiederherstellenden) Prozesse der

---

67 Oevermann verwendet zur Charakterisierung des nicht-standardisierbaren pädagogischen Handelns das Bild der Lehrkraft als Geburtshelfer bzw. Hebamme. Damit meint er eine auf Mäeutik (= griechisch: ‚Hebammenkunst') beruhende Vorgehensweise, die auf den Philosophen Sokrates zurückgeht. Diese sogenannte ‚sokratische Methode' lockt durch geschickte Fragen die im Dialogpartner schlummernden, ihm aber nicht bewussten richtigen Antworten und Einsichten hervor. In diesem Sinne kann pädagogisches Handeln auch als ‚Hilfe zur Selbsthilfe' verstanden werden.

Sozialisation bzw. Re-Sozialisation in Kooperation zwischen Hilfesuchendem und Hilfeleistendem gestaltet werden. So finden z. B. Autonomie generierende Prozesse in Arbeitsbündnissen zwischen Lehrern und Schülern und Autonomie restituierende Prozesse z. B. in Arbeitsbündnissen zwischen Menschen mit Angststörungen und Psychotherapeuten statt. Wie diese ‚inhaltlich' verschiedenen, ‚strukturell' jedoch gleichartigen Gestaltungsprozesse von statten gehen, soll nun genauer beleuchtet werden.

Im Sinne einer zusammenfassenden Verallgemeinerung wird jedoch zuvor der Gegenstand dieses Gestaltungsprozesses – die *Stellvertretende Krisenbewältigung* – noch einmal knapp als Abfolge von drei Schritten zusammengefasst:

1. *Die Krisenkonstellation einer konkreten Lebenspraxis muss verstanden werden.*
   Hierbei sind zwei Verstehensmodi zu unterscheiden, nämlich (a) das Fall-Verstehen als Methodisches Verstehen und (b) das Fall-Verstehen als Praktisches Verstehen.[68]
   Zu (a): Methodisches Verstehen erzeugt (diagnostisch valides) *Fallwissen als Kenntnis der Fallstruktur*. Es setzt Handlungsentlastung voraus und erfordert eine „diagnostisch-(fall)rekonstruktive Kompetenz" des Helfers/Therapeuten.
   Zu (b): Praktisches Verstehen erzeugt (handlungs- bzw. situationsbezogenes) *Fallwissen als gestaltrichtiges (intuitives) Erfassen einer (fallstrukturbedingten) Handlungsmotivation*. Es ist notwendig bei gegebenem Handlungsdruck und erfordert eine primär durch Erfahrung erworbene ‚interventionspraktische Kompetenz' des Helfers/Therapeuten.
2. *Die Anwendung des Expertenwissens muss der rekonstruierten Fallspezifität angemessen erfolgen.*
   Das vorhandene Fach- und Methodenwissen (Theorieverstehen) stellt die Basis jeder krisenbewältigenden Intervention dar. Die Anwendung des bewährten (allgemein gültigen) Fach- und Methodenwissens muss aber dem Geiste nach zutreffend, auf den Einzelfall hin und nicht mechanisch (im Sinne einer standardisierten Rezeptur) erfolgen. Dies wiederum setzt eine von vielfältigen Fall-Erfahrungen inspirierte ‚Übersetzungsleistung' des professionalisierten Helfers voraus.
3. *Es muss eine sokratische Weckung der Eigenkräfte des Klienten herbeigeführt werden.*
   Damit die gewährte Hilfestellung vom Klienten/Patienten nicht nur ‚konsumiert' wird, sondern als neues Handlungsmuster gewissermaßen ‚einverleibt'

---

68 Auf die beiden Verstehensmodi und den Begriff der Fallstruktur wird in Kapitel 6 noch ausführlich eingegangen.

5.4 Das Arbeitsbündnis als ‚Ort' professionalisierter Praxis

werden kann, muss die Hilfestellung nicht nur verständlich ‚*über*setzt' werden, sie muss auch praktisch – unter tätiger Beteiligung des Klienten – ins Werk ‚*gesetzt*' werden (vgl. Oevermann 2002a, S. 30f.). In diesem Sinne ist die vom professionalisierten Helfer geleistete stellvertretende Krisenbewältigung immer als ‚Hilfe zur Selbsthilfe' zu verstehen.

Ist nun ein Krisenfall eingetreten, bedarf es für den Vollzug des gerade geschilderten Dreischritts der Einrichtung eines Arbeitsbündnisses zwischen Hilfebedürftigem (Klient/Patient) und Helfer (Therapeut[69]), wobei ein solches Bündnis durchaus als ‚experimenteller Schonraum' betrachtet werden muss, in dem Krisenbewältigung gelingen, aber auch scheitern kann.

Voraussetzungen für die Einrichtung eines Arbeitsbündnisses sind

- einerseits der *Leidensdruck* des Klienten (explizite Anerkennung seiner Notlage) und dessen Bereitschaft, ‚alles' zu tun, um die ‚Störung' zu beseitigen, sowie
- andererseits das Verfügen des Helfers über spezifisches *Fach- bzw. Methodenwissen* und interventionspraktisches (d. h. rekonstruktiv gewonnenes) *Fallwissen*.

Im Falle der besorgten Mutter in unserem obigen Fall-Beispiel oder eines Patienten mit einer Angststörung – wenn z. B. ein Studierender durch massive Prüfungsangst am Abschluss seines Studiums gehindert wird – ist der Leidensdruck unmittelbar einsichtig. Im Falle eines Schülers ist ein ‚Leiden am Nicht-Wissen' durch die prinzipiell allen Kindern eigene *Neugier* motiviert. Oevermann sieht in der Neugier – im quasi natürlichen Wissensdrang des Schülers – das (unter den Bedingungen von Schulpflicht[70] und staatlicher Sanktionen weitgehend ‚verschüttete') Äquivalent zum Leidensdruck des Klienten/Patienten.

---

69 Oevermann greift hier, wie an anderen Stellen auch, auf eine weite Bedeutung des Therapie-Begriffes zurück. Während der Begriff heute in erster Linie in der Medizin oder der Psychoanalyse Verwendung findet, umfasste der Begriff Therapie in seiner alten, aus dem Griechischen kommenden Bedeutung viel mehr, nämlich allgemein: ‚Sich um etwas kümmern' (care). Für den Bauern bedeutete es ‚etwas anbauen' (kultivieren), für den Arzt bedeutete es ‚heilen'; im Hinblick auf den Umgang mit Kindern bedeutete es, ‚so zu handeln, wie Eltern es tun' (vgl. Walter 1988, S. 20).

70 Nicht die Schule als Organisation, sondern das allen Schülern unterstellte Desinteresse am Lernen und die daraus abgeleitete Notwendigkeit der Schulpflicht erschweren Arbeitsbündnisse im schulischen Kontext. „Unter der Bedingung der gesetzlichen Schulpflicht entsteht eine Schule, die eben nicht mehr in Übereinstimmung mit der ursprünglichen Wortbedeutung unter der Bedingung einer Entlastung durch Muße und in dazu korrelativem grundlegenden Respekt der Neugierde des Schülers operiert, sondern auf der Grundlage staatlichen Zwangs den faulen, lernunwilligen Schüler als

Der Leidensdruck und das daraus resultierende Hilfe-Bedürfnis des Klienten sind also Kennzeichen einer krisenhaft gewordenen Lebenspraxis bzw. einer gestörten Autonomie. Unerträglich werdender Leidensdruck ist aber auch der Ausgangspunkt für die Beseitigung der Störung. Erteilt der hilfebedürftige Klient nämlich – mit der ihm verbliebenen Restautonomie – dem professionellen Helfer ein Mandat zur stellvertretenden Krisenbewältigung, bedeutet dies zwar zunächst einmal eine Verschärfung seines Autonomiedefizits. Es ist aber zugleich für ihn der einzig gangbare Weg, seine volle Handlungsautonomie wieder zurück zu gewinnen. In dieser Konstellation manifestiert sich erneut die weiter oben bereits angesprochene, dort im engeren interventionspraktischen Geschehen unmittelbar angelegte *widersprüchliche Einheit von Autonomie und Abhängigkeit*.

In den Kontext unseres Beispiels professionalisierter Hilfe bei der Behebung der kindlichen ‚Einschlaf-Störung' übertragen, heißt dies, die mit dem Problem ihres Kindes überforderte Mutter hat ein Autonomie-Defizit (ihr Handlungspotential ist überfordert) und trifft (mit der ihr verbliebenen Restautonomie) die das Autonomiedefizit (vorübergehend) vergrößernde Entscheidung, dem Kinderarzt ein Mandat zu erteilen, damit dieser, Kraft seiner besonderen Kompetenzen, eine stellvertretende Problemlösung mit dem Ziel bewirkt, der Mutter die volle Handlungsautonomie für ihre familiale Lebenspraxis zurückzugeben.

Mit der Erteilung des Mandats und dem damit vollzogenen Eintritt in ein Arbeitsbündnis entsteht nun eine voraussetzungsreiche Kooperationspraxis zwischen Klient und Therapeut, die durch eine weitere ‚widersprüchliche Einheit' geprägt ist. Es ist dies die für die innere Dynamik des Arbeitsbündnisses verantwortliche *widersprüchliche Einheit von Spezifität und Diffusität*.

Auf den amerikanischen Soziologen Talcott Parsons zurückgreifend, geht Oevermann davon aus, dass es spezifische und diffuse Sozialbeziehungen gibt sowie dass diese im Arbeitsbündnis eine widersprüchliche Einheit bilden:

- *Spezifische Sozialbeziehungen* sind die zwischen Rollenträgern, Vertragspartnern oder Marktteilnehmern (z. B. Verkäufer-Kunden-Beziehung). Die handelnden Personen sind austauschbar, denn die Sozialbeziehung behält dabei ihre strukturelle Identität. Es gibt klar definierte Kriterien der Handlungsgestaltung, deren Missachtung ein Aus-der-Rolle-fallen bedeutet und offiziell sanktionierbar ist. Im Rahmen dieses Beziehungstypus sind nur vereinbarte, institutionalisierte Themen zugelassen, die Beweislast für die Relevanz eines neuen Themas liegt bei dem Beziehungspartner, der es einführen will. Würde beispielsweise ein Kunde

---

Normalfall unterstellt, der durch geeignete pädagogische Motivierungs- und Disziplinierungsmaßnahmen umgestimmt werden muß" (Oevermann 2004a, S. 16).

5.4 Das Arbeitsbündnis als ‚Ort' professionalisierter Praxis

in einem Matratzengeschäft mit dem Verkäufer seine Eheprobleme diskutieren wollen, wird dieser den Kunden umgehend darauf aufmerksam machen, dass er ein solches Gespräch weder führen kann noch darf. Seine Aufgabe ist die Beratung von Kunden und der Abschluss von Verträgen. Familientherapeutische Beratungen liegen außerhalb seines klar definierten Rollenmusters. Sein Vorgesetzter würde ihm – wenn er es bemerkte – sehr schnell deutlich machen, dass er ‚aus seiner Rolle gefallen' ist.

- *Diffuse Sozialbeziehungen* hingegen sind Beziehungen zwischen ‚ganzen Menschen', die in ihrer Ganzheit nicht durch vorgegebene Kriterien bestimmbar sind (z. B. Mutter-Kind-Beziehung, Vater-Mutter-Beziehung, Geschwister-Beziehung). Für diesen Beziehungstypus gilt, dass Personen *nicht* austauschbar sind. Die gewachsene, personalisierte Praxis ist erst beendet, wenn eine Person nicht mehr existiert, und im Gegensatz zum spezifischen Beziehungstypus sind grundsätzlich alle Themen zugelassen, solange der Partner keine akzeptable Begründung für den Ausschluss eines Themas angeben kann.[71] Wenn der Ehemann beispielsweise erst morgens um acht Uhr nach durchzechter Nacht nach Hause kommt, hat seine Frau ein Recht darauf, dies zu thematisieren – nicht jedoch der Taxifahrer, der ihn fährt und zu dem er in einer Rollenbeziehung steht.

Es ist nun die zentrale Aufgabe des Professionellen, das Zusammenspiel dieser beiden grundsätzlich verschiedenen Beziehungstypen, die im Arbeitsbündnis eine widersprüchliche Einheit bilden, als Handlungs- und Erkenntnisrahmen zu nutzen. Um zu zeigen, wie dies möglich ist, greift Oevermann auf das psychoanalytische Therapie-Setting zurück. Dessen Regularien sind für ihn beispielgebend für alle professionalisierungsbedürftigen Handlungsfelder.

Wie Abbildung 5.2 zeigt, treten im psychoanalytischen Therapie-Setting diffuse und spezifische Anteile von Sozialbeziehungen (als widersprüchliche Einheit) bei beiden Akteuren zugleich in Erscheinung, allerdings mit für den jeweiligen Akteur – Klient/Patient oder Therapeut – unterschiedlichen psycho-dynamischen Konsequenzen und Handlungsregeln. Wie ist dieses Widersprüchlichkeit erzeu-

---

71 Vergleiche hierzu nochmals das Zitat von Oevermann. „Für die Eltern-Kind-Beziehungen wie die Gattenbeziehungen gilt gleichermaßen, daß ihr konkretes Personal nicht wie in Rollenbeziehungen substituierbar ist, ohne daß sich die Beziehungen als solche auflösen oder grundlegend verändern. Diese Nicht-Substituierbarkeit ergibt sich aus den vier grundlegenden Strukturbedingungen, wonach diese diffusen Sozialbeziehungen auf einer für sie konstitutiven Körperbasis aufruhen, durch eine nicht formalisierbare Form der bedingungslosen Vertrauensbildung fundiert sind, grundsätzlich lebenslang bzw. unbefristet gelten, also nicht kündbar sind und durch eine generalisierte Affektbindung geprägt sind" (Oevermann 2004, S. 172f.); vgl. dazu Kapitel 3.3.

gende ‚zugleich' zu verstehen und worin liegen darin die je unterschiedlichen Konsequenzen begründet? Das Erteilen eines Mandats durch den Klient/Patient und dessen Akzeptanz seitens des Therapeuten ist gleichbedeutend mit dem Schließen eines Vertrages und der Zuweisung klar definierter Rollen bzw. Rollenerwartungen. Insofern kann von einer rollenförmigen Beziehungspraxis gesprochen werden, in der einerseits vom Klienten/Patienten eine grenzenlos offene Schilderung seiner krisenhaft gewordenen Lebenspraxis erwartet wird. Andererseits gehört es zur Rolle des Therapeuten, dass er sich bedingungslos den Schilderungen des Klienten/Patienten öffnet. Obwohl beide beteiligten Personen sich auf der Basis vermeintlich klarer Rollenerwartungen begegnen, ist die praktische Umsetzung ihrer Beziehung von vorne herein prekär und vom Misslingen bedroht. Dass dies so ist, hat etwas mit dem in sich widersprüchlichen Charakter der Rollenerwartungen zu tun.

Wenn der Klient/Patient nämlich sich rollenspezifisch verhält, sich also bedingungslos öffnet, bedeutet dies, dass er sein von Diffusität geprägtes Krisenerleben thematisieren muss. Mit Blick auf das Arbeitsbündnis gesprochen, ist für ihn die Übernahme der rollenförmigen Anteile der Beziehungspraxis zunächst unproblematisch. Problematisch wird es für ihn, wenn er die damit verbundene Erwartung, alles – auch das Intimste – von sich preiszugeben, erfüllen soll. Es genügt eben nicht, nur ein formal bindendes Vertragsverhältnis einzugehen, hinzukommen muss notwendigerweise auch ein besonderes Vertrauensverhältnis. Erst dieses eröffnet den Weg für den im Arbeitsbündnis ablaufenden zentralen psychodynamischen Prozess von *Übertragung* und *Gegenübertragung*, auf den später noch näher eingegangen wird. Besteht also dieses besondere Vertrauensverhältnis, fällt es dem Klienten/Patienten leichter dem *Gebot der Grundregel: ‚Sei diffus. Lass kein Thema aus'* zu folgen.

Auf der anderen Seite sind auch die Rollenerwartungen an den Therapeuten von einer Widersprüchlichkeit geprägt, die einer ebenso klaren Regulierung bedarf. Weil der Therapeut auf Grund seiner Ausbildung (Lehranalyse) in der Lage ist, mit der von ihm erwarteten bedingungslosen Öffnung für das Intimste des Klienten professionell umzugehen, ist dies – ganz anders als für den Klienten/Patienten – weitgehend unproblematisch. Für ihn kann vielmehr der rollenförmige Anteil der Beziehungspraxis zum Problem werden, dann nämlich, wenn er auf vom Klienten/Patienten geäußerte diffuse Handlungserwartungen seinerseits auf diffuser Ebene zu entsprechen geneigt wäre. Im psychoanalytischen Therapie-Setting wäre dies z. B. der Fall, wenn der Therapeut eindeutigen sexuellen Angeboten einer Klientin/Patientin nicht widerstehen würde. Für ihn ist deshalb das *Gebot der Abstinenzregel: ‚Sei spezifisch. Halte die Grenzen der rollenförmigen Beziehung ein'* unbedingt verbindlich.

5.4 Das Arbeitsbündnis als ‚Ort' professionalisierter Praxis

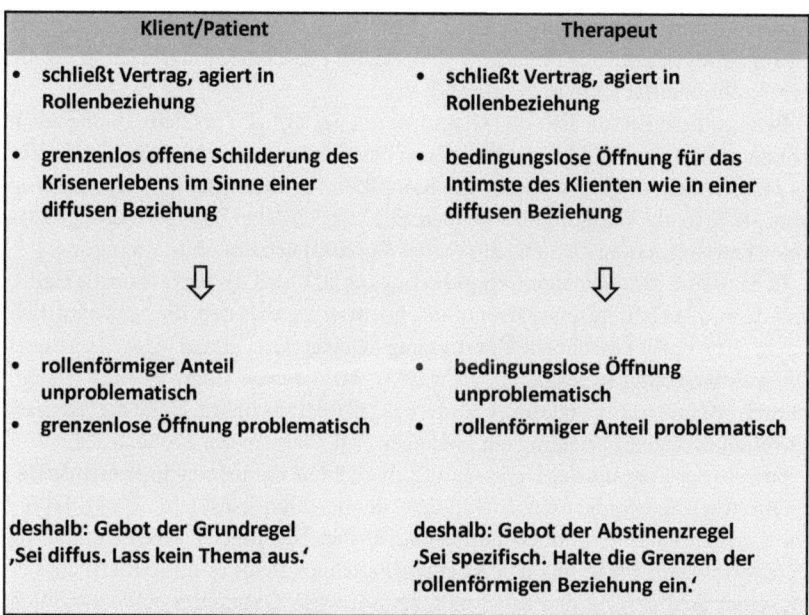

Abb. 5.2 Widersprüchliche Einheit von Spezifität und Diffusität im psychoanalytischen Therapie-Setting

Das Arbeitsbündnis als Ort der (Wieder-)Herstellung der Autonomie des Klienten/Patienten – und das gilt nach Oevermann für alle Formen stellvertretender Krisenbewältigung, nicht nur im psychoanalytischen Therapiesetting – basiert also auf der Einhaltung der Grund- bzw. Abstinenzregel. Nur weil der Klient/Patient sich im ‚geschützten Raum' des Arbeitsbündnisses darauf einlässt, detailliert und nichts verschweigend, über seine krisenhaft gewordene Lebenspraxis zu berichten, und nur, weil der Therapeut im Gegenzug in der Lage ist, sich auf das Berichtete emphatisch und dennoch kontrolliert einzulassen, kann sich die bereits erwähnte, für Diagnose und Therapie höchst bedeutsame *Dynamik von Übertragung und Gegenübertragung* entfalten.

Die Komplexität dieses Vorgangs stark vereinfachend kann gesagt werden, dass im Wechselspiel zwischen Übertragung und Gegenübertragung unbewusst ablaufende Prozesse vom Klienten/Patienten dargestellt und vom Therapeuten entschlüsselt werden. Unter *Übertragung* ist dabei ein pathogener Mechanismus zu verstehen, durch den eine Person im Konfliktfall Haltungen bzw. daraus abgeleitete

Handlungsmuster re-inszeniert. Das bedeutet, dass ihr eine angemessene Lösung des zugrunde liegenden Konfliktes selbst, z. B. in einer Beziehungskrise, in der sie ihrer Emotionalität folgt, nicht möglich ist.

Befolgt diese Person also die ‚Grundregel' (‚Sei diffus. Lass kein Thema aus'), eröffnet sie mit der Schilderung ihres Problemerlebens dem professionellen Helfer die Möglichkeit, die Motivierung der Blockaden für eine situationsangemessene rationale Krisenbewältigung zu erkennen. Er stellt sich dabei als ‚Übertragungs-Objekt' – gewissermaßen an Stelle des realen Konfliktpartners – zur Verfügung.

In der damit ermöglichten *Gegenübertragung* lässt sich der professionelle Helfer darauf ein, alle Gefühle unverzerrt in sich hochsteigen zu lassen, die ganz natürlich wären, wenn er das tatsächliche Übertragungs-Objekt wäre. Er darf jedoch in keinem Fall praktisch offen so reagieren, als wäre er wirklich das Übertragungs-Objekt, sondern er muss unbedingt die ‚Abstinenzregel' (‚Sei spezifisch: Halte die Grenzen der rollenförmigen Beziehung ein') befolgen (vgl. Oevermann 2000c, S. 27f.).

Sowohl der Vorgang der Übertragung als auch die darauf bezugnehmende Gegenübertragung erfordern ein „als-ob-Spiel des Beteiligt-Seins" (ebd., S. 29), das für den Klienten/Patienten unbewusst bleibt, für den Therapeuten hingegen ständig gegenwärtig sein muss. Für den Klienten/Patienten bleibt es unbewusst, dass er mit seiner Schilderung sich so verhält, als wäre sein Gegenüber eine tatsächlich problembeteiligte Person. Für den Therapeuten hingegen ist im Beherrschen dieses als-ob-Spiels des Beteiligt-Seins eine zentrale diagnostische Quelle zu sehen, ohne die er erfolgreiche interventionspraktische Handlungsentwürfe nicht entwickeln kann.

Die nachstehende Abbildung 5.3 fasst die für das professionelle diagnostische und interventionspraktische Handeln im Arbeitsbündnis charakteristischen Elemente und Abläufe noch einmal in knapper Form zusammen.

Während der Klient/Patient in der Darstellung seiner Problemlage diffus agiert und den Helfer/Therapeuten unbewusst als Übertragungs-Objekt nutzt, nimmt dieser das Gesagte diffus auf und lässt die Empfindungen und Gefühle der Gegenübertragung bewusst zu, re-agiert aber nicht entsprechend.

Er agiert gewissermaßen innerlich, indem er nach den Gründen seiner inneren Reaktionen fragt. In den Worten Oevermanns konzentriert sich der Therapeut darauf,

> die dabei im Handlungsdialog zum Vorschein kommenden Sinnkonfigurationen, die dem Patienten zunächst verborgen sind, aus der Perspektive der Position des Übertragungsangebots zu verstehen und entsprechend durch Klarifikation, Konfrontation und schließlich Deutung auf der Grundlage des affektuellen Verstehens in der Gegenübertragung zurückzuspiegeln und sukzessive bewusst zu machen (Oevermann 2009a, S. 123).

5.4 Das Arbeitsbündnis als ‚Ort' professionalisierter Praxis

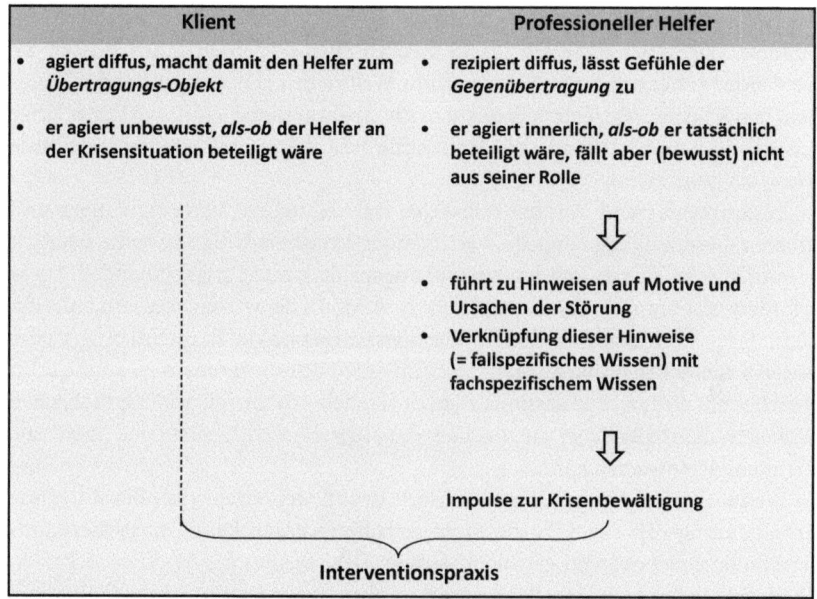

Abb. 5.3 ‚Als-ob-Spiel' der Beziehungspraxis im Arbeitsbündnis

Mit dem Begriff *Konfrontation* ist gemeint, dass der Therapeut dem Patienten/Klienten die in ihm durch den ‚Text' der Übertragung aufscheinenden Bilder spiegelt. Er konfrontiert ihn mit der Vielzahl möglicher, auch unwahrscheinlicher Lesarten des von ihm produzierten Handlungstextes.

Im daran anschließenden Prozess der *Klarifikation* (Klärung) werden die in der Konfrontation thematischen Gehalte weiter eingekreist und durch Hinzuziehung anderer Informationen im Gespräch mit dem Patienten/Klienten geklärt.

Die in den beiden vorangegangenen Schritten bestimmten Themen werden zum Gegenstand einer Struktur-*Deutung* gemacht. Dabei geht es darum, die Struktur des aktuellen Handelns in der Therapie mit der Struktur aus vergangenen Szenen zu verknüpfen. Eine Strukturdeutung ist dann gelungen, wenn der rote Faden der Strukturgleichheit zwischen der aktuellen Szene und anderen Szenen aus der Lebensgeschichte des Patienten/Klienten hergestellt ist (vgl. Wagner 2004, S. 236f.).

An dieser Stelle sollte auch noch einmal deutlich werden, dass das stellvertretende Bewältigen einer lebenspraktischen Krise kein Überstülpen einer Lösung durch den professionellen Helfer sein kann. Konfrontation, Klarifikation und Deutung bedürfen der intensiven Mitarbeit des Klienten/Patienten *und* der Hilfestellung des Helfers/Therapeuten, der im Sinne der Funktion einer Hebamme agiert (vgl. Fußnote 11). So wie diese mit ihrem theoretischen und praktischen Wissen die werdende Mutter unterstützt, ihr Kind zur Welt zu bringen, unterstützt der Therapeut den Klienten/Patienten, Einsicht in die strukturellen Ursprünge seiner Krise und das daraus abzuleitende, die Autonomie der Lebenspraxis wiederherstellende ‚Neue' zu gewinnen.

Zusammenfassend: Aus der bisherigen Darstellung der Voraussetzungen und inneren Gesetzmäßigkeiten stellvertretender Krisenbewältigung sollte deutlich geworden sein, dass es sich um eine sehr anspruchsvolle Tätigkeit handelt. Diese erfordert nicht nur ein fundiertes Fach- bzw. Methodenwissen, sondern auch ein besonderes – ‚kunstlehrehaftes'[72] – Vermögen, trotz unklarer, mehrdeutiger oder widersprüchlicher Problemlagen interventionspraktisch Handeln zu können. Im Kern besteht die Logik professionalisierten Handelns darin, mit ‚widersprüchlichen Einheiten' konstruktiv so umzugehen, dass krisenbewältigende neue ‚materiale Rationalität' entstehen kann.

Wenn also Lebenspraxis zu scheitern droht, weil eine krisenbewältigende Entscheidung von einer Person nicht getroffen werden kann, muss diese Entscheidung stellvertretend getroffen werden. D. h., weil es die betreffende Person überfordert, ihre (primäre) Lebenspraxis – eben die *widersprüchliche Einheit von Entscheidungszwang und Begründungsverpflichtung* – autonom zu gestalten, geht diese Gestaltungsaufgabe vorübergehend auf einen dafür besonders qualifizierten Experten über. Dieser professionalisierte Experte muss sich, gewissermaßen an Stelle des Klienten/Patienten, der ‚widersprüchlichen Einheit' im Rahmen eines eigens dafür einzurichtenden Arbeitsbündnisses stellen. Er muss in diesem Schonraum – in Kooperation mit dem Klienten/Patienten – so agieren, ‚als-ob' dessen Krise seine eigene wäre.

Dabei fordern Arbeitsbündnis und die dort stattfindenden diagnostischen und therapeutischen Prozesse vom professionellen Helfer notwendigerweise den Umgang mit weiteren widersprüchlichen Einheiten. Er muss – wie zuvor dargestellt – in der Lage sein, die *widersprüchliche Einheit von Spezifität und Diffusität* fall-diagnostisch so zu nutzen, dass er eine Basis für den interventionspraktisch erfolgreichen Umgang mit der *widersprüchlichen Einheit von Theorie (Allgemeinem) und Praxis (Besonderem)* schafft, und der interventionspraktische Erfolg wird sich letztendlich nur einstellen, wenn es ihm gelingt, die *widersprüchliche Einheit von Autonomie und Abhängigkeit* zu balancieren.

Angesichts der dargestellten Komplexität der Aufgabenstellung und deren prozessualen Abwicklung, der sich professionelle Helfer/Therapeuten in der Gestaltung

---

72 Vgl. Abschnitt 5.5.

eines Arbeitsbündnisses zu stellen haben, kommt geradezu zwangsläufig die Frage nach den hierfür erforderlichen Qualifikationen bzw. deren Vermittlung auf. In den Worten Oevermanns ist zu fragen,

> welche Fähigkeiten den professionalisierten Therapeuten in den Stand versetzen, diese widersprüchlichen Einheiten aus- und souverän durchzuhalten, und wie die Ausbildung beschaffen sein muß, in der diese Fähigkeit angeeignet und entwickelt werden kann (Oevermann 1996, S. 123).

5.5 Professionelle Expertise durch ‚Doppelte Professionalisierung'

Antworten auf Fragen zur Entwicklung dieser Fähigkeiten wurden weiter oben bereits mit dem Begriff ‚Professionelle Expertise' angesprochen, als davon die Rede war, dass diese in bewährtem Wissen wurzelt, aber einer interventionspraktischen Transformation bedarf. Allgemein lässt sich dementsprechend sagen, dass neben einer wissenschaftlichen auch eine interventionspraktische Qualifizierung stattfinden muss, mithin, wie Oevermann sagt, ein Prozess der doppelten Professionalisierung. „Professionen sind demnach in einer *doppelten Weise professionalisiert. Sie sind zum einen professionalisiert hinsichtlich der Einübung in den wissenschaftlichen Diskurs*" (Oevermann 1996, S. 124f., Hervorhebung im Original) und zum anderen hinsichtlich einer *„Einführung in eine Handlungs- und Kunstlehre*, die eigens für die Durchführung des Arbeitsbündnisses notwendig ist" (ebd., S. 125, Hervorhebung im Original).

Professionelle Sozialisation als Ganze umfasst – wie die folgende Abbildung 5.4 zeigt – zwei gänzlich unterschiedliche Bereiche, nämlich einen theorieorientierten und einen praxisorientierten Bereich mit je unterschiedlichen ‚Lernzielen' und ‚Lernorten'.

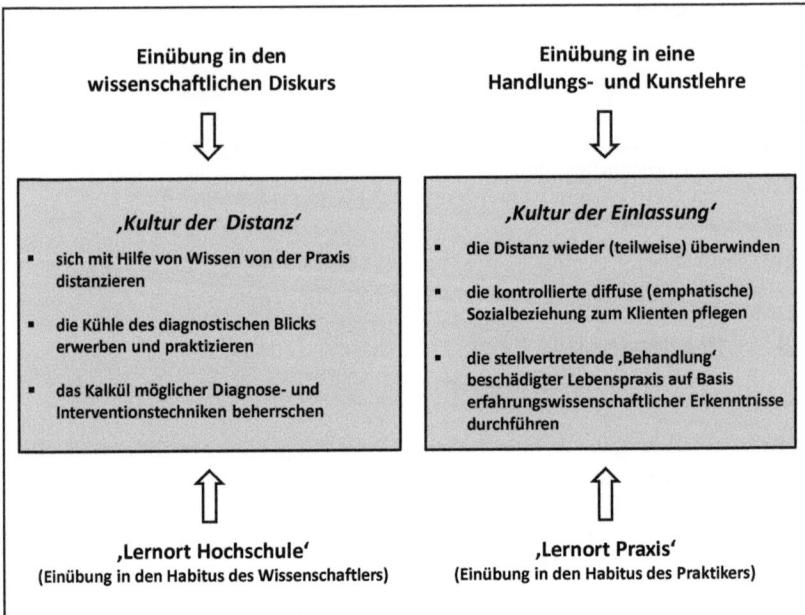

Abb. 5.4 Doppelte Professionalisierung

Die am ‚Lernort Hochschule' stattfindende Einübung in den wissenschaftlichen Diskurs und die damit bezweckte Vermittlung von Fach- und Methodenwissen schafft die Voraussetzungen für professionalisiertes Handeln. Das Verfügen über allgemeingültiges Fach- und Methodenwissen ermöglicht es dem Helfer/Therapeuten, den konkreten *Fall* distanziert, d. h. lebenspraktisch neutral zu betrachten, gewissermaßen als Fall unter Fällen. Der Kinderarzt – in unserem schon mehrfach bemühten Beispiel – muss zunächst in der Lage sein, vor dem Hintergrund seines allgemeinen Wissens über ‚frühkindliche Schlafstörungen' den Schilderungen der jungen Mutter sachlich neutral zu begegnen. Er muss dann aber auch, um dem Fall dieses speziellen Kindes gerecht werden zu können, die Distanz zum Fall wieder ‚dosiert' überwinden, weil er nur so interventionspraktisch relevantes Fallwissen generieren kann, das ihn allererst in die Lage versetzt, die stellvertretende ‚Behandlung' beschädigter Lebenspraxis auf der Basis erfahrungswissenschaftlicher Erkenntnisse durchzuführen. Die hierfür notwendigen interventionspraktischen Fähigkeiten entsprechen einer ‚Kultur der Einlassung', die nicht im Rahmen universitärer Ausbildung, sondern nur durch Einübung in eine berufsfeldspezifische

5.5 Professionelle Expertise durch ‚Doppelte Professionalisierung'   133

Handlungs- und Kunstlehre am ‚Lernort Praxis' erworben (habitualisiert) werden kann.

Professionelle Sozialisation als Ganze bzw. der Prozess der doppelten Professionalisierung kann letztendlich selbst als widersprüchliche Einheit betrachtet werden. Denn sowohl der an der Hochschule eingeübte *Habitus des Wissenschaftlers* als auch der in der Praxis eingeübte *Habitus des Praktikers* müssen in der Person des Professionellen zu einer Synthese gelangen, damit erfolgreich stellvertretende Krisenbewältigung geleistet werden kann.

Während nun die an der Hochschule stattfindende Einübung in den wissenschaftlichen Habitus relativ problemlos – sowohl von Studierenden als auch von Lehrenden – ‚vollzogen' werden kann, stellt die Entstehung eines Habitus des Praktikers durch Einführung in die Handlungs- und Kunstlehre eine besondere Herausforderung für die Qualifizierung von Professionellen dar. Das liegt in erster Linie daran, dass die Vermittlung von Fach- und Methodenwissen sowie der Fähigkeit zu forschungslogischem Denken in Studiengängen, Curricula und didaktischen Konzepten, d. h. im geschützten Raum universitärer Bildungsprozesse, organisiert werden kann. Die Entwicklung eines Habitus des Praktikers hingegen bedarf eines nur begrenzt plan- und organisierbaren Umgangs mit der Praxis eines professionalisierungsbedürftigen Handlungsfeldes selbst. Als Beispiele für diesen hier gemeinten speziellen Zugang können die entsprechenden Phasen der Mediziner- und Lehrerausbildung herangezogen werden.

So ist das an Universitätskliniken zu absolvierende sogenannte Praktische Jahr formal ein Teil des Medizinstudiums, de facto ist es aber auch durch den direkten Kontakt zum Patienten geprägt. Dies bedeutet: eigenverantwortlicher Umgang – ob im OP oder auf Station – unter der ‚Aufsicht' erfahrener Kollegen nach dem Muster eines *Meister-Lehrlings-Verhältnisses*, in dem man dem Meister zunächst über die Schulter schaut, um es dann aber unter den Augen des Meisters selbst zu tun. Die hier angesprochene Metapher des Meister-Lehrlings-Verhältnisses kann als Grundstruktur jeglicher Bemühungen gelten, die eine Einübung in eine berufsfeldspezifische Handlungs- und Kunstlehre bezwecken. Ganz ähnlich ist das Beispiel des Referendariats in der Lehrerausbildung zu sehen. In dieser zweiten Ausbildungsphase findet zwar an Lehrerseminaren auch eine weitere Vermittlung von theoretischem Wissen statt, Schwerpunkt und zentraler Focus dieser Phase ist jedoch die Arbeit mit Schülern unter Begleitung erfahrener Mentoren an einer jeweiligen Schule. Unterrichtshospitationen, Lehrproben und der beratende Kontakt zu erfahrenen Kollegen finden ebenfalls im Sinne der Metapher des Meister-Lehrlings-Verhältnisses statt.

Charakteristisch für diese Grundstruktur des Meister-Lehrlings-Verhältnisses ist ein Handeln im ‚als-ob-Modus', in dem es dem Novizen ermöglicht wird, so zu handeln, als ob er bereits der gestandene Professionelle wäre. Dabei ist es wichtig, dass der für das professionalisierte Handeln typische – wie Oevermann sagt – gesteigerte Umgang mit der widersprüchlichen Einheit von Entscheidungszwang und Begründungsverpflichtung im realen Umgang mit Klienten/Patienten stattfinden kann. Denn nur so kann sich jene innere Haltung entfalten, die Oevermann als *Charismatische Kompetenz* auf den Begriff bringt. Es ist genau diese Haltung, die den professionellen Praktiker in die Lage versetzt, alle die sein Handeln generell charakterisierenden *widersprüchlichen Einheiten aus- und souverän durchzuhalten*.

Im Kern ist die in einem Prozess berufsbezogener (Selbst-)Charismatisierung entfaltete Charismatische Kompetenz als ein „allgemeine(r) Strukturmechanismus zur systematischen Erzeugung des substanziell Neuen" (Oevermann 1991, S. 331) zu verstehen. Die diesem Mechanismus zugrundeliegende

> Strukturlogik des Charismatischen gewährleistet sowohl das Identifizieren von Krisen wie die notwendige Risikobereitschaft für das Ausprobieren von Möglichkeiten. (…) Wer übermäßig selbstkritisch diesem charismatischen Selbst-Vertrauen keine Bewährungschance gibt, wird auch in Krisen wenig entscheidungsfreudig sein, sie zu vermeiden trachten und deshalb seine Transformationschance schnell verringern (ebd., S. 332).

Mit Abschluss der jeweiligen medizinischen bzw. pädagogischen zweiten Staatsexamina ist die Einübung in den Habitus des professionellen Praktikers jedoch keineswegs abgeschlossen. Es ist im Gegenteil davon auszugehen, dass der Prozess berufsbezogener (Selbst-)Charismatisierung nun erst in seine maßgebliche Phase eintritt. Deutlich wird dies in den vielfältigen Aussagen junger Mediziner und Pädagogen über das Phänomen ‚Praxis-Schock'.[73] Vor allem kommt in diesem Phänomen ein ‚sich-seiner-selbst-als-Professioneller-noch-nicht-sicher-sein' zum Ausdruck. Das sich der unvorhersehbaren Situation stellen können, das auch bei nicht eindeutiger Faktenlage entschieden handeln und im Nachhinein für die Folgen der Handlung begründet einstehen können, kurz, das Vermögen vielfältige widersprüchliche Einheiten aushalten zu können, ist als Ergebnis professioneller Sozialisation erst dann gesichert, wenn der Lehrling selbst zum Meister geworden ist. Damit die Transformation vom Novizen zum Meister letztendlich gelingen kann,

---

73 „Der viel berufene Praxisschock von neu in die Berufspraxis eintretenden Hochschulabsolventen ist zum großen Teil auf die Rechnung der Unfähigkeit dieser Praxis zu setzen, Novizen kollegial ‚on the job' zu professionalisieren. Stattdessen scheinen die ‚alten Hasen' deren Berufseintritt zum Anlass einer verspäteten Rache am eigenen, als Scheitern erfahrenen Hochschulstudium zu nehmen und gepaart mit dieser gewissen Häme die Schwierigkeiten für ein erfolgreiches pädagogisches Wirken zugleich zu kaschieren" (Oevermann 2002a, S. 50).

5.5 Professionelle Expertise durch ‚Doppelte Professionalisierung'

bedarf es einer Bereitschaft der betreffenden Person, ihrer eigenen Praxis gegenüber reflexiv zu bleiben. Das hierfür probate Mittel sieht Oevermann wiederum in einer Bereitschaft, sich einem, das eigene Handeln überprüfenden und optimierenden (Weiterbildungs-)Prozess zu stellen. Gemäß der „von einer Professionalisierung ohnehin geforderte(n) Selbstverpflichtung zur Weiterbildung" (Oevermann 2002a, S. 63) sollte diese nach Maßgabe des ‚*Fallansatzes*' vollzogen werden:

> Eine solche Ausbildung wird, was heute viel zu wenig berücksichtigt ist, den fallexemplarischen Ansatz der Wissensvermittlung in das Zentrum stellen und an die Stelle einer indoktrinativen, subsumtionslogisch verfahrenden Einführung setzen müssen, die die Studenten nur zum prüfungsbezogenen Einpauken von Wissen verführt, das erfahrungsgemäß nach der Inszenierung von Fachkompetenz in den Abschlussprüfungen sofort wieder vergessen wird. Zugleich ist dieser *Fallansatz* geeignet, die Formation eines Professionshabitus entscheidend in einer Richtung zu fördern, in der der zukünftige Lehrer wie selbstverständlich das schwierige Geschäft der auf geduldiger, detailgerechter Rekonstruktion beruhenden Einsichtnahme in die konkreten Lernprobleme eines Schülers ebenso wie in die Sachprobleme eines Wissensstoffes bzw. eines Erkenntnisgegenstandes zu beherrschen lernt. Es liegt auf der Hand, dass dieser Fallansatz sich ohne eine exemplarische Einführung in die entsprechenden hermeneutischen Rekonstruktionsverfahren nicht durchführen lassen wird (ebd.).

Zur Methode: Die Objektive Hermeneutik[74]   6

> „In einem Seminar, heißt es,
> soll Oevermann einmal Stunden
> mit der Analyse des schwarzen Rahmens
> um eine Todesanzeige herum zugebracht haben."
> (Jürgen Kaube, Frankfurter Allgemeine Zeitung,
> 3.3.2010, Nr. 52, S. N3)

In diesem Kapitel geht es um die Erforschung, d. h. die Erschließung von ‚Ausdrucksgestalten' menschlicher, d. h. sinnhaft gebildeter Realität, wobei mit Ausdrucksgestalt jeglicher Niederschlag menschlicher Lebenspraxis gemeint ist – also dasjenige, das dem Forscher für eine Untersuchung vorliegen muss: Ein Interview, ein Foto, ein Film, ein Bericht des Jugendamts usw. Das generelle Ziel dieser Forschung besteht dann darin, „aus der detaillierten, unvoreingenommenen, nicht von vornherein selektiv verfahrenden Betrachtung eines Einzelereignisses (...) dessen allgemeine Struktureigenschaften zu erschließen" (Oevermann 2000b, S. 117). – Dass dies ein zeitaufwendiges Verfahren ist, sollte das Zitat zu Beginn des Kapitels beleuchten

---

74 Dieses Kapitel orientiert sich in weiten Teilen an Oevermanns Aufsatz *Die Methode der Fallrekonstruktion in der Grundlagenforschung sowie in der klinischen Praxis* aus dem Jahr 2000 sowie an der Internet-Veröffentlichung *Klinische Soziologie auf der Basis der Methodologie der objektiven Hermeneutik – Manifest der objektiv hermeneutischen Sozialforschung* (2002), die unseres Erachtens im Hinblick auf methodische und methodologische Überlegungen den umfassendsten Ein- und Überblick zu der von Ulrich Oevermann entwickelten Methodik ermöglichen; der Aufsatz zur Klinischen Soziologie (Manifest) ist offen zugänglich; http://www.ihsk.de/publikationen/Ulrich_Oevermann-Manifest_der_objektiv_hermeneutischen_ Sozialforschung.pdf; vgl. jetzt auch Oevermann *Objektive Hermeneutik als Methodologie der Erfahrungswissenschaften von der sinnstrukturierten Welt* (2013). Für eine zusammenfassende Darstellung der Methode vgl. Garz 2009, Kraimer 2010, Raven 2015 sowie Wernet 2014, und ausführlicher, Wernet 2009.

– auch wenn es sicher leicht übertrieben ist, weist es doch auf die interpretativen Mühen beim ‚Kampf um den Text' hin.[75]
Die regelgeleiteten Abläufe und Prozesse, die in den vorhergehenden Kapiteln geschildert wurden, müssen ja ihrer Erforschung gegenüber offen sein. Nur dann handelt es sich um empirische, d.h. der Erfahrung zugängliche Sachverhalte. Auf der metatheoretischen, der methodologischen Ebene wird dieser Tatbestand durch den Begriff des ‚methodologischen Realismus' erfasst: Nur dasjenige, das einen Niederschlag in der Realität gefunden hat, also sich dem Forscher ‚irgendwie' zeigt, kann zum Gegenstand einer Bearbeitung in der Forschungspraxis werden.

Ausdrucksgestalten weisen nun wiederum zwei Formen auf: Zum einen stellen sie einen, in einem weiten Sinn verstandenen Text dar und können so unterschiedliche Elemente wie Geschriebenes, Gemaltes, Fotografiertes oder auch von Menschen erzeugte Veränderungen der Natur beinhalten. Wichtig ist, dass diese Texte den symbolischen Niederschlag, die Bedeutung, einer Ausdrucksgestalt transportieren. Zum anderen stellen Ausdrucksgestalten immer auch ein Protokoll dar; d.h. sie liegen in einer bestimmten Form vor: als aufgezeichnetes Gespräch, als Spur, die die Römer hinterließen (z.B. eine Wasserleitung), als Brief eines Emigranten in sein Heimatland oder als Akten eines Jugendamts. Protokolle ‚tragen' insofern nur den Sinn von Ausdrucksgestalten; in den Worten von Oevermann: Sie sind deren „ausdrucksmateriale Träger" (Oevermann 2002, S.3). Allerdings: Gehen Protokolle verloren, verlieren wir als SozialwissenschaftlerInnen den Gegenstand unseres Arbeitens. Nichts ist mehr vorhanden, worauf wir unsere Arbeit aufbauen könnten.[76]

Texten kommt allerdings, darüber hinausgehend, noch eine weitere und ebenfalls zentrale Bedeutung zu: In ihnen verkörpern sich ‚latente Sinnstrukturen'[77]. Dieser Begriff stellt auf den für die Objektive Hermeneutik spezifischen Gegenstandsbereich ab, der nicht durch den subjektiv gemeinten Sinn (den ‚mentalen Repräsentanzen') gebildet wird, sondern durch den objektiven, d.h. durch die Zusammenarbeit verschiedener Regeln erzeugten Sinn – der also unabhängig von den Intentionen der Beteiligten entsteht bzw. über diese hinausgeht.[78] Methodisch stellt das Verfahren

---

75 Oevermann versteht das Interpretieren eines Textes ähnlich wie die ‚Laborsituation der Forschung': „Dabei muss man im Prinzip in Kauf nehmen, dass nach mehreren Stunden Analyse möglicherweise gar nichts herausgekommen ist. Damit muss jede Forschungspraxis rechnen" (Oevermann 2014, S.38).
76 In Anlehnung an Ludwig Wittgenstein lässt sich sagen: ‚Wovon wir kein Protokoll haben, darüber lässt sich nur schweigen'.
77 Latent bedeutet hier, dass der Sinn vorhanden, aber nicht unmittelbar sichtbar ist.
78 Oevermann bezeichnet den „objektiven Sinn einzelner Äußerungen oder Sätze" als „objektive Bedeutungsstruktur"; für den „objektiven Sinn ganzer Äußerungsketten"

der Objektiven Hermeneutik genau auf diesen latenten Sinn ab. Oevermann weist, um den Entstehungskontext hervorzuheben, in diesem Zusammenhang auf das schon erwähnte Projekt ‚Elternhaus und Schule' hin:

> Nicht zufällig ist die objektive Hermeneutik in der Arbeit an einem Datenmaterial entstanden, das aus natürlichen, d. h. mit Tonband aufgezeichneten Protokollen sozialisatorischer Interaktionen im Familienkontext bestand. Hier begegneten wir beständig Phänomenen, die bei Befragungen, erst recht bei standardisierten Erhebungsverfahren, nie sichtbar werden. Kinder im Vorschulalter produzieren nämlich permanent Äußerungen und Handlungen, deren Bedeutung und Wirkung weit über das hinausgehen, was man ihrem Denken und Empfinden als bewusste Intentionen zuschreiben kann. Anders gesprochen: Die starke Kluft zwischen unterstellbarer Ausdrucksintention und der latenten, objektiven Sinnstruktur der Ausdrucksgestalten ist in diesen Interaktionsprotokollen, sobald man anfängt, sie nicht mehr standardisiert, sondern rekonstruktionslogisch ‚in der Sprache des Falles' auszuwerten, unmittelbar evident (Oevermann 2013, S. 89).

So wie in diesem Beispiel angesprochen, arbeitet der objektiv hermeneutisch vorgehende Wissenschaftler generell den ‚objektiven Sinn ganzer Äußerungsketten' heraus: Er rekonstruiert z. B., was die Aussage eines Zeugen oder des Angeklagten in einem Gerichtsverfahren objektiv bedeutet, d. h. was die latente Sinnstruktur dieser protokollierten Wirklichkeit ist. Durch die „Rekonstruktion der latenten Sinnstruktur einer Ausdrucksgestalt" hat der Forscher dann „zugleich die Struktur, das ‚innere Gesetz' (...) des konkreten Falles entziffert (...), der in der Ausdrucksgestalt sich objektiviert hat" (Oevermann 2000, S. 8). – Auf dieses ‚innere Gesetz', das in der Regel mit dem Begriff der Strukturgesetzlichkeit bezeichnet wird und in dem sich das Ergebnis der aufwändigen Arbeit mit dem Text zeigt, kommen wir am Ende dieses Kapitels noch einmal zurück.

Dass Lebenspraxis bzw. die sozialisatorische Entwicklung in diese Praxis hinein immer schon als eine Sequenzfolge zu verstehen ist, als ein regelgeleiteter Ablauf und ein Ineinanderübergehen von Vergangenem, Gegenwärtigem und Zukünftigem, wurde bereits in den vorhergehenden Kapiteln herausgearbeitet. Zugleich wurde erläutert, dass sich Lebenspraxis nach rekonstruierbaren Regeln bildet, erhält und transformiert. Es wurde ebenfalls gezeigt, dass die innerhalb eines bestimmten Kontextes getroffene Auswahl das Besondere (‚die Besonderung' oder auch die ‚Bildungsgeschichte', so Oevermann) eines Falles ausmacht; d. h. sie ergibt das, was eine Lebenspraxis, z. B. eine biographische Entwicklung, zu einem bildungsgeschichtlich einmaligen und damit unverwechselbaren Fall macht, so dass sich von einer für diesen – und nur für diesen – Fall spezifischen Struktur

---

steht der Begriff der latenten Sinnstruktur (Oevermann 2013, S. 79).

sprechen lässt (vgl. Oevermann 2000b, S. 65), bzw. von einem „*Zusammenhang im Leben und Handeln*" (ebd., S. 69; Hervorhebung im Original). Diese Fallstruktur „bildet sich, reproduziert und transformiert sich gemäß einer je spezifischen Fallstrukturgesetzlichkeit, die die fallübergreifenden Gesetzmäßigkeiten, seien sie biologisch, psychologisch, ökonomisch oder soziologisch, in sich aufnimmt" (ebd.). Insofern sind Fallstrukturen, um dies noch einmal zu betonen, „eigenlogische, auf individuierende Bildungsprozesse zurückgehende Muster der Lebensführung und Erfahrungsverarbeitung" (ebd., S. 123). So sieht sich die Lehrerin einer Schulklasse mit dreißig Kindern, denen sie einen bestimmten Lehrstoff vermitteln will, dreißig ‚Fallstrukturen' gegenüber, deren große Unterschiedlichkeit in z. T. sehr verschiedenen Lernmustern bzw. Lerngeschwindigkeiten ihren Ausdruck findet. Lernmuster bzw. Lerngeschwindigkeiten wiederum sind von der je spezifischen Fallstrukturgesetzlichkeit – als Ausdruck bisheriger Bildungsprozesse – bestimmt. Kinder aus bildungsnahen Elternhäusern bringen als Bestandteil ihrer Fallstrukturgesetzlichkeit i. d. R. für die von ihnen erwarteten Lernprozesse bessere Voraussetzungen mit (z. B. elaborierte Sprach- und Ausdrucksfähigkeit) als Kinder aus bildungsfernen Elternhäusern.

Die folgenden Ausführungen sollen nun dazu dienen, diesen Zusammenhang, der sich in den Aussagen zu Fallstruktur und Fallstrukturgesetzlichkeit bündelt (hierauf werden wir, wie gesagt, am Ende des Kapitels wieder zurückkommen), aus einer methodisch angeleiteten Perspektive heraus zu verstehen. Wie lassen sich diese Muster methodisch, d. h. in einer Abfolge systematischer Schritte ermitteln?

Das Verfahren, das sich an diese Vorgaben gewissermaßen anschmiegt und sie sequenzanalytisch und damit gestalttreu erfasst, ist die Objektive Hermeneutik; sie ist, so Oevermann, dem Wechselspiel von Neuem, Emergenz und Krise einerseits, und Vorbestimmtem, Determiniertem und Routinen andererseits, „gewissermaßen methodologisch nachgebildet" (Oevermann 2009, S. 44): Denn wenn die soziale Realität als sequentiell konstituiert verstanden wird, dann muss die entsprechende Methode, die diese Abläufe rekonstruieren will, ihrerseits darauf ausgerichtet sein, eben diese Sequenzen zu analysieren, also sequenzanalytisch vorzugehen. Dabei bezeichnet Sequenzanalyse nicht einfach die Untersuchung einer einfachen Abfolge von Ereignissen, sondern vielmehr „die mit jeder Einzelhandlung als Sequenzstelle sich von neuem vollziehende (…) *Schließung vorausgehend eröffneter Möglichkeiten und Öffnung neuer Optionen in eine offene Zukunft*" (Oevermann 2002, S. 7, Hervorhebung im Original) – vergleiche hierzu unsere Darstellung plus die dazugehörige Grafik in Kapitel 2. Das bedeutet also, dass wir es mit einem anspruchsvollen Konzept von Sequenzen und Sequentialität zu tun haben.

Bevor wir in die Darstellung der Methode selbst eintreten, noch ein kurzer Hinweis zur Abgrenzung des Vorgehens im Vergleich mit quantitativ orientierten

Verfahren. Hier ist darauf zu verweisen, dass es in den Wissenschaften generell einen Zusammenhang im Sinne einer Passung (fit) zwischen Theorien und Methoden gibt, ja geben muss. Die Auswahl einer Methode ist nicht beliebig. So ist es für den Bereich der Sozialforschung nachvollziehbar, dass in den quantitativ arbeitenden Teilen, z. B. bei Wahlprognosen, mit vergleichsweise großen und vor allem repräsentativen Stichproben gearbeitet werden muss, um zu zuverlässigen Aussagen im Hinblick auf die Grundgesamtheit zu gelangen; die Erhebung und Bearbeitung kleiner Fallzahlen führt hier zu wenig relevanten Zufallsaussagen. Entsprechend lässt sich sagen, dass rekonstruktive Methoden sich sozialen Gehalten in ihrer jeweiligen Ausdrucksgestalt – eben sinn-verstehend – annehmen müssen. Liegt deren zentrales Merkmal, wie gezeigt, in ihrer durch das Wechselspiel von Erzeugungs- und Auswahlparameter erzeugten Sequenzialität, dann muss sich die Methodik folglich hierauf konzentrieren.

6.1 Zum methodischen Vorgehen

Unter dieser Überschrift sollen jetzt die forschungspraktisch wichtigen Erläuterungen, die Maßgaben sowie die Schritte, wie vorzugehen ist, zusammenfassend dargestellt werden. Von den drei in der verstehenden Sozialforschung zentralen Elementen:

- der Datenerhebung,
- der Transkription der Daten sowie
- deren Auswertung,

konzentriert sich die Objektive Hermeneutik vor allem auf den ersten und den letzten Aspekt, wobei die Auswertung der Daten das Herzstück der Methode ausmacht. Allerdings finden sich auch einige wichtige Hinweise im Hinblick auf die Art und Weise und damit auch die Güte der Datenerhebung.

6.1.1 Die Erhebung der Daten

Zur Erhebung der Daten sind die folgenden Überlegungen von besonderer Bedeutung:

1. „Technische Aufzeichnungen versus gestaltete Protokolle" (ebd., S. 84)

Im Anschluss an diese Vorüberlegungen können wir einen weiteren Aspekt hervorheben. Aufgrund der technischen Entwicklung ist es heute fast immer möglich, sich technischer Aufzeichnungsgeräte bei der Datenerhebung zu bedienen. Dies steht im Gegensatz z. B. zu den klassischen Studien innerhalb der Ethnologie, in deren Mittelpunkt die (schriftlichen und handgezeichneten) Protokolle der Feldforscher standen. Selbstverständlich stellen auch technisch aufgezeichnete Protokolle einen Ausschnitt aus der Realität dar – bestimmte Dinge sind nicht zu hören, andere nicht zu sehen. Dennoch wurden diese Probleme nicht „durch eine subjektive Wahrnehmung" (ebd.) erzeugt, die bereits ihrerseits die „Wirklichkeit umgeformt" (ebd.), d. h. ‚in ihrem Sinne' bearbeitet hat. Insofern sind ‚technisch kalt' erzeugt Protokolle vorteilhaft und den ‚gestalteten' Protokollen vorzuziehen, was dann auch für die Methodik der Beobachtung sowie des Interviews in Verbindung mit deren Aufzeichnungen spricht.

2. „Naturwüchsige vs. inszeniert protokollierte Wirklichkeit" (ebd., S. 87)
Ein weiterer für Überlegungen im Hinblick auf die Datenerhebung wichtiger Aspekt stellt sich mit der Frage, ob es sich um Daten handelt, die bereits in der Realität vorliegen oder ob diese (erst) für die Zwecke der Forschung erzeugt werden. Bei manchen Themen ist es offensichtlich, sich derjenigen Daten zu bedienen, die bereits vorhanden sind. So wird man für die Untersuchung von Talkshows selbst keine Talkshow veranstalten, sondern vorhandene Materialien heranziehen. Bei anderen Studien wird man sowohl auf Vorliegendes (z. B. Akten, Berichte, Organigramme etc.) zurückgreifen als auch neue Daten (z. B. durch Beobachtungen oder Interviews) erheben.

3. „Fremdprotokollierung vs. Eigenprotokollierung" (ebd., S. 88)
Schließlich ist darauf zu achten, wer – und folglich mit welchem Interesse – die vorliegenden Protokolle (als Ausdrucksgestalten der Praxis) erstellt hat. Ist es die forschende Person selbst oder z. B. eine Behörde, ein Jugendamt, die u. a. darauf achten muss, dass die Angaben einer juristischen Prüfung standhalten oder auch dazu dienen sollen, ‚eigene Erfolge' angemessen zu präsentieren und Misserfolge zu kaschieren? Es muss also berücksichtigt werden, welche Interessen in die Erhebung der Daten eingehen könnten.

Trotz dieser Hinweise für die Erhebung ‚guter Daten' sieht Oevermann das Verhältnis von Datenerhebung und Datenauswertung wie folgt:

> Wesentlich wichtiger als die Methoden der Datenerhebung sind für die Qualität der Forschung die Methoden der Datenauswertung. Eine noch so gute Datenerhebung

nützt nichts, wenn die Auswertungsmethoden nicht gut sind. Und noch so schlechte Daten können bei guten Auswertungsmethoden immer noch sehr aussagekräftig sein (Oevermann 2002, S. 21).

Wenden wir uns also der Auswertung der Daten zu.

6.1.2 Die Analyse der Daten

Bei den im Folgenden erläuterten Arbeitsschritten, der sequenzanalytischen Rekonstruktion, handelt es sich um ein Vorgehen, bei der Daten, die als Protokolle vorliegen, einer intensiven Interpretation unterzogen werden. In der Sprache der Objektiven Hermeneutik: Es handelt sich um ein Vorgehen, bei dem Ausdrucksgestalten, die in einem Protokoll als Text (also sinnstrukturiert) in Form latenter Sinnstrukturen vorliegen, rekonstruiert werden, so dass deren Fallstruktur und deren Gesetzlichkeit erkenntlich werden. Wie gestaltet sich diese Vorgehensweise und aufgrund welcher Überlegungen wird sie ins Werk gesetzt?

Zunächst ist festzuhalten, dass das jeweils vorliegende Material einer intensiven Interpretation unterzogen wird. Da dies nach sehr genauen, im Folgenden zu erläuternden Schritten geschieht, spricht man von einer Rekonstruktion der vorliegenden Daten: D. h. die sich im Wechselspiel von Erzeugungs- und Auswahlparameter bildenden ‚Besonderungen', die einen Fall ausmachen, werden ermittelt. Dieses Vorgehen schließt sich, wie bereits mehrfach beschrieben, der in der Lebenspraxis vorgefundenen Sequentialität an. Sinneinheiten, z. B. Sätze, aber auch, wenn erforderlich, kürzere Abschnitte, gelegentlich sogar einzelne Wörter, werden zum Gegenstand einer ausführlichen Rekonstruktion[79] – und dies immer im Hinblick auf eine bestimmte, vorher festgelegte Fragestellung[80]. Lesarten im Sinne von Deutungsvorschlägen werden gebildet, verworfen, modifiziert und erneut formuliert. Dies alles, ohne eine zu frühe Einigung anzustreben, sondern eher, so eine frühe Formulierung Oevermanns, als „Kampf um den Text" (Garz/Kraimer 1994) mit dem Ziel, zu einer intersubjektiven Übereinstimmung zu

---

79 Für die Interpretation von Fotos, Bildern und anderen nicht-schriftlich fixierten Materialien vgl. ebd., S. 107ff. und, forschungspraktisch, Oevermann 2014.

80 Hierzu muss man sich verdeutlichen, dass jeder Text im Hinblick auf viele Fragestellungen untersucht werden kann. Um ein einfaches Beispiel zu geben: Bei einem Interview könnten wir uns auch auf die Person des Interviewers konzentrieren, z. B. um bei einer Interviewerschulung auf Fehler aufmerksam zu machen; oder wir konzentrieren uns, das wird die Regel sein, auf die Antworten des Interviewten. Das bedeutet jedenfalls, dass wir uns für die Untersuchung *einer* Fallstruktur entscheiden müssen.

kommen. Insofern ist es naheliegend, die rekonstruktive Arbeit in einer Gruppe (häufig innerhalb einer ‚Forschungswerkstatt') durchzuführen, die sich nach und nach im Sinne einer Ausschlusslogik der (bis auf weiteres[81]) richtigen Lesart bzw. Rekonstruktion annähert.

Man kann sich das Vorgehen am Beispiel eines sich stark verjüngenden Trichters vorstellen: Zu Beginn gibt es noch eine große, fast unendliche Anzahl an möglichen Deutungen bzw. Lesarten; nach und nach werden dann (mit der Hinzunahme weiterer Textstellen) jene ausgeschieden, die mit dem vorliegenden Text nicht mehr vereinbar sind, bis letztendlich die eine ‚objektive' bzw. intersubjektiv als treffend ausgewiesene Lesart verbleibt. Dabei gilt im Prozess der Rekonstruktion einzig ‚der zwanglose Zwang des besseren Arguments' (Habermas) und beispielsweise nicht die Orientierung an Autoritäten: Schließlich stellt der vorliegende Text selbst immer die letzte Basis der Entscheidung für eine oder eine andere Lesart dar.[82]

Grundsätzlich gilt, dass die ausführliche und genaue Interpretation das Entscheidende des Verfahrens ausmacht. Sollte, z. B. aus Zeitgründen, zwischen Exaktheit und Menge der zu interpretierenden Daten entschieden werden müssen, greift immer die Maxime, „daß die Detailliertheit und Schlüssigkeit der Sequenzanalyse eines Materials nicht der Menge bzw. dem Umfang des zugrundegelegten Text- bzw. Protokollmaterials geopfert werden darf" (ebd., S. 100). Oevermann fasst diese Vorgehensweise unter dem Begriff des *Totalitätsprinzips* zusammen, welches besagt, dass im vorliegenden Protokoll „alles, das heißt jede noch so kleine und unscheinbare Partikel, in die Sequenzanalyse einbezogen und als sinnlogisch motiviert bestimmt werden muß" (ebd.).

Ergänzend und in gewissem Sinn komplementär, aber auch einschränkend hierzu greift das *Wörtlichkeitsprinzip*, das darauf aufmerksam macht, dass nur solche Deutungen bzw. Interpretationen zulässig sind, die tatsächlich im Material

---

81 Diese Einschränkung verweist darauf, dass es sich um einen Vorgang handelt, der prinzipiell fehlbar ist; er folgt also einer fallibilistischen Methodik im Sinne von ‚Behauptungen aufstellen und Widerlegungen suchen'; hier liegt eine Nähe zum Kritischen Rationalismus vor, wie er vor allem von Karl R. Popper begründet wurde. Oevermann drückt dieses Prinzip der Falsifikation wie folgt aus: „In der Sequenzanalyse ist gewissermaßen eine permanente Falsifikation eingebaut. Denn an jeder Sequenzstelle kann grundsätzlich der Möglichkeit nach die bis dahin kumulativ aufgebaute Fallrekonstruktion sofort scheitern" (Oevermann 2002, S. 10). Verstärkt wird die Idee der Widerlegbarkeit in der Arbeit mit einem Fall noch dadurch, dass es nicht nur eine Person ist, die das ‚Für- und-Wider' mit sich (‚im einsamen Seelenleben') ausmacht, sondern dass eine Gruppe involviert ist, die um intersubjektive Überstimmung ringt.

82 In diesem Zusammenhang gibt es immer wieder theoretische Einwände, die sich auf die Durchführbarkeit dieses Vorgehens beziehen; forschungspraktisch sind die Probleme bei der Arbeit am Material in der Regel eher gering.

6.1 Zum methodischen Vorgehen

lesbar bzw. von ihm ‚erzwungen' sind. Diese Vorgabe richtet sich also gegen das ‚freie Assoziieren' bzw. Phantasieren, das vom Material nicht abgedeckt ist, sondern vielmehr Lesarten erzeugt, „die von außen an ihn herangetragen worden sind" (ebd. S. 103).[83]

Ein weiterer wichtiger Punkt, der das Verfahren der Objektiven Hermeneutik nun auch sehr deutlich von nahezu allen anderen verstehenden Verfahren unterscheidet, liegt darin, dass während der Auswertung keinerlei Vorwissen im Hinblick auf das zu rekonstruierende Material herangezogen werden darf – daraus folgt auch, dass man sich, wenn man das Material, z. B. als Interviewer schon kennt, ‚künstlich naiv' stellen muss (was forschungspraktisch durchaus gelingt). Mit dem Ausschluss des Vorwissens wird einem in einem schlechten Sinn zirkulären Vorgehen entgegengewirkt. Konkret bedeutet dies, dass man auf keinem Fall auf später im Protokoll getroffene Äußerungen vorausgreift, da diese ja allererst durch die Analyse erschlossen werden sollen. Andernfalls würde man sich das erst Herauszufindende zirkelhaft ‚einfach' als Beleg heranholen, ohne es aus dem Material heraus selbst erschlossen zu haben.

Diese Idee lässt sich am Beispiel des Umgangs mit dem inneren und äußeren Kontext bzw. dem Kontextwissen verdeutlichen. Der innere Kontext bezeichnet das Wissen des Forschers einzig im Hinblick auf das vorliegende Material – zunächst ist dies beispielsweise nur ein Satz, aber mit jeder weiteren analysierten Sequenz wächst der innere Kontext an, bis die „Fallstruktur sich in ihrer Spezifität und Prägnanz genügend konturiert hat und deshalb die Fallanalyse berechtigt abgebrochen werden kann" (ebd., S. 95). Im Gegensatz dazu steht der äußere Kontext, also das Wissen „über einen Kontext, das außerhalb der Sequenzanalyse gewonnen oder bezogen worden ist" (ebd., S. 95f.). Dieses von außen kommende Wissen darf in der Anwendung der Methode keinesfalls in die Rekonstruktion einbezogen werden; es ist, so Oevermann, „streng verboten" (ebd., S. 96), weil man nur so einer ‚schlechten Zirkularität' entgehen kann (vgl. ebd.).

Mit diesem schrittweisen, kontextfreien sowie Lesarten suchenden und verwerfenden Vorgehen

> wird aus der Rekonstruktion der objektiven Bedeutungsstruktur eines einzelnen Elements eine *kumulative Sequenzanalyse*, die zur Rekonstruktion der latenten

---

83 Zur Bezeichnung eines solchen Vorgehens findet sich, an dieser wie an zahlreichen anderen Stellen, der Begriff der *Subsumtion*, der die Unterordnung von Ergebnissen an von außen herangetragene, also nicht vom Text erzwungene Begriffe meint. Subsumtion kann nie zu etwas Neuem führen, da ja, wie der Name bereits sagt, die Forschung in einen schon vorhandenen Rahmen gestellt wird.

Sinnstruktur eines Textsegmentes oder einer Ausdrucksgestalt führt (ebd., S. 94; Hervorhebung im Original).

Da das genannte Vorgehen, wie sicherlich deutlich wurde, durchaus zeitaufwendig ist, stellt sich die weitere Frage nach der Datengrundlage, also der ‚Menge der Materialien', die in die Auswertung einbezogen werden muss, um zugleich auf forschungsökonomische Weise zu aussagekräftigen Ergebnissen zu gelangen. Wie umfangreich sollte das Material sein und welche Elemente (Ausschnitte) werden interpretiert?[84]

Ulrich Oevermann geht auf diese Fragestellung und die generell damit einhergehende Problematik sehr deutlich und bereits zu Beginn mit einem wichtigen Hinweis ein. „Grundsätzlich ist klar, daß angesichts der Detailliertheit und des Aufwands an Explikation in einer Sequenzanalyse, die diesen Namen verdient, immer nur ganz geringe Textmengen ausgewertet werden können" (ebd., S. 97). Und er beschreibt das Vorgehen am Beispiel eines verschrifteten offenen Interviews, also einem sozialwissenschaftlichen Standarderhebungsverfahren; wir werden uns in entsprechender Weise an diesen Aussagen orientieren. Wie also vorgehen?

1. Aus dem vorliegenden Interviewmaterial werden vier Segmente zur rekonstruktiven Bearbeitung ausgewählt. Der Umfang jedes Segments übersteigt in der Regel zwei Seiten nicht.[85]
2. „Nach Möglichkeit sollte (...) die Sequenzanalyse immer mit der Eröffnung der von ihr untersuchten Praxis beginnen – also bei einer Interviewanalyse mit dem Anfang des Interviews. (...) Welche Weichen hier gestellt werden, ist besonders folgenreich. Der ‚erste Eindruck' läßt sich nur mit großen Anstrengungen wieder tilgen bzw. korrigieren" (ebd., S. 75f.).
3. Kriterien für die weitere Auswahl der Segmente können sein: Entweder Ausschnitte, die für die Fragestellung besonders relevant sind, aber auch per Zufall

---

84 Es handelt sich bei den folgenden Angaben um Hinweise im Sinne einer Kunstlehre, also um erfahrungsgesättigte und in der Praxis der Forschung bewährte Aussagen, die jedoch durchaus fallspezifisch abgeändert werden können.

85 Häufig kann es hilfreich sein, vorweg die sogenannten objektiven Daten eines Falles, also die „interpretatorisch unverfänglichen und interpretationsstabilen Merkmale der Geschichte und der aktuellen Befindlichkeit des Falles, z. B. der ‚nackten' Daten des tabellarischen Lebenslaufes eines Interviewee, um möglichst schnell, sparsam und voraussetzungslos zu möglichst riskanten und reichhaltigen Fallstrukturhypothesen zu gelangen, also mit dem Falsifikationsgeschäft von Anfang an zu beginnen" (Oevermann 2000c, S. 19, Fn. 4), zu interpretieren.

ausgewählte Stellen; schließlich kann es auch lohnend sein, „schwierige bis rätselhafte Stellen" (ebd., S. 98) einer Rekonstruktion zu unterziehen.
4. Insgesamt reichen im Normalfall zwölf bis vierzehn Fälle (z. B. Interviews) aus, um das Datenmaterial soweit auszuschöpfen, dass die rekonstruktive Arbeit mit weiteren Materialien zu keinen darüber hinaus gehenden Erkenntnissen führt (was als Sättigung oder Saturierung bezeichnet wird). Dies setzt allerdings voraus, dass bei der Datenerhebung darauf geachtet wurde, eine breite Palette unterschiedlicher Ausschnitte der sozialen Realität zu erfassen; beispielsweise indem bei der Erhebung der Interviews minimale und maximale Kontraste im Hinblick auf die Auswahl der Befragten berücksichtigt wurden.[86]

6.2 Ein Beispiel objektiv-hermeneutischer Analyse

Im Folgenden geben wir einen Ausschnitt aus einer Vorlesung von Ulrich Oevermann zur ‚Einführung in die soziologische Sozialisationstheorie' aus den Jahren 1995 und 1996 wieder, die dankenswerterweise von Roland Burkholz aufgezeichnet, verschriftet und bearbeitet wurde. In der 17. Vorlesung vom 15. Dezember 1995 geht Ulrich Oevermann auf einen Ausschnitt aus einer Familienbeobachtung ein – wobei wir den mündlichen Vorlesungsstil bewusst beibehalten haben.[87] Wir denken, dass in diesem Beispiel die Vorgehensweise innerhalb der Objektiven Hermeneutik exemplarisch deutlich wird – auch wenn es sich um keine Diskussion in einer Gruppe, sondern um eine Darstellung ‚in didaktischer' Absicht handelt.

Nehmen wir folgendes Beispiel: Eine Person sagt: „Mutti ich hab so ‚nen Hunger, wann krieg ich denn endlich was zu essen". Der objektive Hermeneut fragt dann nicht: Was denkst Du dir dabei, wenn Du einen solchen Satz äußerst, was ist der subjektiv gemeinte Sinn deiner Äußerung, sondern: was machen die Subjekte faktisch. Nicht was sie sich dabei denken, sondern was ihre Handlungen objektiv bedeuten, ist für den objektiven Hermeneuten von Interesse. Man muss als Sozialwissenschaftler bezüglich seines Objektbereichs, wie jeder beliebige Naturwissenschaftler, Fragen nach der Objektivität der phänomenalen Welt stellen. Wie ich mich subjektiv dazu

---

86 „Man sollte vor allem nicht erst (…) alle Fälle erheben und dann mit der Auswertung beginnen, sondern erst einen Fall erheben und gründlich analysieren, bevor man mit weiteren Erhebungen (auf der Grundlage dieser Ergebnisse; D.G./U.R.) fortfährt" (ebd., S. 99). Gelegentlich ist diese Vorgehensweise jedoch nicht praktikabel; nämlich dann, wenn es wichtig ist, dass mehrere Personen im gleichen Zeitraum befragt werden; z. B. wenn neu immatrikulierte Studierende zu Beginn ihres Studiums befragt werden sollen.
87 Zum besseren Verständnis haben wir gelegentlich Sätze leicht vereinfacht bzw. umgestellt.

stelle, ist eine nachgeordnete Frage. Die primäre Frage muss immer sein: Was ist das? Wie geht man bezüglich der gewählten Äußerung „Mutti ich hab ..." konkret vor? Man nähert sich dem Gegenstand, indem man Geschichten (Lesarten; D.G./U.R.) erfindet über mögliche Situationen, in denen sinnvollerweise nach dem intuitiven Regelwissen, über das wir verfügen, diese Äußerung fallen könnten.

1. Es könnte ein Kind sagen, das noch nicht in der Lage ist, sich selbst etwas zu essen zu beschaffen.
2. Es könnte aber auch ein Kind (bzw. Erwachsener) sagen, das das im Prinzip schon kann, aber mit Grippe im Bett liegt oder sich beide Arme gebrochen hat, also kurzfristig außer Gefecht gesetzt ist.
3. Es könnte aber auch beispielsweise ein Möbelpacker sagen, der freitags später nach Hause kommt, ‚Kohldampf hat', erwartet, dass die Kartoffelsuppe dampfend auf dem Tisch steht. Der Möbelpacker kann durchaus zu seiner Frau Mutti sagen, denn in der unteren Mittelschicht wird in Deutschland häufig nach gewissen Ehejahren Mutti bzw. Vati zum Ehepartner gesagt. – Der Möbelpacker hält sich also für jemanden – und darf offensichtlich auch unterstellen, dass er auch von anderen, mit denen er zusammenlebt, dafür gehalten wird –, der erwarten darf, dass er etwas zu essen bekommt, obgleich er in der Lage ist, sich selbst etwas zu essen zu beschaffen. Er darf dies deshalb unterstellen, weil es eine entsprechende Rollentrennung in der Familie gibt, die für die moderne bürgerliche Familie nicht mehr gilt. Sie lässt sich wie folgt formulieren: Derjenige, der die Brötchen verdient, braucht sie sich nicht zu schmieren.

In einem nächsten Schritt fragt man dann: Was haben diese sehr heterogenen Geschichten miteinander gemeinsam? Sie haben drei wesentliche Bedingungen miteinander gemeinsam, die man die pragmatischen Erfüllungsbedingungen nennt.

1. Muss der Sprecher glaubwürdig Hunger haben. – Wenn jemand voll gesättigt ist und sagt: „Mutti ich habe so 'nen Hunger...", dann ist dies ein zynischer Sektierer, der nur andere Leute vorführen will.
2. Kehrseitig dazu muss der Adressat legitimerweise als Verpflichteter gelten, dem Sprecher, wenn er Hunger hat, etwas zu essen zu beschaffen, d. h. dies gehört zu seinen Rollenverpflichtungen.
3. Es darf normalerweise vom Sprecher erwartet werden, dass um diese Zeit das Essen schon fertig ist. – „Wann krieg ich *endlich* was zu essen." Andernfalls wäre das „endlich" nicht gerechtfertigt.

Man geht also vollkommen voraussetzungslos vor: nur mit dem intuitiven Regelwissen, d. h. ohne irgendein fallspezifisches Wissen zu benutzen. Man stellt jetzt schon etwas fest, was sehr wichtig ist. Die Geschichten sind sehr unterschiedlich im Hinblick darauf, welches die konkreten Bedingungen dafür sind, diese pragmatischen Erfüllungsbedingungen zu realisieren.

Im einen Fall ist das Kind noch viel zu klein (a),
im anderen hat es sich den Arm gebrochen (b),
im dritten Fall (c) ist es der Möbelpacker, der sich das leisten darf:

a. [ist eine] entwicklungsbiologische Bedingung,
b. [eine] situative Bedingung (traumatisierend),
c. [eine] soziale Bedingung.

Die drei Bedingungen gehören vollkommen verschiedenen Disziplinen an. Sie haben aber eines gemeinsam: sie erfüllen dieses Abstraktum „pragmatische Erfüllungsbedingungen", die gerade als Strukturbedingungen expliziert wurden. Man expliziert bei dieser methodischen Vorgehensweise die objektiven Sinnstrukturen eines textuellen Gebildes, die konkret-stofflich jeweils durch sehr unterschiedliche Bedingungen erfüllt sein können: durch biologische wie durch soziale. Man erhält dann einen Begriff von Sozialität, der objektiv ist, der also nicht von subjektiven Definitionen abhängt. Erst jetzt, als Drittes, stellt man die Frage: Wer hat es denn nun tatsächlich gesagt, welche konkrete Bedingung lag denn nun wirklich vor? Nun stellt man fest, das sagt ein sechsjähriger Junge beim Abendbrot (kaltes Buffet: Brot, Aufschnitt, Tomaten etc.) Ein sechsjähriges Kind kann sich sein Brot bequem selbst schmieren. Es wird normalerweise in der hiesigen Gesellschaft auch erwartet, dass es dies kann. Man stellt also fest, dass die pragmatischen Erfüllungsbedingungen im äußeren Kontext nicht erfüllt sind. Also ist die Äußerung pathologisch. Wenn in den realen Außenbedingungen die pragmatischen Erfüllungsbedingungen nicht vorliegen, dann können wir ja nicht sagen, sie liegen nirgendwo vor. Sie müssen dann woanders vorliegen. Wenn sie in der äußeren Realität nicht vorliegen, dann müssen sie in der inneren Realität vorliegen. Man kann deshalb sagen, dieser kleine Junge phantasiert, er sei noch so klein, dass er sich das Brot nicht selbst schmieren kann, oder er wünscht sich, er sei noch so klein, dass er das Brot sich nicht selbst schmieren kann, oder er wünscht sich oder phantasiert, er sei so allmächtig wie der Möbelpacker, der von seiner Frau erwarten kann, dass sie ihm das Brot schmiert. Es handelt sich hier also um eine sehr merkwürdige Struktur. Der Junge schwankt hin und her zwischen: Ich bin ein ganz Kleiner und ich bin ein ganz Großer.[88]

Wenn man in dem Modell der üblichen Sozialforschung denkt, dann ist an ein einer solchen banalen Äußerung („Mutti ich hab so nen Hunger …"), wie sie hier analysiert worden ist, nichts zu sehen. Man muss sich also methodisch so frei machen, dass man das scheinbar Triviale wieder interessant findet. Dazu muss man es verfremden, sich künstlich naiv stellen. Anders ausgedrückt: man muss die ganzen Formen des alltagspraktischen Vorwissens, die man schon hat, wegziehen.

(In der Niederschrift folgt eine längere Diskussion mit einer Studentin, die eine andere Lesart vorschlägt). – Nach Abschluss der Diskussion geht Oevermann dann noch einmal auf das Fallbeispiel ein.

---

88 „Dies ist im Übrigen genau das Problem von kleinen Kindern, wenn sie die Mitte noch finden müssen. Wer ist größer als ein Säugling, der, sobald er schreit, eine ganze Familie in Bewegung setzt? Hoch abhängig, ganz klein, aber gleichzeitig außerordentlich mächtig. Das wird erst ausgehebelt, wenn ein Mensch erwachsen und autonom ist. Dann können die anderen sofort reagieren: ‚Ja nun, mach's dir doch selbst. Wer bist du denn?'. Dann wird er mit der Realität konfrontiert, d. h. damit, dass es jemand ist, der das normalerweise kann" (Oevermann 1995/96, S. 59).

Ich führe jetzt, was ich eigentlich nicht vorhatte, noch weitere Äußerungssequenzen aus dem Interaktionsprotokoll, dem das Beispiel entnommen ist, an: Die Mutter reagiert auf den analysierten Satz ihres Sohnes mit der Äußerung: „Möchtest du dir das Brot selbst schmieren oder soll ich es dir schmieren?"

Bei einer Analyse mit den 0-8-15-Methoden der Soziologie würde man vermutlich zu dem Ergebnis kommen, die Mutter nehme ihr Kind sehr ernst, indem sie ihm die Entscheidung des Brotschmierens überlasse. Wenn man die Sache sequenzanalytisch betrachtet, dann sieht man aber sofort, dass die Mutter ihren Sohn extrem disqualifiziert, weil sie seine Frage gar nicht ernst genommen hat. Der Junge hat ja schon gesagt, dass er sich das Brot nicht selbst schmieren will. Also hat die Mutter auf der Beziehungsebene mit ihrer Äußerung im Grunde genommen gesagt: „Was du sagst, ist vollkommen irrelevant". Der Junge antwortet auf die Frage der Mutter mit dem Satz: „Ist mir egal." Er widerspricht sich damit auf der Aussage- bzw. Inhaltsebene. Vorher hat er ja schon gesagt, dass es ihm nicht egal ist. Aber trotzdem ist das eine relevante Antwort auf die Frage der Mutter, denn er sagt damit: „Das, was du mir geantwortet hast, ist mir egal. Deine Äußerung ist keine relevante Antwort."

Man sieht hier sofort wie sich innerhalb von drei Schritten eine Pathologie realisiert. Die Mutter erwidert nun: „Dann schmier' es dir selbst". Der Junge sagt daraufhin: „Nein, schmier' du es mir". Hier ist jetzt wieder der Wunsch des Jungen zum Ausdruck gekommen. Die Mutter sagt darauf gar nichts mehr, sondern wendet sich an das zwei Jahre jüngere Kind und sagt zu diesem: „Knut, hier ist die Margarine". Der vierjährige Bruder soll sich also sein Brot schmieren. Damit ist im Übrigen sofort unter Beweis gestellt, dass der Bruder das auch können muss, denn er ist ja zwei Jahre älter als das Kind, an das sich die Mutter dann wendet.

Wenn man ein solches Interaktionsprotokoll durchliest, dann fällt einem natürlich überhaupt nicht auf, dass es sich hier um eine pathologische Interaktionsstruktur handelt. Man hält es dann sicherlich für ein Protokoll einer ganz normalen Mutter-Kind-Interaktion. Nachdem man es sequenzanalytisch ausgelegt hat, springt die Pathologie aber sofort ins Auge. Was kann man daraus schließen? Dass die Methode etwas erschlossen hat, das man normalerweise, also dann, wenn man den subjektiv gemeinten Sinn erschließt, nicht sieht. Man sieht es erst, wenn man sich zwingt, die Sache aus einer ganz anderen Perspektive zu analysieren, d. h. sie wie ein objektives Gebilde zu behandeln und alles Vorwissen, das man darüber hat, auszuschalten.

Wir haben dieses ausführliche Beispiel an dieser Stelle eingefügt, um zu verdeutlichen, wie die Interpretationspraxis der objektiven Hermeneutik aussehen kann, wie bestimmte Lesarten gebildet und andere ausgeschieden werden. Schließlich sollte deutlich geworden sein, was der Verzicht auf das Vorwissen bedeutet und wie (erste) Generalisierungen vorgenommen werden können.

Wir haben nun die wesentlichen Elemente eingeführt und erläutert, so dass wir an dieser Stelle zusammenfassen können: Die bisherigen Aussagen sollten sowohl, wenn auch in knapper Form, die Begründung des sequenzanalytischen Verfahrens der Objektiven Hermeneutik als auch die Vorgehensweise bzw. die Schritte der Auswertung nachvollziehbar machen. Wir wollen jetzt noch einmal Ulrich Oevermann zu Wort kommen lassen, um das konkrete, über einen Fall hinausgreifende Vorgehen bis hin zu dessen (vorläufigem) Abschluss darstellen zu können:

> Man geht dabei in der folgenden Weise vor: Es werden zunächst Protokolle nur eines Falles ausgewählt oder erhoben, der für die jeweilige Untersuchungsfrage zentral ist. Natürlich müssen auch die Protokolle selbst aus der Lebenspraxis des Falles Ausschnitte abbilden, die für die Untersuchungsfrage von Bedeutung sind. Dann analysiert man das Material dieses ersten Falles einer Reihe detailliert und ausführlich, so daß an seinem Beispiel möglichst viele Antworten zur Untersuchungsfrage entwickelt werden und möglichst präzise erste Strukturgesetzlichkeiten des die Untersuchungsfrage betreffenden Gegenstandsbereiches herauspräpariert werden können. Erst wenn das maximal geleistet ist, erhebt man das Material des nächsten Falles. Dieser wird nun so ausgewählt, daß er nach Maßgabe der Erkenntnis zum ersten Fall maximal mit diesem kontrastiert. Wiederum wertet man dieses Material aus, bevor man den nächsten Fall so erhebt, daß er seinerseits maximal mit den vorausgehenden Fällen kontrastiert. Man schreitet so immer weiter voran. Die Auswertungen werden beim jeweils nächsten Fall exponentiell abnehmend kürzer, weil immer weniger an Erkenntniszuwachs über die den Gegenstand kennzeichnenden Strukturgesetzlichkeiten hinzukommt. Man bricht die Fallreihe ab, wenn evident geworden ist, daß der Erscheinungsspielraum innerhalb des Gegenstandsbereichs für die Zwecke der Modellrekonstruktion im wesentlichen ausgeschöpft ist. Dafür kann ein prinzipielles Kriterium nicht angegeben werden, aber die Erfahrung zeigt, daß angesichts des Umstandes, daß mit jeder Fallrekonstruktion immer mehr Fälle als der im Fallmaterial tatsächlich verkörperte zur Geltung kommen, in der Regel zehn bis zwölf Fallrekonstruktionen auch für komplexere Untersuchungsfragen ausreichen, um hinreichend gesicherte Antworten zu erhalten (Oevermann 2002, S. 18).

6.3 Generalisierbarkeit der Ergebnisse

Zum Abschluss dieses Kapitels kann jetzt auf die Frage nach der Generalisierbarkeit der Ergebnisse eingegangen werden. Denn für den regelmäßig in der Forschung vorkommenden Sachverhalt, dass „eine allgemeine Untersuchungsfrage formuliert ist, wird man natürlich niemals mit der Rekonstruktion eines einzelnen Falles sich begnügen wollen, sondern die Generalisierungsbasis erweitern, um zusätzliche, untereinander möglichst kontrastive Fälle" (Oevermann 2000b, S. 127). Man wird dann die jeweiligen Rekonstruktionen, die z. B. anhand verschiedener Interviews aufgrund der beschriebenen Schritte gewonnen wurden, in ein Kontrastverhältnis setzen, um die „typologische Verschiedenheit der Erscheinungen im Universum möglichst gut auszuloten und ein Übersehen von für die allgemeine Untersuchungsfrage relevanten Typen zu verhindern" (ebd., S. 128).

Wichtig ist in diesem Zusammenhang, dass es sich weder um eine empirische Generalisierung im Sinne der quantitativen Forschung handelt, also um den Schluss von einer Stichprobe auf die Grundgesamtheit (denken Sie an die Prognosen der Wahlforschung), noch um eine einfache Fallbeschreibung (im Sinne einer verkürzten Nacherzählung des vorliegenden Materials durch den Forscher). Fallrekonstruktionen im Sinne der Objektiven Hermeneutik beanspruchen einen anderen Status: Verallgemeinert werden hier Strukturen, die sich nach und nach in einem sequentiellem Ablauf, d. h. in der Öffnung und Schließung einer Lebenspraxis, ergeben haben.

Um das Problem der Strukturgeneralisierung zu erläutern, wollen wir abschließend die Begriffe Fall und Fallrekonstruktion, Fallstruktur und dessen Verallgemeinerung, also Strukturgeneralisierungen sowie Fallstrukturgesetzlichkeit noch einmal im Zusammenhang einführen.[89] Beschrieben wird damit das methodische Vorgehen, also der Weg, vom Fall zur Fallstrukturgesetzlichkeit.

- *Fall und Fallrekonstruktion:* Als Fall werden alle jeweils zur Interpretation vorliegenden Materialien bzw. die in ihnen enthaltenen Ausdrucksgestalten (verkörpert in Text und Protokoll) verstanden; Ausdrucksgestalten werden vom objektiv hermeneutisch arbeitenden Forscher systematisch, d. h. den oben beschriebenen Regeln folgend, strikt sequenzanalytisch rekonstruiert. „Die lückenlose Rekonstruktion einer hinreichend langen Folge von so analysierten Sequenzstellen führt zur Feststellung einer wiedererkennbaren Fallstruktur" (Oevermann 2103, S. 75) – wir werden im Folgenden, um die Vorgehensweise zu verdeutlichen, auf das Beispiel von durch Interviews erhobenen autobiographischen Materialien zurückgreifen.
- *Fallstruktur und Strukturgeneralisierung:* Jeder Fall, jede Biographie, weist ein eigenständiges (eigenlogisches) Muster auf, also eine Fallstruktur, die ihn von anderen Fällen unterscheidet. Dabei wird der Fall, die Biographie, einerseits von äußeren Gesetzmäßigkeiten bestimmt, also z. B. der Zugehörigkeit zu einem bestimmten Milieu, dem Heranwachsen in einer bürgerlichen oder proletarischen Familie, zu einer bestimmten Zeit und an einem bestimmten Ort, als Mann oder als Frau usw. (also Elemente, die dem Parameter I zugehören). Andererseits, und das ist für die Biographieanalyse zentral, stellt sich die Frage: Was macht die Person aus ihren Möglichkeiten, was kann sie aus ihnen machen? Sprich: Welche Besonderungen weist der Fall auf (Parameter II)? In

---

89 Oevermann erläutert dieses Vorgehen häufig am Beispiel der vor allem von Charles S. Peirce herausgearbeiteten logischen Schlussform der Abduktion, die einzig, im Gegensatz zu Deduktion und Induktion, zu etwas Neuem führt.

biographischen Erzählungen zeigt sich dann „ein beständiges Überwinden von ursprünglichen Restriktionen und Erweitern ursprünglicher Chancen oder eben auch im Gegenteil eine sukzessive Verschüttung solcher Möglichkeiten. Gleichzeitig werden (...) in Gestalt des Bildungsprozesses kumulativ Strukturen verdichtet und indem immer mehr ‚points of no return' hinter sich gelassen werden, wird die Identität in ihrer Selektivität immer schärfer konturiert" (Oevermann 2009, S. 44).

Strukturgeneralisierung und Fallstrukturgesetzlichkeit:
Wenn man nun, wie in der Objektiven Hermeneutik (und wie oben geschildert), eine einzelne Biographie

- ‚detailliert' (also ausführlich nach den beschriebenen Regeln) und
- ‚unvoreingenommen' (also ohne Einbezug des fallspezifischen Vorwissens)

interpretiert, hat man nicht nur die ‚Struktureigenschaften' dieser Biographie erschlossen, sondern auch eine ‚Strukturgeneralisierung' vorgenommen.
Das Ziel bzw. der (vorläufige) Endpunkt dieses Vorgehens besteht in der Ermittlung der Fallstrukturgesetzlichkeit. Diese Fallstrukturgesetzlichkeiten erklären wiederum „Fallstrukturen (...) in dem Sinne, daß sie (...) die Regeln *und* die Prinzipien für deren Erzeugung in der Reproduktion und – übergreifend – auch deren Bildung bzw. Genese in der Transformation zur Geltung bringen" (Oevermann 2000b, S. 121f.; Hervorhebung im Original). Somit handelt es sich um „realistische, nicht konstruierte, sondern rekonstruierte Modelle, die empirisch real operieren" (ebd., S. 122). Sie sind, so Oevermann, an einer vorhergehenden Stelle, „die Erzeugungsformel der Fallstruktur" (ebd., S. 119).
Für eine so verstandene Methodik ist schließlich darauf zu verweisen, dass „kein wirklicher Unterschied zwischen Grundlagenforschung und angewandter Forschung" (ebd., S. 127) existiert. Ein Beispiel für die angewandte Forschung wird uns im Folgenden als forschungspraktische Fallrekonstruktion beschäftigen, zuvor aber noch ein Hinweis auf Bereiche, in denen die Objektive Hermeneutik praxisorientiert angewandt werden kann.
Der Methode der Objektiven Hermeneutik wird häufig vorgeworfen, sie sei mit zu hohem vor allem zeitlichen Aufwand verbunden. Dies sei auch der Grund, dass sie für Praktiker in Hilfe leistenden Versorgungsberufen – beispielsweise in der Sozialen Arbeit oder der Alten- und Krankenpflege – nicht zum Einsatz kommen könne. Vor dem Hintergrund der in Kapitel 5 dargestellten besonderen Handlungslogik professionalisierungsbedürftiger Berufe und der im folgenden Abschnitt 6.4 herausgearbeiteten Unterscheidung zwischen praktischen und methodischen

> Objektive Hermeneutik als wissenschaftliche Methode ist für eine professionalisierte Praxis an vier Einsatzstellen bedeutsam:
>
> - Als Verfahren für eine theoretische Generalisierung auf der Basis von Einzelfallstudien (= *Gewinnung von Evidenz*)
>
> - Als Verfahren zur Entscheidungsfindung und der Geltungsbegründung (= *Klärung strittiger Fälle*)
>
> - Als Verfahren zur methodischen Qualitätssicherung professionalisierter Praxis (= *exemplarische, regelmäßige Supervision*)
>
> - Als Verfahren zur Erzeugung von Sensitivität für Klienten und eigentliche Interventionspraxis (= *während Aus- und Weiterbildungsprozessen*)

Abb. 6.1 Einsatzstellen der Objektiven Hermeneutik

Fallverstehen tritt Oevermann diesen Vorwürfen entschieden entgegen, wenn er, wie Abbildung 6.1 zeigt, vier Einsatzstellen benennt, in denen die Methode der Objektiven Hermeneutik sinnvoll und unmittelbar zum Einsatz gebracht werden kann (vgl. hierzu auch Oevermann 2001d, S. 276ff. und Oevermann 2008a).

Nachdem nun die Methodik der Objektiven Hermeneutik und ihre forschungspraktische Anwendung an einem Beispiel sowie die Generalisierbarkeit ihrer Analyseergebnisse dargelegt wurden, soll im abschließenden Abschnitt 6.4 noch einmal näher auf die besondere Bedeutung objektiv-hermeneutischen Fall-Verstehens in der Praxis professionalisierter Berufe eingegangen werden.

6.4 Professionelles Fallverstehen

Wie bereits in Kapitel fünf ausführlich dargestellt, wird professionalisiertes Handeln in dem Maße notwendig, wie lebenspraktische Krisenbewältigung überfordert ist und zu scheitern droht. Die in die Krise geratene Lebenspraxis wird – eine entsprechende Mandatserteilung vorausgesetzt – zum Fall für Hilfestellungen durch professionelle Experten.

Grundsätzlich gilt für alle Krisenformationen: der Professionelle muss verstehen, was der *Fall* ist, was der Grund dafür ist, dass vorhandenes Wissen und Können – sozusagen die ‚Bordmittel' des Subjekts – nicht mehr hinreichend sind, lebenspraktische Aufgaben zu bewältigen. In diesem Sinne ist das Erkennen der ‚Motivation eines Mangels', ist professionelles Fallverstehen, eine zwingende Voraussetzung für eine (Re)Autonomisierung des betroffenen Subjekts. Was ist nun das Besondere dieser auf stellvertretende Krisenbewältigung ausgerichteten professionellen Verstehensleistung?

Zur Klärung dieser Frage ist es hilfreich, drei verschiedene Formen (Modi) des Verstehens zu unterscheiden. Wie Abbildung 6.2 zeigt, handelt es sich dabei um das allen Menschen eigene, für die Alltagspraxis notwendig abgekürzte alltägliche, *‚naturwüchsige' Fallverstehen* (Modus I) und das diesem entgegengesetzte, für die Wissenschaftspraxis der Geltungsbegründung notwendig unverkürzte, *methodisch kontrollierte Fallverstehen* (Modus III), sowie das für die therapeutische Praxis relevante, ebenfalls abgekürzte, *‚kunstlehrehafte' professionelle Fallverstehen* (Modus II), das uns hier interessieren wird.

Einer anthropologisch-geschichtlichen Entwicklungslogik folgend, entfaltete sich zunächst die Fähigkeit des Menschen, mittels Sprache die Welt auf den Begriff zu bringen und mit Hilfe von Begriffen umgekehrt – so Oevermann – die Welt ‚naturwüchsig' zu verstehen. Überlebenskampf, allgegenwärtige Gefährdung durch Naturereignisse und die Bewusstwerdung der Gewissheit des eigenen Todes erzeugten einen, den einzelnen überfordernden Interpretationsbedarf, der an spezielle Mitglieder der frühgeschichtlichen humanen Gemeinschaften mit besonderen ‚Begabungen' delegiert wurde. Priester und Schamanen entwickelten Not wendende Deutungsrituale und Handlungspraktiken, gewissermaßen Frühformen von professionellem Verstehen und Handeln. Nicht zufällig wurden der Priester- und der Arztberuf zu Prototypen der neuzeitlichen Professionsforschung. Schlussendlich waren auch die von Priestern und Schamanen gesammelten ‚Einsichten' und ‚Wissensbestände' der Anlass der Auseinandersetzungen um deren Bedeutung und Gültigkeit. Als Folge davon entstanden Methoden zur gezielten Überprüfung alten und der Erzeugung neuen Wissens, mit denen die Menschen die Welt und die Anforderungen des Lebens besser in den Griff zu bekommen hofften. Die mit der Aufklärung einsetzende, von den geistesgeschichtlichen Vorleistungen der Antike ausgehende Differenzierung der Wissenschaften brachte immer anspruchsvollere methodologische und methodische Formen des Erklärens der natürlichen und des Verstehens der human-sozialen Welt hervor, so auch das *Konzept des methodisch kontrollierten Fallverstehens* bzw. die analytische Methode der *Objektiven Hermeneutik*.

Modus I: Naturwüchsiges Fallverstehen	Modus II: Professionelles Fallverstehen	Modus III: Wissenschaftliches Fallverstehen
Alltagspraxis: abgekürzte, naturwüchsige Form des Verstehens *(Alltagsverstehen)*	**Therapeutische Praxis:** abgekürzte, kunstlehrehafte Form des Verstehens *(gestaltrichtiges Verstehen)*	**Wissenschaftliche Praxis:** unverkürzte, methodisch kontrollierte Form des Verstehens *(Objektive Hermeneutik)*
▪ basiert auf in familialer und schulischer Sozialisation erworbener Interpretations- bzw. Deutungskapazität des Subjekts	▪ basiert auf in beruflicher Sozialisation erworbener Kompetenz zur Einrichtung eines Arbeitsbündnisses (Übertragung/Gegenübertragung)	▪ basiert auf in universitärer Sozialisation erworbener wissenschaftlichen Kompetenz zur fallibilistischen Überprüfung von Annahmen
▪ ermöglicht die krisenbewältigende autonome Erzeugung materialer Rationalität	▪ ermöglicht die krisenbewältigende stellvertretende Erzeugung materialer Rationalität	▪ ermöglicht die handlungsentlastete Erzeugung und Überprüfung formaler Rationalität

Abb. 6.2 Modi des Fallverstehens

Wenn im Kontext der revidierten Professionstheorie Oevermanns von ‚Fallverstehen' die Rede ist, knüpft diese an die allen Menschen eigene Fähigkeit des ‚naturwüchsigen' Verstehens dessen, was in der Welt der Fall ist, an. Diese quasi naive Form des Verstehens – Oevermann bezeichnet sie auch als *implizites (Fall) Verste*hen – basiert auf den in der familialen und schulischen Sozialisation angeeigneten und (tätig) entfalteten generativen Regeln der Handlungsgestaltung. Anhand dieser Gestaltungsregeln (‚Erzeugungs- und Auswahlparameter') interpretieren alle Menschen auch jene sequenziell in Erscheinung tretenden, zufälligen oder bewusst herbeigeführten Handlungssituationen, in denen sie, spontan und ohne Aufschub, gefordert sind, krisenbewältigende Entscheidungen zu treffen. Anders gesagt, Menschen verwenden – ohne dass ihnen das bewusst sein muss – für die Interpretation sozialer und dinglicher Tatsachen (Ausdrucksgestalten) die gleichen Regeln, mit denen sie diese Tatsachen im Rahmen ihrer Lebenspraxis generieren, um ihre lebenspraktischen Aufgaben zu bewältigen. Im Falle der Interpretation krisenhafter Ereignisse folgen sie dabei zunächst ihren Erfahrungen und – falls diese nicht genügen – ihrer Intuition. Sie erschließen dann primäre Erfahrungsdaten intuitiv und entwickeln auf deren Basis neue Formen (materiale Rationalität) der Krisenbewältigung.

Entsprechend dieser naiven Form des Verstehens nutzt die *wissenschaftliche Form des Verstehens* – eben das methodisch geläuterte, *explizite (Fall)Verstehen* – die gleichen regelgeleitet erzeugten, nun aber als Protokolle vorliegenden Handlungssequenzen und humanen Objektivationen, für eine methodisch kontrollierte, strukturerschließende Form der Interpretation. Ziel dieses vom situationsbezogenen Handlungsdruck entlasteten, rekonstruktiv verfahrenden Interpretierens ist neben der Geltungsüberprüfung als wahr vorgestellter wissenschaftlicher Aussagen (formale Rationalität), die Erschließung der hinter den objektiv gegebenen Sachverhalten zur Verwendung gekommenen und für jede Lebenspraxis einzigartig ausgeformten generativen Regelstrukturen (Fallstruktur als ‚Muster der Lebensführung und Erfahrungsverarbeitung') und deren ‚Gesetzlichkeit' (Fallstrukturgesetzlichkeit).

Vom naturwüchsigen und vom wissenschaftlichen Verstehen ist eine dritte Form des Fallverstehens, das *Professionelle Fallverstehen* abzugrenzen, in der beide zuvor dargestellten Verstehensformen aufgehoben sind. Diese – die besondere Rahmenbedingung eines Arbeitsbündnisses erfordernde – Sonderform des Verstehens schlägt gewissermaßen eine Brücke zwischen alltäglichem und wissenschaftlichem Erschließen dessen, was der (Krisen-)Fall ist. Sie leistet diesen Brückenschlag insofern, als sie ihre wesentlich größere, mit wissenschaftlichen Erkenntnissen angereicherte Deutungskapazität nutzt, um die dem Subjekt eigene Kapazität zur Deutung und Gestaltung seiner lebenspraktischen Belange zu erweitern. So gesehen trifft hier auch das alte Diktum der traditionellen Hermeneutik zu, dass der Professionelle den Klienten besser verstehen muss, als dieser sich selbst. Denn in der Praxis der Krisenintervention verfügt der Professionelle über beide Formen des Verstehens, über intuitives und explizites Fallverstehen.

Bei der bisherigen Darstellung der Grundlagen professionellen Handelns (*Komponenten professioneller Expertise*) im ‚Funktionskreis der Erzeugung, Aufrechterhaltung und Wiederherstellung somato-psycho-sozialer Integrität' hat sich gezeigt, dass – neben der selbstverständlichen Beherrschung von Fach- und Methodenwissen (Theorieverstehen) – die Erzeugung bzw. Beschaffung spezifischen Fallwissens (Fallverstehen) notwendige Voraussetzungen für eine zielführende Interventionspraxis (stellvertretende Krisenbewältigung) sind. Um mit ‚richtigen' Mitteln und Konzepten professionell intervenieren zu können, kommt es auf ein ‚richtiges' diagnostisches Verstehen der Krisenkonstellation einer konkreten Lebenspraxis an. Weiter oben wurde schon darauf hingewiesen, dass dieses professionelle Verstehen „mehr sein (muss) als einer standardisierten TÜV-Überprüfung korrespondierender ‚Check'" (Oevermann 2005, S. 25).

Wir haben weiterhin schon kurz dargestellt, dass diagnostisches Fall-Verstehen im Rahmen eines Arbeitsbündnisses in ein *Praktisches Verstehen* und ein *Methodisches Verstehen* unterschieden werden muss. Beide Verstehensformen spielen für die „Rekonstruktion der Motivierung eines Mangels" (Oevermann) eine bedeutsame Rolle, wenngleich zu gänzlich verschiedenen Anlässen bzw. zu unterschiedlichen Zeitpunkten des Verlaufs eines Krisenbewältigungsprozesses.

Im „Normalfall" professioneller Unterstützungsleistungen ist *praktisches Verstehen* – also die situative Erzeugung von *Fallwissen als gestaltrichtiges (intuitives) Erfassen einer (fallstrukturbedingten) Handlungsmotivation* – hinreichend, um lebenspraktische Krisenkonstellationen aufzulösen. Dem erfahrenen Arzt genügt sehr häufig schon sein ‚diagnostischer Blick', um dem Leiden des Patienten auf die Spur zu kommen. Zeigt sich die dem Fall zugrunde liegende ‚Störung' jedoch gegenüber den gemeinsam mit dem Klienten erarbeiteten Lösungswegen als nicht zielführend, liegt der ‚Spezialfall' vor, der *methodisches Verstehen* (als sequenziell voranschreitende, rekonstruktive Analyse) erfordert, um den die Krisenproblematik auslösenden ‚Webfehler' in der Fallstruktur des Klienten zu erschließen. Ist ein vom Professionellen vorgeschlagene und vom Klienten aufgegriffene Bewältigungsstrategie fehlgeschlagen, ist diese also selbst in eine Krise geraten, muss die interventive Praxis vorrübergehend stillgestellt werden. „Man nimmt dann sozusagen eine praktische Auszeit, um handlungsentlastet in detaillierter Sequenzanalyse das intuitive Fallverstehen aus seiner Krise herauszuführen" (Oevermann 2000b, S. 154).

‚Normalfall' und ‚Spezialfall' professionellen Fallverstehens sollen nun anhand eines Beispiels aus dem schulischen Kontext ‚pädagogischer Professionalität' erläutert werden.

> Hannes weiß bei einer Leistungsüberprüfung in Englisch die einfachsten Antworten nicht. Die Mitschüler/innen beginnen sich darüber lustig zu machen. Die Lehrerin macht den Schüler/innen klar, dass Spott Hannes nicht weiterhilft. Sie teilt Zettel an die Schüler/innen aus und weist an: ‚Schreibt auf, was dem Hannes helfen kann, dass er die Aufgabe besser erfüllen kann.' Die Schüler/innen sind überrascht, dass sie jetzt selbst gefordert sind. Sie beginnen nachzudenken und ihre Anregungen auf die Zettel zu schreiben. Die Lehrerin sammelt diese ein und gibt sie Hannes. Er liest sie der Reihe nach vor und überlegt gemeinsam mit der Klasse, welche der vielen Anregungen für ihn hilfreich sein könnten (Schratz et al. 2007, S. 135f.).

In diesem Beispiel wird eine krisenhafte schulische Situation dargestellt, die eine unmittelbare pädagogisch professionelle Intervention der Lehrerin erforderlich macht. Der Schüler Hannes hat offensichtlich Probleme, einfachste Fragen zu beantworten. Zum akuten, krisenhaften Sachverhalt, den die Lehrerin spontan

6.4 Professionelles Fallverstehen

interpretieren und auf den sie unmittelbar reagieren muss, wird der ‚Fall Hannes' jedoch erst durch den stigmatisierenden Spott der Mitschüler.

Die Lehrerin sieht sich einer Situation gegenüber, in der ein Schüler auf Grund seiner schlechten Leistungen und dem daraus resultierenden Spott der Mitschüler ‚zum Fall wird'. Zugleich wird aber auch die Klassengemeinschaft zum Fall. Insofern kann von einer doppelten Fallstruktur gesprochen werden, die es – mit Blick auf die erforderliche Krisenintervention – gewissermaßen ganzheitlich zu erfassen gilt. Der durch die Dynamik des Verspottens ihres Mitschülers erzeugte Handlungsdruck erfordert ein *praktisches Verstehen* im Sinne des oben angeführten *gestaltrichtigen (intuitiven) Erfassens der (fallstrukturbedingten) Handlungsmotivation* und, daraus abgeleitet, die Erzeugung krisenbewältigender Handlungsalternativen. Dieses gestaltrichtige Erfassen gelingt hier der Lehrerin insofern, als sie nicht vordergründig das Leistungsproblem thematisiert. Sie erkennt vielmehr die Gefahr, die der zukünftigen Lebenspraxis der Klassengemeinschaft durch das ‚Mobbing' droht und nimmt diese zum Anlass, eine neue und gewohnte Routinen aufbrechende Handlungspraxis zu initiieren. Diese nimmt das Leistungsproblem des Mitschülers zum Anlass, auch das Problem der ‚Klassenkultur' – wiederum ganzheitlich – zu lösen. Ihre Interventionspraxis zeigt, dass sie über das für professionelles Lehrerhandeln im ‚Normalfall' notwendige praktische Fallverstehen verfügt. Es gelingt ihr, indem sie nicht etwa auf traditionelle Disziplinierung- und Sanktionsmuster schulischer Routinepraxis zurückgreift, sondern sie setzt – ihrer intuitiven Einschätzung der Situation folgend – auf etwas Neues, das aus der von ihr spontan interpretierten Faktenlage entsteht. Auf ihr Hintergrundwissen über aktivierendes Lernen und gruppendynamische Prozesse (Theorieverstehen) zurückgreifend, nimmt sie, indem sie einerseits die Schüler zu ‚Hilfslehrern' befördert, diese in die Pflicht, dem Mitschüler zu helfen, sein Lernproblem zu überwinden. Zugleich aktiviert und reintegriert sie andererseits den Schüler Hannes, indem dieser die Vorschläge der Mitschüler vorlesen und mit diesen diskutieren soll. Die beiden Aspekte ihrer intuitiv und spontan gewählten Interventionsstrategie zielen auf eine interventionspraktische Verknüpfung der oben angesprochenen Fallstrukturen (Fallstruktur 1: Leistungsschwäche des Schülers Hannes, Fallstruktur 2: Gefahr für die Klassengemeinschaft). Inwieweit dieser interventionspraktische Weg tatsächlich aus der krisenhaften Unterrichtssituation führen kann – ob das von der Lehrerin praktizierte *gestaltrichtige (intuitive) Erfassen der (fallstrukturbedingten) Handlungsmotivation* zutreffend und die daraus abgeleitete Handlungsstrategie erfolgreich umgesetzt werden kann – muss sich in der weiteren Praxis zeigen.

Tatsächlich greifen die Mitschüler den Arbeitsauftrag der Lehrerin mit Eifer auf und schreiben Tipps und Anregungen für Hannes auf die verteilten Zettel. Auch Hannes bemüht sich nach Kräften in der anschließenden Diskussion der

Vorschläge, und es wird u. a. als Ergebnis festgehalten, dass zwei in Englisch gute Schüler gemeinsam und regelmäßig mit ihm die Hausaufgaben machen wollen. Zwei weitere Schüler erklärten sich bereit, vor den kommenden Englischtests mit ihm zu üben. Im weiteren Verlauf zeigt sich jedoch, dass das gemeinsam entwickelte ‚Lernkonzept' aus unterschiedlichen Gründen zu scheitern droht. Hannes Anfangsmotivation schwindet zusehends, er scheint mit dem Englischen und mit dem Lernen überhaupt überfordert zu sein. Auch die Mitschüler fühlen sich bald ihrer neuen Rolle als ‚Hilfslehrer' nicht mehr gewachsen. Nach Rücksprache mit anderen Lehrkräften wird der Lehrerin schnell klar, dass sie den Fall des Schülers Hannes (Fallstruktur 1) genauer untersuchen muss.

Der Schüler Hannes und das Scheitern der Hilfe der Mitschüler werden jetzt zum ‚Spezialfall', der *methodisches Verstehen* erfordert. Um den die Krisenproblematik (Lernleistungsstörung) auslösenden ‚Webfehler' in der Fallstruktur des Klienten zu erschließen, bedarf es – wie Oevermann sagt – einer praktischen Auszeit, um handlungsentlastet in detaillierter Sequenzanalyse das von der Lehrerin praktizierte intuitive Fallverstehen aus seiner Krise herauszuführen.

Da in der Regel ausgebildete schulische Lehrkräfte zwar die Kompetenz besitzen, eine Lernstörung zu erkennen, nicht jedoch, diese rekonstruktiv-diagnostisch und therapeutisch zu bearbeiten, wird sie sich um eine entsprechende pädagogische (psycho- bzw. sozialtherapeutische) Unterstützung bemühen müssen. Für den Bereich der Sozialarbeit/ Sozialpädagogik hat Oevermann diese Grenzziehung der Zuständigkeit auch explizit formuliert:

> Immer dann, wenn eine unvermeidliche Indikation für eine Psychotherapie im strengen Sinne vorliegt, muss der Sozialarbeiter auch dann, wenn er der erste Adressat eines sich in Not befindenden Klienten ist, eine ‚Überweisung' an einen kompetenten Psychotherapeuten in die Wege leiten (Oevermann 2009a, S. 131).

Die nachstehende Abbildung 6.3 fasst die Komponenten professionellen Handels im ‚Funktionskreis der Erzeugung, Aufrechterhaltung und Wiederherstellung somato-psycho-sozialer Integrität' noch einmal in einem Strukturmodell zusammen.

Darüber hinaus verdeutlicht das Modell die tragende Rolle, die dem Fallverstehen, genauer dem Methodischen sowie dem Praktischen Verstehen von Fällen, zukommt, wenn es um die stellvertretende Bewältigung von lebenspraktischen Krisen im Rahmen eines Arbeitsbündnisses zwischen Hilfe bedürftigem Klienten und professionellem Helfer geht (vgl. Raven/Garz 2012).

6.4 Professionelles Fallverstehen

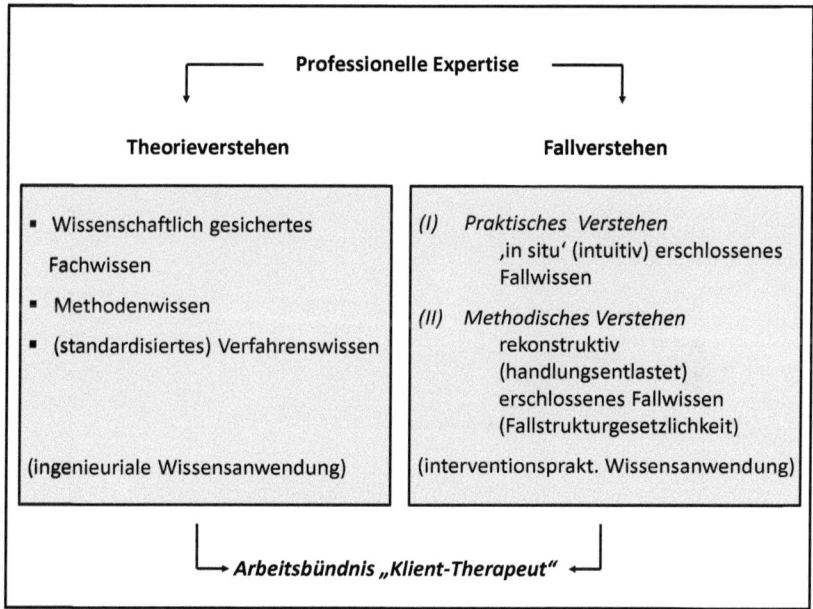

Abb. 6.3 Modell professionalisierter Praxis (Professionelle Expertise)

Dieses Modell soll zudem noch einmal die komplexe Struktur professioneller Expertise verdeutlichen. Es zeigt, dass professionelle Expertise nicht mit wissenschaftlicher Fachexpertise gleichgesetzt werden kann. Theorieverstehen allein und das – wie Oevermann sagt – (subsumtionslogische) ingenieuriale Anwenden von theoretischem Spezialwissen käme einer ‚Verdinglichung' des Hilfe suchenden Klienten gleich.

Entsprechend der bereits dargestellten inneren Logik der Beziehungspraxis eines Arbeitsbündnisses muss stattdessen der Fall bzw. das Verstehen der ‚Störung', die den Fall zum Fall macht, ins Zentrum der Aufmerksamkeit gerückt werden. Umgekehrt ist jedoch das auf Fallverstehen beruhende interventionspraktische Handeln auf Theorieverstehen angewiesen. Allerdings muss dieses – um eine subsumtionslogische Anwendung zu vermeiden – fallspezifisch ‚übersetzt' werden, etwa so, wie die Lehrerin im oben angeführten Beispiel ihr Theoriewissen über aktivierendes Lernen und gruppendynamische Prozesse implizit für ihre spontan gewählte Interventionspraxis nutzt.

Glossar 7

In diesem Glossar wird eine Auswahl wichtiger Begriffe zumeist mit Originalzitaten aus der Vielzahl der Texte Ulrich Oevermanns erläutert. Neben der Erläuterung hat diese Vorgehensweise auch den Zweck, Anregungen für eine tiefer- und weitergehende Lektüre zu geben. Für die Erschließung des Oevermannschen Werkes ist es zudem zuträglich, von ihm bearbeitete und an verschiedenen Stellen immer wieder angesprochene Sachverhalte aus mehreren Perspektiven kennenzulernen.

Ausdrucksgestalt:

„Das Gesamt an Daten, in denen sich die erfahrbare Welt der Sozial-, Geistes- und Kulturwissenschaften präsentiert und streng methodisch – im Unterschied zu: praktisch – zugänglich wird, in denen also die sinnstrukturierte menschliche Praxis in allen ihren Ausprägungen erforschbar wird, fällt in die *Kategorie der Ausdrucksgestalt*" (Oevermann 2002, S. 4; Hervorhebung im Original); siehe auch **Text** und **Protokoll**.

Autonomie (der Lebenspraxis):

„Autonomie (der Lebenspraxis; D.G./U.R.) heißt genau, daß grundsätzlich das Subjekt sich in Krisen selbständig ohne Rückgriff auf fertige Routinen oder fertige Rationalitätsmaßstäbe entscheiden muß. Einfache Vorbilder solcher krisenhafter Entscheidungen sind die elementaren Lebensfragen wie: soll ich X heiraten oder nicht? Sollen wir noch ein Kind zeugen oder nicht?" (Oevermann 1996a, S. 6)

„Autonomie der Lebenspraxis wird in der objektiven Hermeneutik als widersprüchliche Einheit von Entscheidungszwang und Begründungsverpflichtung gefaßt. (…) Im Vollzug solcher krisenhaften Entscheidungen in eine offene Zukunft konstituiert sich die Autonomie der Lebenspraxis. Die innere Füllung und Bestimmtheit nimmt diese je besondere Autonomie in der Fallstrukturgesetzlichkeit an, die eine objektive Struktur ist und scharf von dem bewußtseinsfähigen Selbstbild einer Handlungsinstanz unterschieden werden muß, mit dem sie faktisch niemals, auch nicht im Idealfalle, zur Deckung gelangt" (Oevermann 2002, S.12).

Beobachtungen, Stellenwert:
„Beobachtungen sind als solche methodologisch vollkommen unerheblich. (...) Methodologisch ist einzig und allein von Belang, welche Protokolle die Beobachtungen (...) hinterlassen haben" (Oevermann 2002, S. 6).

Deutungsmuster:
„Deutungsmuster sind (...) krisenbewältigende Routinen, die sich in langer Bewährung eingeschliffen haben und wie implizite Theorien verselbständigt operieren, ohne das jeweils ihre Geltung neu bedacht werden muß.
Als solche Muster müssen sie (i) vor allem einen hohen Grad der situationsübergreifenden Verallgemeinerungsfähigkeit besitzen, (ii) sich in der Unterdrückung bzw. Auflösung potentieller Krisen bewährt haben und (iii) angesichts der von daher erforderlichen Anwendbarkeit auf eine große Bandbreite konkret verschiedener Handlungssituationen einen hohen Grad von Kohäsion und innerer Konsistenz aufweisen. Sie sind demnach einerseits historisch-epochale Gebilde, die jeweils den Zeitgeist gültig ausdrücken, andererseits aber auch Gebilde, die universellen Bedingungen der Gültigkeit genügen müssen" (Oevermann 2001c, S.38).

Erzeugungs- und Auswahlparameter:
Um lebenspraktische Handlungen in ihrer Genese zu erfassen, ist zu unterscheiden „zwischen *Regeln*, die wie ein Algorithmus operieren und an einer gegebenen Sequenzstelle den Spielraum sinnlogisch möglicher Anschlüsse erzeugen bzw. festlegen (*Parameter I*), und dem Ensemble von Faktoren, Dispositionen und Motiven, die für eine gegebene Handlungsinstanz welchen Aggregierungsniveaus auch immer, eine Lebenspraxis also, determinieren, *welche Auswahl aus dem Spielraum von Anschlussmöglichkeiten tatsächlich getroffen wird (Parameter II)*" (Oevermann1995, S. 41f.).
„Wenn wir nun die Sequentialität eines Handlungsablaufs erklären wollen, haben wir es grundsätzlich mit zwei ganz verschiedenen Kategorien von 'Ursachen' bzw. ‚Gründen' zu tun. (...) Die erste Kategorie [Kategorie der bedeutungserzeugenden Regeln (algorithmischer Erzeugungsparameter), D.G./U.R.] umfaßt die Gesamtheit

an bedeutungserzeugenden, zugleich Sequentialität herstellenden Regeln, die an jeder Sequenzstelle, also nach jedem Vollzug eines Aktes, Spielräume bzw. Möglichkeiten des wohlgeformten Anschließens eröffnen, andererseits aber auch bis dahin noch offene Möglichkeiten schließen. (…)
Die zweite Kategorie [Kategorie des fallspezifischen Zusammenhangs von Dispositionen in der Fallstruktur (Auswahlparameter), D.G./U.R.] von Erzeugungsbedingungen umfaßt nun alle die Dispositionen, die auf der Seite des konkreten Handlungssubjekts, das ich von nun an als Lebenspraxis bezeichne, dafür verantwortlich sind, welche der durch Regeln der ersten Kategorie eröffneten Möglichkeiten tatsächlich gewählt werden, wofür sich die Lebenspraxis tatsächlich entscheidet. In den allermeisten Fällen ist diese Auswahl durch soziale Normierungen, Typisierungen oder bloße Routinen schon vorentschieden. Nur in einer ganz kleinen Zahl von Fällen kommt dem Subjekt seine Entscheidungsmöglichkeit zu Bewußtsein oder liegt sie aufgrund eines dramatischen Scheiterns von Überzeugungen manifest krisenhaft vor. Das Gesamt an subjektiven Dispositionen der Lebenspraxis umfaßt nun sowohl die institutionalisierten Normen, sofern sie vom Subjekt internalisiert wurden, als auch die äußeren Zwänge, die unbewußten Motive und Phantasien, die auf Individuierungsprozesse zurückgehenden bewußtseinsfähigen Lebensentwürfe und Selbstbilder, usw. – also alles das, was sich die Soziologie, Ökonomie, Sozialpsychologie und Psychologie in der Thematisierung von Bewußtseinsstrukturen und restriktiven Handlungsbedingungen teilen. Die Soziologie handelt diesen Bereich unter dem Titel: Werte und Normen, Wertorientierungen, Erwartungen, Einstellungen, Meinungen, Ideologien, Deutungsmuster und Habitusformationen ab, die Psychologie unter dem Titel Motive, Motivationsstrukturen, Bedürfnisse, Zielsetzungen, etc.)" (Oevermann 2003a, 192f.).

Fallibilismus:

„Wissenschaftliche Forschung ist eine Prozedur, bewusst, d. h. zu fallibilistischer Überprüfung, Geltungskrisen herbeizuführen. Klinische Forschung ist bezogen darauf der Unterfall von Forschung, die rekonstruierend von Konstellationen ausgeht, in denen die routinisierten Problemlösungen stellvertretender Krisenbewältigung selbst je fallspezifisch in eine konkrete Krise geraten sind. Während die experimentelle Grundlagenforschung die Krisen des Wissens fallibilistisch simuliert, geht die klinische Forschung von faktischen Krisen aus, in die die Problemlösungen in tatsächlichen Behandlungen geraten sind" (Oevermann 2002a, S. 27).

Fallstruktur:

„Das *Gesamt der Dispositionen einer je konkreten Lebenspraxis* macht deren Eigenart oder deren Charakter, sequenzanalytisch ausgedrückt: deren Fallstruktur, aus" (Oevermann 2002, S. 10f.; Hervorhebung im Original); siehe auch Struktur, Strukturgesetzlichkeit.

„Die lückenlose Rekonstruktion einer hinreichend langen Folge von so analysierten Sequenzstellen führt zur Feststellung einer wiedererkennbaren Fallstruktur, d. h. einer Art Identitätsformel der jeweiligen Lebenspraxis als Ergebnis ihres bisherigen Bildungsprozesses." (Oevermann 2013, S. 75).

Habitusformationen:

„Ähnlich wie Bourdieu fasse ich unter dem Begriff der Habitusformation jene tiefliegenden, als Automatismus außerhalb der bewußten Kontrollierbarkeit operierenden und ablaufenden Handlungsprogrammierungen zusammen, die wie eine Charakterformation das Verhalten und Handeln von Individuen kennzeichnen und bestimmen. Sie gehören gewissermaßen zu einem Individuum wie ein Charakter und lassen sich von ihm nicht mehr trennen und wegdenken. Habitusformationen entstehen in kriterialen Phasen der Ontogenese, sind ähnlich wie Deutungsmuster Ausdruck von Krisenlösungen und Krisenbewältigungen und als solche tief ins – nicht unbedingt dynamische – Unbewußte hinabgesunken" (Oevermann 2001c, S. 45f.).

Konstitution (Konstitutionstheorie, Konstitutionslogik):

Für das von Oevermann über Jahrzehnte hinweg entwickelte Theoriegebäude und dessen Architektonik ist der Konstitutionsbegriff von zentraler Bedeutung. Er spricht in seinen Ausführungen immer wieder von ‚konstituieren', von ‚konstitutionstheoretischen Überlegungen', von der ‚Konstitution von Praxis', der ‚Konstitution des Subjekts', von einer ‚konstitutionstheoretischen Konzeption von Lebenspraxis', oder auch von ‚einem allgemeinen konstitutionstheoretischen Strukturmodell'. In seinen aus dem Jahr 2000 stammenden Überlegungen zur Integration und Synthese der begrifflichen und methodischen Instrumentarien der Forschungen im Sonderforschungsbereich/FK 435 „Wissenskultur und gesellschaftlicher Wandel" formuliert er dazu: „Unter einer Konstitutionstheorie verstehe ich dabei im Unterschied zu einer Gegenstandstheorie jenen theoriesprachlichen Zusammenhang von Annahmen, der für die Bestimmung eines Gegenstandsbereichs allererst notwendig ist, mit

7 Glossar

Bezug auf den erfahrungswissenschaftlich Gegenstandstheorien mit Erklärungswert entwickelt werden sollen" (Oevermann 2000, S. 2).

Die hier getroffene Unterscheidung lässt sich an seiner Kritik des Normbegriffs verdeutlichen: „Man sieht (...), daß nicht der Begriff der Norm als konstitutionstheoretischer Grundbegriff zu werten ist wie in der traditionellen Soziologie, sondern ihm der Begriff der (algorithmischen) Regel oder einer aus ihr folgenden Regelgeleitetheit des Handelns konstitutionslogisch vorausgeht" (ebd., S.22).

Kontext (äußerer vs. innerer Kontext):

Bei der Interpretation von Texten darf „von ‚äußerem Kontext', also von fallspezifischem Vorverständnis und Vorwissen" (Oevermann 2000b, S. 104), kein Gebrauch gemacht werden. Erst nachdem im Verlaufe der Interpretation die Struktur einer Handlungssequenz als ‚innerer Kontext' erschlossen worden ist, kann ‚äußerer Kontext' zur Absicherung des Interpretierten herangezogen werden.

Krise vs. Routine:

„In der Praxis bemerken wir diese krisenhafte Entscheidungsstruktur nur in seltenen Fällen, weil wir in der Regel die Entscheidung schon immer durch eingespielte Routinen vorweg getroffen haben. Aber diese Routinen sind ursprünglich einmal entwickelt worden als Lösungen einer Krise, die sich bewährt haben und im Bewährungsprozeß sich zu Routinen veralltäglichten" (Oevermann 2002, S. 10).

Latente (objektive) Sinnstruktur:

In der Interaktion von Subjekten entstehen – von diesen unbemerkt – „allgemeine Strukturen von Bedeutungen bzw. Bedeutungsmöglichkeiten" (Oevermann 1976b et al., S. 385). Diese latenten Sinnstrukturen versteht Oevermann als „von den innerpsychischen Repräsentanzen der an der konkreten Interaktion beteiligten Subjekte" (ebd.) abgelöste, „regelerzeugte supra-individuelle ‚Gebilde'" (Oevermann 1983, S. 122). Zwar verfolgen alle Subjekte in Interaktionen i. d. R. bewusste Intentionen (manifeste Sinnstrukturen), diese treten aber in der objektiv-hermeneutischen Analyse (zunächst) in den Hintergrund.

„Der Begriff der latenten Sinnstruktur ist ausschließlich methodologisch zugerichtet und bezieht sich auf die durch Regeln erzeugten objektiven Bedeutungen einer Sequenz von sinntragenden Elementen einer Ausdrucksgestalt, in der alle nur denkbaren konkreten (Lebens-)Äußerungen von Lebenspraxis-Formen verkörpert sein können" (Oevermann 2001c, S. 39).

Lebenspraxis:

„Ich schlage den Begriff der Lebenspraxis (…) vor, weil er abstrakt und allgemein genug dafür ist, die Einheit des Lebendigen sowohl abgehoben vom Aggregierungsniveau der individuellen Person verallgemeinert zu erfassen als auch als einen fallstrukturgesetzlichen Zusammenhang von Soma, Psyche und Sozialität" (Oevermann 2004, S. 158). Eine Lebenspraxis verkörpert „sich nicht nur in der Biographie einer personalen Existenz, also in der Sozialisation einer einzelnen Person (…), sondern z. B. auch in der sozialisatorischen Praxis einer je konkreten Familie als sozialisatorischen Beziehungssystems" (ebd.).

„Lebenspraxis bezeichnet also eine um eine zugleich biologisch gegebene Lebensmitte, d. h. um einen Leib, und ein Unbewußtes zentrierte Subjektivität, die sich in ihrer Autonomie genau dadurch konstituiert, daß sie zugleich unter Entscheidungszwang steht, d. h. in einer Zukunftsoffenheit von Entscheidungsalternanten auswählen muß, und diese Entscheidung begründen können muß, obwohl eine echte Entscheidungssituation nur dann gegeben ist, wenn das Richtig-Falsch Kalkül einer Begründung im selben Moment nicht erfüllt werden kann, sonst wäre es keine wirklich offene Entscheidungssituation. (…) Deshalb definiere ich Lebenspraxis – wenn Sie wollen hegelianisch – als widersprüchliche Einheit von Entscheidungszwang und Begründungsverpflichtung" (ebd., S. 159f.).

Lebenspraxis-Formen sind also verschieden aggregierte Einheiten des Lebendigen: eine sozialisierte Einzelperson, eine Familie, ein Freundeskreis, eine Dorfgemeinschaft, eine Nation. Von all diesen ‚Einheiten des Lebendigen' werden autonome Entscheidungen in Situationen abverlangt.

Methodologischer Realismus (Empirie-Begriff):

„Weil Bedeutung und Sinn selbst nicht wahrnehmbar sind, (…) müssen wir mit dem auf David Hume zurückgehenden Begriff von Empirie brechen, für den empirisch nur das ist, was durch die Wahrnehmungssinne in den erkennenden Geist gelangt („Nihil est in intellectu, quod non fuerit in sensu"). (…) Deshalb überschreitet die objektive Hermeneutik die mit dem Hume'schen Empiriebegriff gekoppelte implizite dogmatische Ontologisierung von Realität und erfahrbarer Welt und folgt einem methodologischen Realismus, indem sie als empirisch alles das ansieht, was sich durch Methoden der Geltungsüberprüfung in der Gegenständlichkeit erfahrbarer

Welt nachweisen läßt" (Oevermann 2002, S. 3). Vereinfacht gesagt: Nicht nur, was durch unsere Sinne (empirisch) erfasst werden kann, ist real, sondern auch das, was methodisch erfassbar ist. So ist die Bedeutung eines Satzes nicht empirisch erfassbar, weil schwarze Zeichen auf einem weißen Blatt zu sehen sind, sondern weil die Bedeutung als Realität mit Hilfe hermeneutisch-rekonstruktiver Methoden erschlossen werden kann.

„Der Unterschied zu den Naturwissenschaften besteht einzig darin, daß nicht prinzipiell durch die Sinneskanäle wahrnehmbare, der stochastisch verfaßten Welt zugehörige Ereignisse, sondern sinnstrukturierte, prinzipiell sinnlich nicht wahrnehmbare, also abstrakte Gegenstände, nämlich Bedeutungs- oder Sinnwelten, untersucht werden" (ebd., S. 6).

Objektive Bedeutungsstrukturen bzw. latente Sinnstrukturen:

Oevermann bezeichnet den „objektiven Sinn einzelner Äußerungen oder Sätze" als „objektive Bedeutungsstruktur"; für den „objektiven Sinn ganzer Äußerungsketten" steht der Begriff der latenten Sinnstruktur (vgl. Oevermann 2013, S. 79).

Objektive Hermeneutik:

„Zentraler Gegenstand der Methodologie der objektiven Hermeneutik sind die latenten Sinnstrukturen und objektiven Bedeutungsstrukturen von *Ausdrucksgestalten*" (Oevermann 2002, S. 1; Hervorhebung im Original).

„Die objektive Hermeneutik ist nicht eine Methode des Verstehens im Sinne eines Nachvollzugs subjektiver Dispositionen oder der Übernahme von subjektiven Perspektiven des Untersuchungsgegenstandes, erst recht nicht eine Methode des Sich-Einfühlens, sondern eine strikt analytische, in sich objektive Methode der lückenlosen Erschließung und Rekonstruktion von objektiven Sinn- und Bedeutungsstrukturen" (Oevermann 2002, S. 8).

„Die Methodologie der objektiven Hermeneutik führt das zunächst befremdliche Epitheton ‚objektiv' nicht, weil sie im Wege einer unverschämten Selbstsernennung sich für objektiv im Sinne der Vermeidung einer subjektiv bedingten Irrtumsbehaftetheit hielte, sondern weil sie bewußt auf eine eigenlogische empirische Realität von durch Regeln erzeugten objektiven Bedeutungsstrukturen bzw. – sofern es sich um komplexe Sinngebilde jenseits einzelner Äußerungen oder Äußerungselemente handelt – latenten Sinnstrukturen gerichtet ist und sich damit bewußt von einer Hermeneutik des Nachvollzugs subjektiv gemeinten Sinns humaner Lebensäußerungen absetzen will" (Oevermann 2003b, S. 1).

Protokoll:

„Unter dem Gesichtspunkt ihrer ausdrucksmaterialen, überdauernden Objektivierung werden (…) Texte als *Protokolle* behandelt. Dabei kann es sich um gegenständliche Objektivierungen in Produkten, um hinterlassene Spuren, um Aufzeichnungen vermittels technischer Vorrichtungen, um intendierte Beschreibungen, um institutionelle Protokolle oder um künstlerische oder sonstige bewußte Gestaltungen handeln, und die Ausdrucksmaterialität kann sprachlich oder in irgendeinem anderen Medium der Spurenfixierung oder der Gestaltung vorliegen" (Oevermann 2002, S. 5; Hervorhebung im Original). „Protokolle (geben) die einzige methodisch zureichende Grundlage für zwingende Schlußfolgerungen in der erfahrungswissenschaftlichen Erforschung der sinnstrukturierten Welt ab" (ebd., S. 6); siehe auch **Ausdrucksgestalt** und **Text**.

Religiöse Indifferenz:

Die „Überzeugung, daß nach dem irdischen Tode kein weiteres Leben, welcher Art auch immer, zu erwarten ist, daß also das Jenseits des konkreten Lebens leer bleibt, außer man denkt an den irdisch weiterwirkenden Nachruf und die irdisch weiterwirkenden Folgen des konkreten Lebens" (Oevermann/Franzmann 2006, S. 80).

Sinnstrukturiertheit:

„Das wesentlich Gemeinsame aller historisch entstandenen Disziplinen des Ensembles der Geistes-, Kultur- und Sozialwissenschaften ist diese Sinnstrukturiertheit" (Oevermann 2013, S. 71).

„Warum für eine Konstitutionstheorie der Erfahrungswissenschaften von der sinnstrukturierten Welt einzig die deskriptiv-analytische Kategorie von *objektivem* Sinn tauglich sein kann, möchte ich stark vereinfacht am altbekannten Unterschied von Sagen und Meinen klar machen. Denn ‚meinen' kann man etwas nur subjektiv, nicht objektiv. Letzteres wäre ein Widerspruch in sich. (…) Umgekehrt kann man etwas ‚sagen' nur objektiv und nicht subjektiv. Subjektiv ist am Sagen allenfalls der jeweilige Tonfall, die Prosodik, etc." (ebd., S. 72; Hervorhebung im Original).

Sequentialität:

„Unter Sequentialität (wird) nicht ein triviales zeitliches oder räumliches Nacheinander bzw. Hintereinander verstanden, sondern die mit jeder Einzelhandlung als Sequenzstelle sich von neuem vollziehende, durch Erzeugungsregeln generierte

Schließung vorausgehend eröffneter Möglichkeiten und *Öffnung neuer Optionen in eine offene Zukunft*" (Oevermann 2002, S. 9; Hervorhebung im Original).

Struktur:

Der hier angesprochene Strukturbegriff ist „ein für die Humanwissenschaften vollständig veränderter (...). Strukturen sind jetzt nicht mehr in einer sonst üblichen leeren formalen Bestimmung eine Menge von Elementen, die in einer zu spezifizierenden Relation zueinander stehen. Sie sind vielmehr für je konkrete Gebilde, die eine Lebenspraxis darstellen, genau jene Gesetzmäßigkeiten, die sich überhaupt erst in der Rekonstruktion jener wiedererkennbaren typischen Auswahlen von Möglichkeiten abbilden lassen, die durch einen konkreten Fall aufgrund seiner Fallstruktur bzw. seiner Fallstrukturgesetzlichkeit getroffen werden" (Oevermann 2002, S. 11). Vereinfacht gesagt, ist eine Struktur nicht mehr durch eine Menge von Elementen bestimmt, sondern als eine Gesetzmäßigkeit, die unser Handeln so werden lässt, wie es ist.

Strukturgesetzlichkeit:

Während in den Naturwissenschaften nach den Gesetzmäßigkeiten der natürlichen Welt, den Naturgesetzen gefragt wird, richtet sich die Fragerichtung der Sozialwissenschaften auf die dem menschlichen Handeln zugrunde liegenden Gesetzmäßigkeiten der sozialen Welt, die auf universalen (abstrakten) und historischen (gegenstandsbezogenen) Regelsystemen beruhenden Strukturgesetzlichkeiten. Den auf universalen Regelsystemen beruhenden Strukturgesetzlichkeiten kommt der Charakter von Naturgesetzen zu (vgl. Wagner 2001, S. 48). Vereinfacht gesagt, sind NaturwissenschaftlerInnen an *Natur*gesetzlichkeiten und SozialwissenschaftlerInnen an *Struktur*gesetzlichkeiten interessiert.

Text:

„Unter dem Gesichtspunkt (...) dessen, was sie symbolisieren, werden Ausdrucksgestalten als *Texte* behandelt. (...) Unter (den) methodologisch erweiterten Textbegriff fallen selbstverständlich nicht nur die schriftsprachlichen Texte der Literaturwissenschaften, sondern alle Ausdrucksgestalten menschlicher Praxis bis hin zu Landschaften, Erinnerungen und Dingen der materialen Alltagskultur" (Oevermann 2002, S. 3; Hervorhebung im Original); siehe auch **Ausdrucksgestalt** und **Protokoll**.

Widersprüchliche Einheit:

Diese zwei Gegensätze in sich vereinigende Denkfigur tritt in verschiedenen Kontexten immer wieder auf. So beispielsweise als widersprüchliche Einheit

- von Entscheidungszwang und Begründungsverpflichtung,
- von Autonomie und Abhängigkeit oder
- von Spezifität und Diffusität.

Der Sinn dieser Denkfigur lässt sich sehr gut am ‚Wesen' von Katzen erläutern. Diese werden von ihren Besitzern als im einen Augenblick sehr ‚schmusebedürftig' und im anderen Augenblick als sehr ‚kratzbürstig' beschrieben. Diese Widersprüchlichkeit, die anscheinend in der Natur der Katzen liegt, ist gewissermaßen als ‚Einheit' jedem Katzenexemplar eigen.

In seiner Analyse des Titels ‚Les chats' (Die Katzen) schreibt Oevermann hierzu: „Katzen sind also von Natur aus polare Gegensätze in sich vereinigende Wesen, widersprüchliche Einheiten. Sie können von einem Extrem ins andere wechseln. Und sie sind darin schnell und unberechenbar, geheimnisvoll autonom und unbeeinflußbar" (Oevermann 1997, S. 12).

Literatur

Dilthey, Wilhelm (1883/1973): Einleitung in die Geisteswissenschaften. Gesammelte Schriften, I. Band, Stuttgart.
Franzmann, Manuel (2012): Säkularisierter Glauben. Exemplarische Fallrekonstruktionen zur fortgeschrittenen Säkularisierung des Subjekts, (Dissertation Universität) Frankfurt a. M.
Garz, Detlef (2009): Objektive Hermeneutik. In: Friebertshäuser, Barbara et al. (Hg.): Handbuch Qualitative Forschungsmethoden in der Erziehungswissenschaft, Weinheim, S. 251-264.
Garz, Detlef/Kraimer, Klaus (Hg.) (1994): Die Welt als Text, Frankfurt a. M.
Garz, Detlef/Zizek, Boris (Hg.) (2015): Wie wir zu dem werden, was wir sind. Sozialisations-, biographie- und bildungstheoretische Aspekte, Wiesbaden.
Garz, Detlef/Kraimer, Klaus/Riemann, Gerhard (Hg.) (2015): Im Gespräch mit Ulrich Oevermann und Fritz Schütze, Opladen.
Habermas, Jürgen (1983): Ziviler Ungehorsam – Testfall für den demokratischen Rechtsstaat. Wider den autoritären Legalismus in der Bundesrepublik. In: Glotz, Peter (Hg.): Ziviler Ungehorsam im Rechtsstaat, Frankfurt a. M., S. 29-53.
Kraimer, Klaus (2010): Objektive Hermeneutik. In: Miethe, Ingrid/Bock, Karin (Hg.): Handbuch Qualitative Forschung in der Sozialen Arbeit, Opladen, S. 205-213.
Mannheim, Karl (1928): Das Problem der Generationen. In: Kölner Vierteljahrshefte für Soziologie 7, S. 157-185 und S. 309-330.
Oevermann, Ulrich (2015): Sozialisationsprozesse als Dynamik der Strukturgesetzlichkeit der ödipalen Triade und als Prozesse der Erzeugung des Neuen durch Krisenbewältigung. In: Garz, Detlef/Zizek, Boris (Hg.): Wie wir zu dem werden, was wir sind, Wiesbaden, S. 15-68.
Oevermann, Ulrich (2014): ‚Get Closer' – Bildanalyse mit den Verfahren der objektiven Hermeneutik am Beispiel einer Google Earth-Werbung. In: Kraimer, Klaus (Hg.): Aus Bildern lernen. Optionen einer sozialwissenschaftlichen Bild-Hermeneutik, Ibbenbüren, S. 38-75.
Oevermann, Ulrich (2013): Objektive Hermeneutik als Methodologie der Erfahrungswissenschaften von der sinnstrukturierten Welt. In: Langer, Phil C. et al. (Hg.): Reflexive Wissensproduktion, Frankfurter Beiträge zur Soziologie und Sozialpsychologie, Wiesbaden, S. 69-98.
Oevermann, Ulrich (2009): Biographie, Krisenbewältigung und Bewährung. In: Bartmann, Sylke/Fehlhaber, Axel/Kirsch, Sandra/Lohfeld, Wiebke (Hg.): ‚Natürlich stört das Leben ständig' – Perspektiven auf Entwicklung und Erziehung, Wiesbaden, S. 35-55.

Oevermann, Ulrich (2009a): Die Problematik der Strukturlogik des Arbeitsbündnisses und der Dynamik von Übertragung und Gegenübertragung in einer professionalisierten Praxis von Sozialarbeit. In: Becker-Lenz, Roland/Busse, Stefan/Ehlert, Gudrun/Müller, Silke (Hg.): Professionalität in der Sozialen Arbeit. Standpunkte, Kontroversen, Perspektiven, Wiesbaden, S. 113-142.

Oevermann, Ulrich (2008): ‚Krise und Routine' als analytisches Paradigma in den Sozialwissenschaften (Abschiedsvorlesung, 28. April 2008), Ms. Frankfurt a. M.

Oevermann, Ulrich (2008a): Methodenprobleme, wenn man soziale Arbeit auf eine wissenschaftliche Grundlage stellen, also professionalisieren will [teilweise verschrifteter Video-Mitschnitt des Vortrags an der Kangnam Universität, Yongin (Korea), gehalten am 8.10.2008].

Oevermann, Ulrich (2006): Wissen, Glauben, Überzeugung. Ein Vorschlag zu einer Theorie des Wissens aus krisentheoretischer Perspektive. In: Tänzler, Dirk/Knoblauch, Hubert/ Soeffner, Hans-Georg (Hg.): Neue Perspektiven der Wissenssoziologie, Konstanz, S. 79-118.

Oevermann, Ulrich (2005): Wissenschaft als Beruf. Die Professionalisierung wissenschaftlichen Handelns und die gegenwärtige Universitätsentwicklung. In: die hochschule. journal für wissenschaft und bildung, Jg. 14, Heft 1, (Herausgegeben von HoF Wittenberg – Institut für Hochschulforschung an der Martin-Luther-Universität Halle-Wittenberg), S. 15-51. http://www.agoh.de/de/downloads/uebersicht/func-showdown/67/

Oevermann, Ulrich (2004): Sozialisation als Prozess der Krisenbewältigung. In: Geulen, Dieter/Veith, Hermann (Hg.): Sozialisationstheorie interdisziplinär, Stuttgart, S. 155-181.

Oevermann, Ullrich (2004a): Bildungsideale und Strukturprobleme der Hochschulen im digitalen Zeitalter, Vortrag Ernst-Bloch-Zentrum im Juni 2004, (Manuskript, 41 Seiten).

Oevermann, Ulrich (2003): Strukturelle Religiosität und ihre Ausprägungen unter Bedingungen der vollständigen Säkularisierung des Bewußtseins. In: Gärtner, Christel/ Pollack, Detlef/Wohlrab-Sahr, Monika (Hg.): Atheismus und religiöse Indifferenz, Veröffentlichung der Sektion Religionssoziologie der Deutschen Gesellschaft für Soziologie, Opladen, S. 340-388.

Oevermann, Ulrich (2003a): Regelgeleitetes Handeln, Normativität und Lebenspraxis. Zur Konstitutionstheorie der Sozialwissenschaften. In: Link, Jürgen/Loer, Thomas/ Neuendorff, Hartmut (Hg.): ‚Normalität' im Diskursnetz soziologischer Begriffe, Heidelberg, S. 183-217.

Oevermann, Ulrich (2003b): Archäologische Funde als Ausdrucksgestalten und die Rekonstruktion ihrer objektiven Sinnstrukturen (Vortrag auf der Internationalen Fachtagung „Die Dinge als Zeichen", vom 3.4. bis 5.4.2003 an der Universität Frankfurt am Main), (Manuskript, 22 Seiten).

Oevermann, Ulrich (2002): Klinische Soziologie auf der Basis der Methodologie der objektiven Hermeneutik – Manifest der objektiv hermeneutischen Sozialforschung, Frankfurt a. M. http://www.ihsk.de/publikationen/Ulrich_Oevermann-Manifest_der _objektiv_ hermeneutischen_ Sozialforschung.pdf

Oevermann, Ulrich (2002a): Professionalisierungsbedürftigkeit und Professionalisiertheit pädagogischen Handelns. In: Kraul, Margret/Marotzki, Winfried/Schweppe, Cornelia (Hg.): Biographie und Profession, Bad Heilbrunn, S. 19-63.

Oevermann, Ulrich (2001): Die Soziologie der Generationenbeziehungen und der historischen Generationen aus strukturalistischer Sicht und ihre Bedeutung für die Schulpädagogik. In: Kramer, Rolf-Torsten/Helsper, Werner/Busse, Susann (Hg.): Pädagogische Generationenbeziehungen, Opladen, S. 79-128.

Oevermann, Ulrich (2001a): Bewährungsdynamik und Jenseitskonzepte – Konstitutionsbedingungen von Lebenspraxis. In: Schweidler, Walter (Hg.): Wiedergeburt und kulturelles Erbe, West-östliche Denkwege, 3, St. Augustin, S. 289-338.
Oevermann, Ulrich (2001b): Die Philosophie von Charles Sanders Peirce als Philosophie der Krise. In: Wagner, Hans-Josef: Objektive Hermeneutik und Bildung des Subjekts, Weilerswist, S. 209-246.
Oevermann, Ulrich (2001c): Die Struktur sozialer Deutungsmuster – Versuch einer Aktualisierung. In: sozialer sinn, Jg. 2, Heft 1, S. 35-81.
Oevermann, Ulrich (2001d): Strukturprobleme supervisorischer Praxis. Eine objektiv hermeneutische Sequenzanalyse zur Überprüfung der Professionalisierungstheorie, Frankfurt a. M.
Oevermann, Ulrich (2000): Überlegungen zur Integration und Synthesis der begrifflichen und methodischen Instrumentarien der Forschungen im SFB/FK 435 Wissenskultur und gesellschaftlicher Wandel, Frankfurt a. M., (Manuskript, 99 Seiten).
Oevermann, Ulrich (2000a): Der Stellenwert der ‚peer-group' in Piagets Entwicklungstheorie – Ein Modell der Theorie der sozialen Konstitution der Ontogenese. In: Katzenbach, Dieter/Steenbuck, Olaf (Hg.): Piaget und die Erziehungswissenschaft heute, Frankfurt a. M., S. 25-46.
Oevermann, Ulrich (2000b): Die Methode der Fallrekonstruktion in der Grundlagenforschung sowie der klinischen und pädagogischen Praxis. In: Kraimer, Klaus (Hg.): Die Fallrekonstruktion. Sinnverstehen in der sozialwissenschaftlichen Forschung, Frankfurt a. M., S. 58-156.
Oevermann, Ulrich (2000c): Mediziner in SS-Uniform: Professionalisierungstheoretische Deutung des Falles Münch. In: Kramer, Helgard (Hg.): Die Gegenwart der NS-Vergangenheit, Berlin/Wien, S. 18-76.
Oevermann, Ulrich (1999): Der professionstheoretische Ansatz des Teilprojekts ‚Struktur und Genese professionalisierte Praxis als Ort der stellvertretenden Krisenbewältigung', seine Stellung im Rahmenthema des Forschungskollegs und sein Verhältnis zur historischen Forschung über die Entstehung der Professionen im 19. und 20. Jahrhundert', Frankfurt a. M., (Manuskript, 101 Seiten).
Oevermann, Ulrich (1997): Zu Baudelaire, Die Interpretation von ‚Les Chats' (Nr. 66 der ‚Fleur du Mal'), Frankfurt a. M., (Manuskript, 42 Seiten).
Oevermann, Ulrich (1996): Theoretische Skizze einer revidierten Theorie professionalisierten Handelns. In: Combe, Arno/Helsper, Werner (Hg.): Pädagogische Professionalität, Frankfurt a. M., S. 70-182.
Oevermann, Ulrich (1996a): ‚Krise und Muße. Struktureigenschaften ästhetischer Erfahrung aus soziologischer Sicht'. Vortrag am 19.6. in der Städel Schule, Frankfurt a. M., (Manuskript, 47 Seiten).
Oevermann, Ulrich (1995/96): Vorlesungen zur Einführung in die soziologische Sozialisationstheorie, (teilweise protokolliert, aufgezeichnet, verschriftet u. bearbeitet v. Roland Burkholz), Frankfurt a. M., (Manuskript 177 Seiten).
Oevermann, U. (1995): Ein Modell der Struktur von Religiosität. Zugleich ein Strukturmodell von Lebenspraxis und sozialer Zeit. In: Wohlrab-Sahr, M. (Hg.): Biographie und Religion. Zwischen Ritual und Selbstsuche, Frankfurt a. M., S. 27-102.
Oevermann, Ulrich (1993): Die objektive Hermeneutik als unverzichtbare methodologische Grundlage für die Analyse von Subjektivität. Zugleich eine Kritik der Tiefenhermeneutik.

In: Jung, Thomas/Müller-Doohm, Stefan (Hg.): Wirklichkeit im Deutungsprozeß. Verstehen und Methoden in den Kultur- und Sozialwissenschaften, Frankfurt a. M., S. 106-189.

Oevermann, Ulrich (1991): Genetischer Strukturalismus und das sozialwissenschaftliche Problem der Erklärung der Entstehung des Neuen. In: Müller-Doohm, Stefan (Hg.): Jenseits der Utopie. Theoriekritik der Gegenwart, Frankfurt a. M., S. 267-335.

Oevermann, Ulrich (1990): Professionalisierungstheorie I, SomSem 1990, Frankfurt a. M., (Manuskript, 42 Seiten).

Oevermann, Ulrich (1986): Kontroversen über sinnverstehende Soziologie. Einige wiederkehrende Probleme und Mißverständnisse in der Rezeption der ‚Objektiven Hermeneutik'. In: Aufenanger, Stefan/Lenssen, Margrit (Hg.): Handlung und Sinnstruktur. Bedeutung und Anwendung der objektiven Hermeneutik, München, S. 19-83.

Oevermann, Ulrich (1983): Hermeneutische Sinnrekonstruktion: Als Therapie und Pädagogik missverstanden, oder: das notorische strukturtheoretische Defizit pädagogischer Wissenschaft. In: Garz, Detlef/Kraimer, Klaus (Hg.): Brauchen wir andere Forschungsmethoden? Beiträge zur Diskussion interpretativer Verfahren, Frankfurt a. M., S. 113-155.

Oevermann, Ulrich (1981): Fallrekonstruktionen und Strukturgeneralisierung als Beitrag der objektiven Hermeneutik zur soziologisch-strukturtheoretischen Analyse, Frankfurt a. M., (Manuskript, 53 Seiten).

Oevermann, Ulrich (1981a): Professionalisierung der Pädagogik – Professionalisierbarkeit pädagogischen Handelns, Berlin, (Manuskript, 60 Seiten).

Oevermann, Ulrich (1979): Sozialisationstheorie, Ansätze einer soziologischen Sozialisationstheorie und ihre Konsequenzen für die allgemeine soziologische Analyse. In: Kölner Zeitschrift für Soziologie und Sozialpsychologie, Sonderheft 21: Deutsche Soziologie seit 1945: Hg. von Lüschen, Günther, Opladen, S. 143-168.

Oevermann, Ulrich (1976): Programmatische Überlegungen zu einer Theorie der Bildungsprozesse und zur Strategie der Sozialisationsforschung. In: Hurrelmann, Klaus (Hg.): Sozialisation und Lebenslauf, Reinbek, S. 34-52.

Oevermann, Ulrich (1973): Die Architektonik von Kompetenztheorien und ihre Bedeutung für eine Theorie der Bildungsprozesse, Berlin, (Manuskript, 59 Seiten).

Oevermann, Ulrich (1972): Sprache und soziale Herkunft. Ein Beitrag zur Analyse schichtenspezifischer Sozialisationsprozesse und ihrer Bedeutung für den Schulerfolg, Frankfurt a. M.

Oevermann, Ulrich (1968): Schichtenspezifische Formen des Sprachverhaltens und ihr Einfluß auf die kognitiven Prozesse. In: Roth, Heinrich (Hg.): Begabung und Lernen, Stuttgart, S. 297-356.

Oevermann, Ulrich/Franzmann, Manuel (2006): Strukturelle Religiosität auf dem Wege zur religiösen Indifferenz. In: Manuel Franzmann, Christel Gärtner & Nicole Köck (Hg.): Religiosität in der säkularisierten Welt. Theoretische und empirische Beiträge zur Säkularisierungsdebatte in der Religionssoziologie, Veröffentlichungen der Sektion Religionssoziologie der Deutschen Gesellschaft für Soziologie, Bd. 11, Wiesbaden, S. 49-82.

Oevermann, Ulrich et al. (1976a): Die sozialstrukturelle Einbettung von Sozialisationsprozessen: Empirische Ergebnisse zur Ausdifferenzierung des globalen Zusammenhangs von Schichtzugehörigkeit und gemessener Intelligenz sowie Schulerfolg. In: Zeitschrift für Soziologie 5, S. 167-199.

Oevermann, Ulrich et al. (1976b): Beobachtungen zur Struktur der sozialisatorischen Interaktion. Theoretische und methodologische Fragen der Sozialisationsforschung.

In: Auwärter, Manfred/Kirsch, Edit/Schröter, Klaus (Hg.): Seminar: Kommunikation, Interaktion, Identität, Frankfurt a. M., S. 371-403.

Raven, Uwe (2015): Objektive Hermeneutik – Ein Paradigma für Pflegeforschung! und Pflegepraxis? In: Hülsken-Giesler, Manfred/Kreutzer, Susanne/Dütthorn, Nadin (Hg.): Rekonstruktive Fallarbeit in der Pflege. Methodologische Reflexionen und praktische Relevanz für Pflegewissenschaft, Pflegebildung und klinische Pflegepraxis, Göttingen.

Raven, Uwe/Garz, Detlef (2012): Fälle - Zur theoretischen Fundierung der Interventionspraxis professionalisierter Sozialarbeit. In: neue praxis 6, S. 565-584.

Runté, Robert (1995): Is Teaching a Profession? In: Taylor, Gerald/Robert Runté (eds.): Thinking About Teaching: An Introduction. Toronto. http://www.uleth.ca/edu/ runte/ professional/teaprof.htm.

Schratz, Michael/Schrittesser, Ilse/Forthuber, Peter/Pahr, Gerhard/Paseka, Angelika/Seel, Andrea (2007): Domänen von Lehrer/innen/professionalität. Entwicklung von Professionalität im internationalen Kontext. In: Kraler, Christian/Schratz, Michael (Hg.): Wissen erwerben, Kompetenzen entwickeln, Münster, S. 123-138.

Wagner, Hans-Josef (2004): Krise und Sozialisation – Strukturale Sozialisationstheorie II, Frankfurt a. M.

Walter, Eugene Victor (1988): Placeways, Chapel Hill.

Wernet, Andreas (2014): Hermeneutics and Objective Hermeneutics. In: The SAGE Handbook of Qualitative Data Analysis, London, S. 234-246.

Wernet, Andreas (2009): Einführung in die Interpretationstechnik der Objektiven Hermeneutik, Wiesbaden, 3. Aufl.

-ky (1981): Kein Reihenhaus für Robin Hood, rororo thriller, Reinbek.

Elektronisch aufgezeichnete Vorträge/Vorlesungen

Diskussion von Ulrich Oevermann mit Daniel Cohn-Bendit zum Thema ‚Mai 1968: 40 Jahre danach – und nun?' unter https://archive.org/details/Mai1968 (erstellt von Manuel Franzmann).

Abschiedsvorlesung 2008: unter https://archive.org/details/Abschiedsvorlesung.

Familie – Die Bedeutung der ödipalen Triade im Evolutionsprozess 22. November 2011: Prof. Dr. em. Ulrich Oevermann, Universität Frankfurt a. M. unter http://www.uni-goettingen. de/de/209488.html.

MIX
Papier aus verantwortungsvollen Quellen
Paper from responsible sources
FSC® C105338

If you have any concerns about our products,
you can contact us on
ProductSafety@springernature.com

In case Publisher is established outside the EU,
the EU authorized representative is:
**Springer Nature Customer Service Center GmbH
Europaplatz 3, 69115 Heidelberg, Germany**

Printed by Libri Plureos GmbH
in Hamburg, Germany